中央高校基本科研业务费专项资金资助（2023FR006）

华北电力大学 | 哲学社会科学繁荣计划专项
NORTH CHINA ELECTRIC POWER UNIVERSITY | 哲学社会科学文库

环境犯罪的刑事追诉机制研究

Research on the Criminal Prosecution Mechanism of
Environmental Crimes

赵旭光　李红枫 著

ZHEJIANG UNIVERSITY PRESS
浙江大学出版社
·杭州·

图书在版编目(CIP)数据

环境犯罪的刑事追诉机制研究 / 赵旭光，李红枫著
. —杭州：浙江大学出版社，2023.10
ISBN 978-7-308-24316-2

Ⅰ.①环⋯　Ⅱ.①赵⋯②李⋯　Ⅲ.①破坏环境资源
保护罪－刑事诉讼－研究－中国　Ⅳ.①D924.364

中国国家版本馆 CIP 数据核字(2023)第 200822 号

环境犯罪的刑事追诉机制研究

HUANJING FANZUI DE XINGSHI ZHUISU JIZHI YANJIU

赵旭光　李红枫　著

策划编辑	吴伟伟　陈佩钰
责任编辑	陈逸行
文字编辑	梅　雪
责任校对	马一萍
封面设计	雷建军
出版发行	浙江大学出版社
	（杭州市天目山路 148 号　邮政编码 310007）
	（网址：http://www.zjupress.com）
排　　版	浙江大千时代文化传媒有限公司
印　　刷	广东虎彩云印刷有限公司绍兴分公司
开　　本	710mm×1000mm　1/16
印　　张	16
字　　数	208 千
版 印 次	2023 年 10 月第 1 版　2023 年 10 月第 1 次印刷
书　　号	ISBN 978-7-308-24316-2
定　　价	78.00 元

前　言

中国居民对 PM2.5 的关注始于 2010 年 11 月,当月测出北京的 PM2.5 读数爆表,超出了检测仪的最高数值,自此"爆表"成为中国人形容重污染天气的常用词。2013 年初,雾霾围城,陆续有 25 个省份、100 多座大中城市陷入雾霾,北京甚至出现了 PM2.5 900ug/m³ 的数值,环境污染已经成为严重危害国民健康的一大因素。2013 年 5 月,习近平总书记在主持十八届中央政治局第六次集体学习时讲道,"良好生态环境是人和社会持续发展的根本基础。人民群众对环境问题高度关注。环境保护和治理要以解决损害群众健康突出环境问题为重点,坚持预防为主、综合治理,强化水、大气、土壤等污染防治,着力推进重点流域和区域水污染防治,着力推进重点行业和重点区域大气污染治理。只有实行最严格的制度、最严密的法治,才能为生态文明建设提供可靠保障"①。这段话被认为是党的十八大将生态文明建设纳入"五位一体"总体布局的国家战略的先导,一场人类环境治理历史上的"长征"自此开始。党的十九大再次提出,"建设生态文明是中华民族永续发展的千年大计","实行最严格的生态保护制度","坚决制

---

① 习近平.习近平谈治国理政[M].北京:外文出版社,2014:209-210.

止和惩处破坏生态环境行为"。党的二十大报告中再次强调,要"推动绿色发展,促进人与自然和谐共生","深入推进环境污染防治","坚持精准治污、科学治污、依法治污,持续深入打好蓝天、碧水、净土保卫战"。

"先发展后治理"是迄今为止世界各国发展过程中谁也没有摆脱的怪圈,西方世界对生态环境的认识也同我们一样,都经历过环境污染到严格管控的过程。在这过程中,各国无不祭出了人类发明的最严酷的制裁手段——刑罚。在经济利益的巨大诱惑面前,单纯依靠经济调控、政策引导、行政处罚等手段已经很难让污染者却步了。我国政府对生态环境治理的关注并不比西方晚,20世纪60年代末70年代初,中央政府就已经开始重视环境保护。在周恩来总理的亲自推动下,中国代表团参加了联合国第一次人类环境会议,随后召开了中华人民共和国第一次环境保护会议,通过了中华人民共和国第一部环境保护综合性法规《关于保护和改善环境的若干规定(试行草案)》。甚至,环境污染入刑在我国也并不晚。我国刑法对污染环境行为的管控始于1997年修订施行的《中华人民共和国刑法》(以下简称《刑法》),其中第六章第六节专门规定了"破坏环境资源保护罪",在第三百三十八条规定了"重大环境污染事故罪"。为顺应形势的发展,2011年颁布施行的《刑法修正案(八)》对《刑法》第三百三十八条进行了较大修正,将"造成重大环境污染事故,致使公私财产遭受重大损失或者人身伤亡的严重后果的"修正为"严重污染环境的"。理论界普遍认为,修订后的《刑法》第三百三十八条的罪名已变动为"污染环境罪"①,且入罪门槛比1997年修订的《刑法》第三百三十八条有了较大的降低,将会对治理我国严重的环境污染问题发挥较好的司法保障功能。

然而,并没有如我们期待的那样。经济发展的诱惑实在太大了,

---

① 高铭暄.中华人民共和国刑法的孕育诞生和发展完善[M].北京:北京大学出版社,2012:563.

改革开放对经济发展的巨大驱动使我们难以抗拒来自西方的制造业转移,对发展中的中国来说这是前所未有的战略机遇,生态环境保护面临的阻力巨大。直到党的十八大以后,局面逐渐开始扭转。但是几十年的发展路径依赖的惯性太大,中国的环境治理体系和治理能力还停留在较低的水平,我们还在靠严格的中央政府管控,靠"运动式"的治理。中国的环境执法、刑事司法从理论到制度都还没有准备好。本书的研究即是探讨当前我国环境犯罪刑事司法领域存在的体制和机制的问题,从而提出有针对性的解决思路。当然,"环境犯罪"并不是一个规范的提法,但却是一个生动、直白的提法。"环境犯罪"包括了污染环境的犯罪,也包括其他破坏生态环境的犯罪,但本书重点关注的是污染环境的犯罪。

在研究中,我们发现以下几个特点。

第一,环境犯罪刑事司法问题的解决不能仅仅是甚至不主要是刑事法律和司法的事情。

对于司法而言,打击和惩罚犯罪并不复杂,只要涉嫌犯罪就予以侦查,只要证据充分就予以起诉,只要符合犯罪构成要件就予以定罪,这些都是技术层面的事。然而,最大的困难不是技术,而是来自整个经济社会发展体系。因此,本书的研究面对的第一件事情是"两法衔接",即从行政执法向刑事司法的衔接(本书关注的即是从环境行政执法向环境刑事司法的衔接)。这是一个引发系统性反应的问题,会延伸到整个环境刑事司法体系的各个方面。例如,我国环境执法机关在执法活动中发现涉嫌犯罪是环境犯罪侦查的主要线索来源,但实践中进入刑事追诉的案件数量却非常少,大量的环境犯罪案件并没有被移送侦查,而是通过行政处罚大事化小、小事化了。环境执法为什么不向司法移送? 这与地方经济发展有关。不移送的后果对公民法治信仰的摧残是巨大的,在技术上会引发一系列的连锁反应:由于环境犯罪的供给不足,各地成立的专门性环境侦查队伍并不"专门",它们通常肩负食品药品犯罪案件侦查、环境犯罪侦查等多个任务,环境犯罪侦查只是他们的其中一个职能;由于环境犯罪供给不足,专门性审判力量建设不足,各地环境审判机构环境民事诉讼、行政诉讼力量较强,环境刑事审判力量相对较弱。当然,环境执法与环境刑事司法衔接不畅不仅受理念和地方政府政策的影响,客观上存在的程序性、技术性问题也是其障碍。最典型的表现就是证据的衔接:环境执法取得的证据是否能够在刑事诉讼中使用? 表面上看,这个问题好像通过司法解释已经解决了,无论法理上是否讲得通都明确规定可以在刑事诉讼中使用,但实际上,无论行政执法取证的目的还是程序都与刑事侦查有着明显的区别,甚至涉及刑事立案前取得的证据是否具有证据资格这个牵涉面很广的问题。既然已通过司法解释确认了其证据资格,那么其他在立案前取得的证据呢? 实际上,凡是行政执法的领域存在犯罪的,都涉及这个问题,比如农业、税务、市场管理、烟草、水利、海关、林业等,几乎涵盖了整个行政管理体系。如果我们非要强调生态环境治理的重要性和特殊性,那么哪个领域又不是关系国计民生呢? 如果我们推而广之,每个领域都在事实上确认了行政执法证据在刑事诉讼中的证据资格,那么刑事诉讼法关于证据取得的规定就流于形式了,而这对刑事诉讼目的的否定是毁灭性的。刑事诉讼的目的之一,甚至主要目的就是限制公权力的滥用,控制公权力不能肆意侵犯公民的基本权利,如有追诉犯罪的必要,需要遵守严格的法定程序。如果我们否认了这个严格程序,那么整个刑事诉讼都会"沦陷"。而西方国家为什么不存在"衔接"问题呢? 为什么我国必须"衔接"呢? "在我国,大量危害社会的行为被区分为违法与犯罪行为加以规制",如此便有了行政违法与刑事犯罪之分。"而不少三权分立的西方发达国家,在司法审查原则的要求下,行政权受司法权制约,警察(行政)执法没有独立的对类似我国的治安(行政)违法行为的最终处罚权,因而,类似我国行政(治安)违法的行为,被视为轻罪或违警罪,均要求接受法院的审查,即以刑事追诉方式提交法院审判。同样,就会出现我国视为环境(行政)违法的行为,在国外均被作为犯罪来追诉的现象。"①

这种系统性的问题还表现在我国生态环境治理的各种配套措施建设不足,2015年前后我国的环境治理才进入快车道,一时间各种配套需求如"管涌"般出现,其中环境鉴定能力不足的问题是最突出的。与普通司法鉴定不同,环境鉴定的需求不仅来自司法,涉及环境的经济社会领域各行业的前端、中端、后端都需要进行环境影响评价或者鉴定。有鉴定能力的专家和资本是会向市场集中还是会向司法鉴定集中?这几乎是不言而喻的。而后者恰恰需要更高的水准和更强的公信力。

可见,环境犯罪追诉的问题确实不是只靠环境刑事司法体制和机制的改革和建设就能解决的。

第二,惩罚绝不是为了打击。

按照现代刑罚的理念,刑罚的目的不仅是惩罚,刑事制裁只是刑罚的手段,其目的主要还是预防犯罪。犯罪本身是对良好社会秩序的一种破坏,刑罚的实施无论如何也不应该造成再一次破坏,而应该具有恢复性、建设性。因此,恢复性司法的理念在全世界开始得到认可和适用。环境罪犯较之普通刑事犯罪在这一点上表现更为明显。因为与普通刑事犯罪相比,环境犯罪的主观恶性较弱,绝大多数的环境犯罪都不是直接为了破坏环境而实施,而是为了追求经济利益放任了

①　此处论述为国家社科基金聘请的专家对本书进行鉴定时的修改建议,简要但完整地论述了本部分的支撑理论,笔者尝试进行论证,但数易其稿都不如该专家的论述精要,只能在此引用,并对该匿名评审的专家表示诚挚的感谢。因本人无法获知该专家信息,敬请专家就该论述著作权事项与我联系:xuguangemail@126.com。

对环境的污染和破坏。那么对于环境犯罪,打击绝非目的,只是手段。环境犯罪追诉绝不是为了把企业罚得倾家荡产,让他们从此没有能力再污染环境(这有点像死刑),这在削弱环境破坏能力的同时,也给社会带来了巨大的伤害(依赖于此的就业可能会受影响),并没有起到恢复环境的作用。因此,环境犯罪刑事追诉更应该思考和创新恢复性司法理念的应用。本书提出了附条件不起诉制度适用于环境犯罪的大胆设想,所附的"条件"即主要是环境修复,这样的效果应该比让企业破产、让责任人受到刑事追诉要好。

第三,环境犯罪远比普通刑事犯罪更复杂。

环境犯罪,从其入刑的正当性前提,到各种科学问题、技术问题的集中度,再到刑事追诉的对象的特殊性、刑事惩罚的特殊性,都比普通刑事犯罪更为复杂。复杂到有一些国家甚至建立了从侦查到审判的全程的、专门性的环境刑事追诉系统,建立了适用于环境犯罪追诉的、专门的刑事诉讼程序,称为环境刑事诉讼。这种做法从环境犯罪的复杂性和特殊性来说,确有必要。相较之普通刑事犯罪,环境犯罪追诉对科学技术依赖性更强,甚至如果没有专业的科学技术支撑,环境犯罪追诉就寸步难移。与普通刑事犯罪不同,对犯罪行为本身的认识最为专业的不是侦查机构,也不是环境执法部门,恰恰是犯罪者本身,没有谁比生产经营者更熟悉这个领域了。同时,环境犯罪因果关系的复杂性也远非普通刑事犯罪可比拟的。在普通刑事犯罪中,如因果关系链条中出现了一个或者几个介入因素,那已经非常复杂了。可是环境犯罪的因果关系链条的介入因素经常是无法估量的,甚至有很多是现代科学都难以解释的。再加上环境犯罪因果关系链条的时间漫长性、演变性、环境的自我修复性,环境犯罪的因果关系之复杂甚至已经让司法对确认它失去了耐心。它给环境刑事司法带来了普通刑事犯罪不曾遇到的困难,提交到法庭上的鉴定意见几乎必然遭到抗辩,因果关系也几乎是庭审纠缠的主要环节。所以，在环境犯罪追诉领域，对因果关系和刑事责任体系必须做出与普通刑事犯罪不同的安排，比如疫学因果关系、严格责任。

第四，对环境犯罪的追诉肩负着贯彻国家经济社会发展政策的任务。

如果说对普通刑事犯罪的惩罚主要是贯彻了一国的刑事政策的话，对环境犯罪的追诉主要承担的是贯彻国家经济社会发展政策的任务。20世纪90年代，改革开放的号角吹遍全国，经济发展是第一要务，各地争先恐后地承接了大量来自西方的产业转移，这些资产密集型、劳动密集型的重工业，在推动经济快速发展的同时，也带来了巨大的环境污染。尽管当时就已经提出了环境保护的理念，但无论中央还是地方，显然并没有把它作为主要方向。在某种程度上讲，今天我们面对的严重的生态环境破坏正是那个年代经济快速膨胀带来的恶果，今天环境犯罪追诉面对的各种障碍，也正是那个年代的经济社会发展政策的惯性所致。而如今，经济社会发展政策转向了，中国进入了发展模式的转型期，生态环境被纳入政策考量。这种政策转向是急剧的，乃至我们习惯性地祭出了"运动式"。显然，"运动式"在短期遏制恶化的环境方面有其不可估量的作用，但治理是长效的，必须体系化、法治化。这也是本书探讨的问题。

本书的出版需要感谢华北电力大学哲学社会科学文库的资助。作为一所工科大学，学校领导能够决定资助哲学社会科学的著作出版，表现出对繁荣哲学社会科学的高度重视，学校科研院的积极谋划和组织是文库最终得以付梓的关键因素。感谢浙江大学出版社各位编辑的认真负责，正是他们的辛苦工作和严谨态度使本书得以顺利出版。华北电力大学硕士研究生杨霖霈参加了本书的校稿工作，在此一并表示感谢。

目　录

第一章　环境犯罪刑事追诉机制的含义、特征与要素

一、环境犯罪刑事追诉机制的基本含义

(一)环境犯罪刑事追诉的制度、体制与机制

制度、体制与机制在学术研究中是三个经常使用的概念,对于法学研究而言,厘清这三者的区别对于研究的系统性和建设性非常重要。本书聚焦的是机制问题,但也不可避免地会涉及制度与体制问题。

从词义上来说,"制度"有两方面的含义:一是要求大家共同遵守的办事规程或行动准则;二是在一定历史条件下形成的政治、经济、文化等方面的体系。前者是一个机构、组织、单位的具体组织或活动准则;后者是一个国家在特定的领域形成的稳定的、宏观的、系统化的社会规范体系。我们可以把前者称为狭义的制度,后者称为广义的制度。环境犯罪刑事追诉制度是对生态环境这一特定领域的犯罪进行

刑事追诉所需要遵守的法律制度,因此属于狭义的制度范畴。

"体制"是指国家、国家机关、企业、事业单位等的组织制度。环境犯罪追诉的体制就是环境犯罪追诉主体的组织制度,包括侦查机关、检察机关、审判机关等国家专门机关有关环境犯罪追诉的组织制度。

"机制"一词有多种含义,包括机器的构造和工作原理;机体的构造、功能和相互关系;某些自然现象的物理、化学、规律;一个工作系统的组织部分之间相互作用的过程和方式。对于环境犯罪的追诉机制而言,很显然采最后一个含义,即指在环境犯罪这个追诉系统内,追诉主体以及其工作部门之间的分工、配合、制约的过程和方式。

(二)环境犯罪刑事追诉的制度、体制与机制的相互关系

从上述含义中可以看到,我们在研究一个可以被视为整体的专门问题的时候,制度、体制和机制处于这个整体的不同层面,各有不同的功能定位,也发挥着不同的作用。"制度位于社会体系的宏观层面和基础层面,侧重于社会的结构;体制位于社会体系的中观层面,侧重于社会的形式;机制位于社会的微观层面,侧重于社会的运行。"①制度、体制、机制同处于制度体系之中,制度居于根本地位,体制和机制都以制度为基础和内容,体制和机制是制度实施的手段和保障。制度是内容,环境犯罪追诉制度规定了环境犯罪追诉过程中所要遵守的法律规范,是环境犯罪追诉的基本内容,它规定了从国家的环境追诉法律体系到各追诉主体的追诉程序和行为规则。体制是制度的外在表现形式,环境犯罪追诉体制规定了环境犯罪追诉各主体的组织制度、组织模式和组织形式。机制是制度和体制在具体实施和运作过程中的运

---

① 赵理文.制度、体制、机制的区分及其对改革开放的方法论意义[J].中共中央党校学报,2009(5):17-21.

行、组织、构建及主体之间关系的模式,环境犯罪追诉机制即是我国的犯罪追诉制度和体制在环境犯罪追诉中所具体呈现出来的各要素之间的相互关系、相互作用、相互制约的联结方式而构建起来的环境犯罪追诉模式。

制度、体制与机制的关系是辩证的。尽管总体上来看,制度居于顶层,制度需要通过体制和机制呈现和落实,但体制和机制也同样需要制度加以规范和保障,从这个意义上讲,制度也是体制和机制的表现。环境犯罪追诉的法律制度既要通过环境犯罪追诉体制和机制来实现,反过来,环境犯罪追诉的体制和机制也需要通过制度来保障和规范。因此,我们研究环境犯罪追诉机制问题,无法跳出制度与体制之外来研究,而必须在制度和体制的轨道上进行探讨。环境犯罪追诉机制中的问题,既有环境犯罪追诉系统运行中的程序、关系等问题,也有这些程序、关系背后的制度和体制问题,而后者往往都是机制问题背后的原因。正是基于此,本书的基本思路是:机制问题—制度和体制原因—制度和体制解决,即研究环境犯罪追诉机制,最终的落脚点仍然在制度和体制。

二、环境犯罪刑事追诉机制的基本特征

(一)环境犯罪刑事追诉机制的系统性

"机制"一词最早出现在机械科学领域,是指机械系统中各个零件或部件之间的联结方式和原理,后在社会科学中使用,也沿用了其本来的含义,即"用以概括和揭示本领域内特定对象整体的各个结构要素之间的相互联结和相互制约方式,以及依据特定目标实现整体功能的方式"①。可见,机制最本质的特征是系统性,其系统性地联结本领域内各要素,最终为实现系统的特定目标而运行。环境犯罪刑事追诉机制是一个系统性的机制,其中包含诸多要素,这些要素既有主体也有程序;既有属于同一子系统的,也有属于不同子系统的。在具体的环境犯罪追诉过程中,会产生纷繁复杂的多种关系和联系。这些关系和联系对环境犯罪追诉的总体目标既有正面的影响,也有负面的影响。本书的研究即在于最大限度地发挥其正面的促进作用,消除其负面影响。

1.良性的系统应该实现各追诉主体之间的良性互动

环境犯罪追诉各主体之间在追诉犯罪过程中的分工负责、相互配合、相互制约,是《中华人民共和国刑事诉讼法》(以下简称《刑事诉讼法》)"分工负责、互相配合、互相制约"原则在环境犯罪追诉中的具体体现。环境犯罪侦查机关、检察机关和人民法院分别负责环境犯罪的侦查、起诉和审判工作,各负其责、各司其职,共同实现对环境犯罪的打击和控制。当环境行政执法主体发现可能有犯罪发生的时候,应该及时将案件移送公安机关,公安机关应及时对案件进行侦查、取证,检察机关依法审查起诉,人民法院依法审判。在这一过程中,各主体不仅在程序上应该相互配合,在工作上也应该尽力合作。公安机关在面对专业的环境问题时,应该毫无障碍地获得来自环境执法、监测、鉴定部门的支持和帮助;环境执法机关在执法取证遭遇人为阻碍的时候,也应该有渠道及时获得来自公安机关的强制力保障。这在我们的政策中,叫"协同联动"②。协同联动当然也包括区域性的协同,在环境治理中,区域隔绝是一个顽疾,这跟"条块分割"的区域司法体制有关。

---

① 赵理文.制度、体制、机制的区分及其对改革开放的方法论意义[J].中共中央党校学报,2009(5):17-21.

② 孟庆瑜.用法治助推生态环境协同治理[N].人民日报,2016-09-06.

这一点本书在后文会有详细论述。环境犯罪追诉中的衔接不畅本质上就是相互配合的不通畅,行政执法机关应该移送的没有移送,移送后公安机关没有及时侦查或者侦查无法得到执法机关的技术配合等。其中,有衔接程序不明、不畅的原因,比如环境执法机关发现有犯罪的可能不知道通过什么程序移交给公安机关什么部门;也有程序外的因素,比如基于地方保护,行政机关不愿意、不敢移送刑事司法机关,刑事司法机关不愿意、不敢追诉等。完善程序衔接机制是技术问题,通过对工作机制进行细化和可执行的改造即可实现;对于程序外的因素,就需要建立"制约"机制。在《刑事诉讼法》中,有对于公安机关应予立案而不立案的情况的制约机制,即由检察监督纠正或者由被害人直接自诉。但在环境犯罪这一特定的犯罪追诉领域出现了新的问题,环境犯罪案件很多没有直接的被害人,缺少刑事自诉主体,对刑事追诉权的监督机制不够完善。

2. 良性的系统应该实现与其他关联系统的良性互动

如果将环境犯罪追诉的侦查、起诉与审判视为一个系统的话,那么与之关联的系统至少应该包括宏观的行政管理体制、司法体制与微观的环境执法体制和机制。这些系统都在不同层面影响着环境刑事司法。如前所述,环境犯罪追诉机制是环境犯罪追诉制度和体制的体现,是制度在司法实践中的具体落实,因此,追诉机制作为一个系统必然受到来自制度、体制的制约。环境犯罪刑事追诉制度和体制是在我国整个刑事诉讼制度和体制框架下运行的子系统,势必体现出整个刑事诉讼的特点。可以说,我国刑事诉讼中所有制度和体制的优势也是我国环境刑事追诉机制的优势,反之,其不足也是我国环境犯罪追诉机制的不足。在我国的国家政权体制下,刑事诉讼呈现出一种"强职权主义"①的色彩,"一直将追求客观真相作为第一位的价值理念,忽视和淡化对控辩平等的保障,导致重结果、轻程序的思维根深蒂固"②。"职权主义"是一个中性词,是与"当事人主义"对应的一种诉讼模式,职权主义并不比当事人主义有什么天然的弱势。相反,职权主义在查明事实、还原真相以及提升诉讼效率方面都有着当事人主义不可比拟的优势。这一点在我国环境犯罪追诉中也表现得非常明显。党的十八大以来,生态环境保护的地位被提到了前所未有的高度,以刑事手段治理环境污染成为雷霆之势,各地环境保护部门和刑事司法机关通力配合,打击力度空前,环境犯罪案件数量快速增长,有力遏制了生态环境的恶化。但这种"强职权"也带来了很多问题,比如"运动式"治理带来的短期效应和反弹,针对热点地区或突发事件产生的"选择性追诉"等。这是宏观层面的制度系统、体制系统与机制系统的关系。环境犯罪追诉机制与其他微观系统也存在互动,如地方经济发展政策与环境犯罪追诉之间就存在不可避免的联系。如果在国家大的生态文明建设框架下,按照"绿水青山就是金山银山"理念,地方经济发展与生态环境保护之间应是良性互动的,但地区生产总值考核指标仍具有非常大的惯性,影响着环境刑事追诉机制这一"小"系统。该移交的不移交、"以罚代刑"几乎成了顽疾。

　　良性的系统互动,应该是环境犯罪刑事追诉与其他系统具有一致的正当目标,环境犯罪刑事追诉是生态环境建设的重要保障,也是地方经济发展的重要保障,地方的经济发展政策、刑事司法政策、环境执法政策都应该与环境犯罪追诉具有一致性,这样才能形成良好的配合和执行。相反,如果系统之间存在目标冲突,那么环境犯罪的追诉就

---

　　① 施鹏鹏.为职权主义辩护[J].中国法学,2014(2):275-302.
　　② 陈卫东,孟婕.重新审视律师在场权:一种消极主义面向的可能性——以侦查讯问期间为研究节点[J].法学论坛,2020(3):120-129.

会不断受到来自其他系统的不当干扰,这主要包括以下几个原因。

第一,这些系统之间不是相互独立的,而是相互交叉融合的。地方行政体制与地方刑事司法体制之间存在无法割断的联系,在中国的体制框架内,无论司法体制改革如何进行,都不可能与地方政府脱钩。即便是最为彻底的司法事权中央化,也打破不了中国传统熟人社会织就的复杂的关系网。在广义的"司法"框架内,刑事侦查机关同时兼具刑事司法与行政管理的双重职能,而后者则要求他们必须成为地方政府的组成部分。对于检察机关而言,实际上,检察机关在任何一个国家都是行政政策最为有力的执行者,在西方政权体系内,检察机关就是典型的行政机关。随着我国监察机制的建立,我国的检察机关职能也在发生转变,《中华人民共和国宪法》(以下简称《宪法》)所赋予检察机关的一般监督权移交给了国家监察机关,而检察监督越来越聚焦在诉讼监督上。但是,《刑事诉讼法》并没有赋予检察机关强有力的监督手段,这就给推行环境犯罪追诉的监督机制造成了困难。在刑事追诉框架下,审判机关是相对独立的,但仍然不可避免地受到来自其他系统的干扰。

第二,在所有的系统中,环境犯罪追诉机制是处在最前端或者最末端的,受其他系统的影响较大。尽管在当下中国生态文明建设具有空前的战略地位,各地对生态环境也前所未有的重视,但这些举措多是从政府管控、行政监察的角度实施,一旦涉及犯罪,还是非常谨慎的。在本书的具体章节中,我们会看到环境犯罪追诉的数量与环境污染案件的数量是不成比例的。环境犯罪的特殊性就在于它涉及巨大的经济利益,涉及特定地域庞大的就业。压力不仅来自地方政府,也来自普通公众,在失业与保护生态环境之间,普通公众的选择未必是后者。而这些如果跟历史问题结合起来,就会变得更加复杂。此外,在我国的经济社会发展中,经济发展与刑事司法之间,刑事司法始终处于保障地位；行政体制与司法体制之间，司法体制始终处于"弱势"[①]；在行政执法机制与刑事司法机制之间，刑事司法机制始终处于"被动"[②]。综合这些因素，环境犯罪追诉机制在运行中所面临的情况非常复杂，需要考虑和受到影响的因素也非常多。

第三，环境犯罪相关法律制度与司法体制对环境犯罪追诉影响巨大。与环境犯罪相关的法律及制度性规范主要有，《中华人民共和国环境保护法》（以下简称《环境保护法》），《中华人民共和国大气污染防治法》，《中华人民共和国水污染防治法》（以下简称《水污染防治法》）等环境保护法律法规；《刑法》，《刑事诉讼法》及相关司法解释；《中华人民共和国治安管理处罚法》（以下简称《治安管理处罚法》），《中华人民共和国行政强制法》（以下简称《行政强制法》）等行政法律法规；最高人民法院、最高人民检察院《关于办理环境污染刑事案件适用法律若干问题的解释》，环境保护部、公安部《关于加强环境保护与公安部门执法衔接配合工作的意见》，国务院办公厅《关于加强环境监管执法的通知》，最高人民检察院、全国整顿和规范市场经济秩序领导小组办公室、公安部、监察部《关于在行政执法中及时移送涉嫌犯罪案件的意见》（以下简称《行政及时移送意见》），最高人民检察院、全国整顿和规范市场经济秩序领导小组办公室、公安部《关于加强行政执法机关与公安机关、人民检察院工作联系的意见》等。这些法律、法规和规范性文件时间跨度非常大、数量众多，1978 年至今，已经有环境保护相关法律近 40 部，行政法规和规章、地方性法规和规章数以千计。涉及相关行政机关和司法机关众多，有的机构数次变更名称和主管范围，例如，行政主管机关经历了 1974 年"国务院环境保护领导小组"→1982 年"城乡建设环境保护部"→1984 年"国务院环境保护委员会"→1984

---

① 这种弱势的最突出表现就是我国的司法机关在政治地位上始终低于同级的人民政府。

② 这种被动突出表现为"两法衔接"的启动主动权始终掌握在行政执法机关手中。

年"国家环境保护局"→1988 年"国家环保总局"→2008 年"环境保护部"→2018 年"生态环境部"的变化过程,机构职能发生数次变化,从主要负责制定环境保护的方针、政策和规定到重大环境问题的统筹协调和监督管理、落实国家减排目标等。或许由于时间太长,也或许由于机构设置和职能的变化,这些法律、法规和政策性文件有不少矛盾甚至冲突的地方,这也导致事权重叠、事权交叉和事权空白,直接给环境犯罪的追诉造成了前端的障碍。根据吕忠梅教授的一项研究,在对《中华人民共和国水法》《水污染防治法》《中华人民共和国防洪法》《中华人民共和国水土保持法》等 30 多部法律授权进行分析后发现,长江流域管理权在中央分属 15 个部委,有 76 项职能;在地方分属 19 个省级政府,有 100 多项职能。① 涉流域环境犯罪本就是追诉的难点,环境犯罪认定中的因果关系确定难题主要的发生场域就是流域,流域污染难以溯源,而溯源的关键要依靠前期的环境行政执法。在面对类似长江流域众多执法单位的时候,环境犯罪侦查工作就会找不到衔接和配合主体,增加了追诉难度。《刑事诉讼法》作为环境犯罪追诉的直接法律依据,是一部所有刑事犯罪追诉活动都必须遵守的普通法律,不是专门应用于环境犯罪追诉的特殊法。因此,《刑事诉讼法》并不能关照到环境犯罪追诉这一特殊领域的特殊需求,实际上也不可能,因为在每一个犯罪领域都有特殊问题。环境犯罪的问题是否特殊到需要《刑事诉讼法》专门做出规定,这是一个需要进一步研究的问题。由于我国环境法学的研究与刑事诉讼的研究存在一定程度的割裂,刑事诉讼法学研究的主要学者并没有关注到环境刑事诉讼的特殊性,导致我国的刑事诉讼法学研究和立法并没有给环境犯罪刑事追诉以足够的关注。例如,附条件不起诉制度目前只适用于未成年人犯罪,实际上环

---

① 吕忠梅.环境法典编纂:实践需求与理论供给[J].甘肃社会科学,2020(1):1-7.

境修复作为"条件"在附条件不起诉中予以体现会有很好的效果。又如,认罪认罚从宽制度在环境犯罪追诉中有着更多的应用空间,且存在若干司法问题,尤其是在环境执法过程中的认罚能否与刑事诉讼中的认罚相衔接。

作为环境犯罪追诉机制所依赖的刑事司法体制,对追诉机制的影响更为直接。按照现在司法体制的职权分工,环境犯罪的侦查和审判都存在问题。尽管已经有部分省(区、市)设立了专业的环境犯罪侦查机构,但环境犯罪侦查由治安部门主管的格局并没有发生根本变化,出现了专业化程度不高与环境犯罪高度专业化的矛盾。在环境司法审判上,独立设置的环境与资源审判部门是一个涵盖了民事、行政和刑事诉讼的综合审判部门,专门化程度并不高,且可能存在"自己做自己法官"的情况(如一个环境犯罪的刑事案件,其民事侵权之诉和行政诉讼都在一个法庭审理)。

(二)环境犯罪刑事追诉机制的过程性和动态性

在制度、体制与机制中,制度和体制是静态的,具有相对稳定性,一种特定制度及其体制一旦确立,在短期内不会有大的变化,这正是制度和体制的意义所在,也是法治的核心要旨。机制是制度和体制的具体落实,制度所要实现的目标必须通过体制和机制予以落实,其中体制是静态的,机制是动态的、过程性的。环境犯罪追诉机制是我们遵循并用于生态环境治理的客观规律,使环境犯罪追诉各要素之间的关系得以维系,并且根据环境犯罪追诉的需要随时加以调整,以实现环境刑事治理目标的作用过程。只有通过动态的过程,机制对相关主体间关系的作用才会表现出来。"只要相关主体发生相互作用和影响,机制必然涉入其中。机制虽然是一种抽象的事物,但是它无时无刻不在对事物的运行施加影响,它隐身于相关主体间关系发生的过程之中。动态性是机制的常态,静态的机制是不存在的。"①环境犯罪追诉机制的过程性与动态性是一致的,正是因为环境犯罪追诉是一个过程,因而是动态的。环境犯罪的追诉是一个由环境行政执法发现犯罪或者公安机关接到报案、举报而启动追诉程序,从移交、立案、侦查到起诉、审判、执行的全过程,其中伴随着环境行政执法机关与刑事司法机关的相互配合,检察机关对环境犯罪"两法衔接"以及犯罪追诉全过程的监督,环境损害司法鉴定、"认罪认罚从宽"、量刑因素调查等若干具体程序。没有这些程序,环境犯罪追诉是无法正常运行并且发挥作用的,而在这些过程中所体现出来的各要素之间的相互关系正是环境犯罪追诉机制的集中体现。

环境犯罪追诉机制的动态性会因为政策经常变动。所谓政策,一般是指某一利益集团为了获取特定利益以实现特定政治、经济、社会目的,根据当时情况而制定的规则。② 关于政策与法律和司法的关系,是法理学研究的一个重大命题,也屡有争论。党的十八届四中全会通过的《中共中央关于全面推进依法治国若干重大问题的决定》指出,要"完善党委依法决策机制,发挥政策和法律的各自优势"。中国共产党从革命中获得政权,政策的作用以及政策与法的关系在不同历史阶段有不同的表现,但总的来说,"党通过政策进行革命和改革,法律固定革命和改革的成果。法律不仅是在政策的指导下建立的,也是作为政策改革对象的政治、经济等体制的外在表现"③。从历史发展变化脉络来看,政策逐渐从具体的行政性命令和事务指导演变成政策的制度化和宏观指引。进入中国特色社会主义新时代,推进国家治理体系和治

---

① 李松林.体制与机制:概念、比较及其对改革的意义——兼论与制度的关系[J].领导科学,2019(6):19-22.

② 葛洪义.法理学[M].北京:中国政法大学出版社,2002:117.

③ 李龙,朱程斌.建国 70 年以来党的政策和法的关系[J].甘肃政法学院学报,2019(4):1-10.

理能力现代化被提上日程,政策的命令性变得越来越弱,政策与政府行政命令的界限也开始变得清晰起来。政策在任何一个国家都起着非常重要的作用,因为与法律相比,它有着天然的灵活性优势,可以根据特定时期的情势做出调整。所以,政策是变化的,而法律是相对稳定的。政策的变化对法律的影响需要一段时间和特定的程序才能显现出来,但是政策的变化对执法和司法的影响却是立竿见影的,因为执法与司法本身存在一定空间的裁量权。环境犯罪的刑事追诉必然受国家和地方的刑事政策和环境政策的影响而呈现动态的特点。1997年《刑法》修订时设立了"重大环境污染事故罪",2011年《刑法修正案(八)》将其改为"污染环境罪",但无论是1997年后还是2011年后,对污染环境行为的刑事追诉都没有出现数量上的增加,甚至全国追诉数量常年维持在个位数(这些个案还大多是因为发生了严重的、影响大的环境污染事故),其根源在于当时国家的政策导向仍然在承接来自西方发达经济体的资本密集型和劳动密集型产业以快速发展经济。环境犯罪追诉开始呈现上升趋势是在2012年底到2015年连续突发的"雾霾围城"之后,尤其是党的十八大将生态文明建设纳入中国特色社会主义事业"五位一体"总体布局,这意味着生态环境建设已经成为国家最重要的宏观政策之一,刑事政策也很快发生了转向。但是这种国家政策与地方政策在很多时候会发生冲突,毕竟"多元化"是中国发展的一个基本特点,各地经济社会发展状况不一样,环境政策以及环境刑事政策也不一样。"任何一项公共政策在制定出来以后,最终都要靠政策执行者去执行和实施。影响公共政策执行的各种不同因素,最终都涉及政策主体——人,都依赖公共政策的执行者……政策执行主体对公共政策的认同态度和政策执行的实际水平在很大程度上是由政治社会化过程所决定的。"①司法实践的经验表明,无论是法院还是法官,他们对于公共政策的理解与适用都会出现一定的偏差。与此同时,法院和法官在执行公共政策之时,还会"根据自己的理解和需要,附加上一些原政策目标中没有的内容"。此外,一些国家政策在地方化时,也会遭遇地方"根据自己的需要,结合本地区或组织的实际情况和利益制定一套灵活、可变、可操作的社会资源的再控制与再分配准则,而这套准则对其他地方和组织没有效果"②。"经由地方转化国家政策而来的这些政策,又会因地方法院服务地方经济社会发展的义务,进入地方法院的司法裁判。"③与作为中立裁判者的法院执行政策相比,作为地方政府组成的环境犯罪侦查机关对于政策的执行就更为直接了。

(三)环境犯罪刑事追诉机制的可构建性

如前所述,"机制"一词源于机械科学领域,后来,生物学、医学领域用机制概念说明生物肌体结构组成部分之间的相互关系,以及在这种关系过程中发生变化的物理、化学性质。④从本源意义而言,机制描述的是一种客观规律,不能被"构建"而只能被"发现"。但这显然与社会科学对机制的使用不同,构建和完善某种机制已经成为社会科学领域常用的表述。机制的创新、设计、建立与完善肯定需要遵循客观规律,但并不是如同客观规律本身那样不变。机制功能的发挥在于对相关主体关系的维系和调整,反映在对制度和体制关系之间的维系和调

① 钱再见.现代公共政策学[M].南京:南京师范大学出版社,2007:398.
② 翟学伟."土政策"的功能分析——从普遍主义到特殊主义[J].社会学研究,1997(3):90-97.
③ 方乐.司法参与公共治理的方式、风险与规避——以公共政策司法为例[J].浙江社会科学,2018(1):35-48.
④ 李松林.体制与机制:概念、比较及其对改革的意义——兼论与制度的关系[J].领导科学,2019(6):19-22.

整,也反映在对组织与个人、个人与个人之间关系的维系和调整。实际上,无论是组织之间还是组织与个人之间,虽然都是依靠制度和体制进行关系的确立和联系的,但是为实现制度确立的目标,最终仍然需要机制来落实。如果没有机制,所有的制度就只能处于静止状态。所以,我们必须创新机制,必须改善已有的机制。

当然,并非所有机制都是被有意识地构建起来的,甚至大部分机制都不是人们有目的、有意识地建立起来的。但是机制可以构建这一特性决定了我们可以对现有的机制进行考量,促进机制趋向合理化。客观上,我国环境犯罪的追诉机制并不是有意识地建立的,而是在国家环境保护政策的指引下,在我国环境行政执法和刑事司法体制的框架下,对刑事实体法和程序法在环境犯罪领域的具体实施。由于多种因素交织,这个机制并不完善。我们的任务即在于分析环境犯罪机制运行中出现的问题,依据政策目标和法律制度,在现行体制的框架下予以完善。

三、环境犯罪刑事追诉机制的要素

(一)环境犯罪追诉机制的主体要素

环境犯罪追诉机制的主体是我们研究该机制的核心要素,是整个机制正常运转不可或缺的要素,总体而言包括以下主体。

1. 环境执法机关

环境犯罪的行政属性是环境犯罪的一个重要属性,这种属性简而言之就是环境危害行为是否构成犯罪,取决于该行为是否违反行政法的要求。① 这就使得对环境犯罪的追诉通常以行政执法的介入为前提,行政执法往往是环境刑事司法的必经过程。② 环境犯罪的另外一个重要属性就是被害人的不特定性,即大多数污染环境案件并没有具体而明确的被害人,来自被害人报案的案件线索较少。因而,环境犯罪案件的主要线索来源是环境行政执法机关的移交。由于环境污染来源复杂、突发性强、发生频繁、污染面积广、污染结果具有滞后性等特点,许多国家建立了高度独立、权力广泛的环境执法机构③,有的国家甚至为保证其独立性不遗余力,如美国的联邦环保局和日本的环境厅分别直属于总统和内阁总理大臣④。我国近年也开始了相关努力,党的十八届三中全会通过的《中共中央关于全面深化改革若干重大问题的决定》专门提到要"独立进行环境监管和行政执法"。2016 年开始的中央环保督察和环保垂直管理改革正在逐渐改变我国环境监管执法体制。我国的环境行政执法主体是生态环境部及地方各级生态环境部门。从生态环境部的机构设置和职能来看,呈现以下特点:第一,执法、督察工作越来越重,专门设置中央生态环境保护督察办公室和生态环境执法局负责中央环保督察和执法工作;第二,独立于地方的环境执法监察体系已经形成,打破行政区划,在全国按照行政大区和流域设置华北督察局、长江流域生态环境监督管理局等 19 个派出机构。除了生态环境部,各地方按照省、市、县也分别设置了三级生态环境部门,其内设机构大致与生态环境部相同。如湖北省生态环境厅设置有督察办和打破行政区划设置的鄂东专员办、鄂南专员办等五个派出机构。这些督察和直属派出机构的主要职责是监督地方环保执

---

① 杨春洗,向泽荣,刘生军.危害环境犯罪的理论与实务[M].北京:高等教育出版社,1999:116.

② 周兆进.环境行政执法与刑事司法衔接的法律省思[J].法学论坛,2020(1):135-142.

③ 赵星.我国环境行政执法对刑事司法的消极影响与应对[J].政法论坛,2013(2):145-151.

④ 贺思源.论我国环境执法机构的重构[J].学术界,2007(1):192-198.

法、协调和查办重大案件,并不是生态环境日常执法机构,日常执法工作仍然由地方人民政府环境保护行政主管部门负责。

2. 环境犯罪侦查机关

与西方一些国家的多元侦查体制不同,我国的刑事犯罪侦查以公安机关为主体,其他法定机关为补充。公安机关负责绝大多数刑事犯罪的侦查工作,环境犯罪作为一个特定领域的犯罪,其侦查权也被授予了公安机关。自《刑法》规定环境犯罪以来,很长一段时间内,环境犯罪的侦查在公安机关内部都归属治安管理部门,其原因在于:第一,环境犯罪的案件数量少,不必要设置专门的侦查机构;第二,治安管理部门在日常行政执法中与环境执法机构联动更为便利,衔接相对顺畅。近年来,关于设立环境警察的呼声不断高涨,各地陆续设置了专门的环境犯罪侦查机构。2019年初,公安部整合了多个业务局的相关职责,专门组建了食品药品犯罪侦查局,统一承担打击食品、药品和知识产权、生态环境、森林草原、生物安全等领域犯罪的职责。但各地环境犯罪侦查机构目前尚没有统一的内部机构设置和名称。相对于普通刑事犯罪,环境犯罪的专业化程度非常高,这使公安机关的侦查经常会面临很大的难题,不得不求助于专业的鉴定机构。

3. 环境犯罪的起诉和监督机关

检察机关负责对包括环境犯罪在内的所有犯罪的公诉,相对于专业的环境执法机关和环境犯罪侦查机关,检察机关内部并没有建立专门化的机构。除了起诉,检察机关也是环境犯罪追诉机制的主要监督主体,主要通过诉讼监督来实现从移交、立案、侦查到审判、执行的全过程监督。2018年3月,全国人大常委会通过了《中华人民共和国监察法》(以下简称《监察法》),国家监察委员会正式走上前台。依照《监察法》,国家监察委员会对环境犯罪追诉中所涉及的公职人员拥有监察权,主要涉及滥用职权、玩忽职守、权力寻租、利益输送、徇私舞弊等违纪、违法、犯罪行为。国家监察委员会从程序之外对环境犯罪追诉的介入,对于解决长期困扰司法实务的"两法衔接难"问题有着非常重要的意义。

4.环境犯罪的审判机关

人民法院负责审理所有犯罪案件,最高人民法院、大多数高级人民法院、部分中院和基层法院设立了环境资源审判庭。其中,有三分之二以上的环境资源审判庭实行环境资源刑事、民事、行政案件"二合一"或"三合一"归口审理模式。[①] 专门化的环境案件审判机构已经初步建立,但是专门的环境犯罪审判机构还不存在。

5.环境损害鉴定机构

环境损害涉及的科技专业领域众多,任何一个环境行政执法机构、专门化的环境犯罪侦查机构、专门化的审判机构都无法建立起能够涵盖所有领域的技术力量和人员。环境犯罪的侦查、起诉和审判工作必须求助专业化的鉴定机构。由于我国生态环境治理的骤然提速,全国环境损害司法鉴定体制和相应的机构还在建立过程中,不能满足执法和司法的需要。2016 年以来,司法部和生态环境部(原环境保护部)陆续发布《环境损害司法鉴定机构审核登记评审办法》《环境损害司法鉴定机构审核登记评审专家库管理办法》《环境损害司法鉴定机构登记评审细则》等规章,推动环境司法鉴定机构的建设。截至 2018 年底,全国经省级司法行政机关审核登记的环境损害司法鉴定机构达

---

① 孟亚旭.最高法:23 个高级法院设立了环境资源审判庭[EB/OL].(2019-03-02)[2020-06-22].http://news.ynet.com/2019/03/02/1698631t70.html.

103家，鉴定人1900余名，基本实现省域的全覆盖。[①]

6.其他主体

党的十九大报告提出，要"坚持全民共治"，"构建政府为主导、企业为主体、社会组织和公众共同参与的环境治理体系"。生态环境是所有人共有、共享的，生态环境治理需要所有主体共同参与。环境犯罪的追诉需要所有主体的共同参与，任何公民发现环境损害都应积极报案、举报，积极配合调查和侦查工作，如实提供证言和证据线索，涉案单位应该积极配合办案。任何单位和个人都不得以任何形式干扰办案。由于环境案件涉及利益众多，在案件办理的过程中经常会遭遇各种阻力，这些阻力既有来自环境损害者的，也有来自普通居民的。这些阻力都是源于对自身短期利益的维护，需要我们做好教育工作，而刑事追诉本身也具有震慑、预防和教育的功能。

(二)环境犯罪追诉机制的程序机制要素

1."两法衔接"程序机制

"两法衔接"即行政执法与刑事司法的衔接。在我国，"两法衔接"问题于20世纪末整顿市场经济秩序中首次出现，后来延伸到几乎所有可能涉嫌刑事犯罪的行政执法领域。"两法衔接"问题的本质是我国的行政执法与刑事司法处于制度和体制的割裂状态。"两法衔接"中的重要问题包括：第一，环境行政执法机关应移送不移送，以罚代刑；第二，环境行政执法证据在刑事诉讼中的使用问题。对于第一个问题，21世纪以来，国务院办公厅、中央相关部委、司法机关发布了几

---

① 全国环境损害司法鉴定机构突破100家为打好污染防治攻坚战提供了有力支撑[EB/OL].(2019-01-08)［2020-06-22］. http://www. moj. gov. cn/Department/content/2019-01/08/612 _ 226205. html.

十个文件,要求该移送移送,禁止以罚代刑,尝试建立行政司法联动机制,但收效甚微。对于第二个问题,2012 年《刑事诉讼法》修订,增加了一款规定,即第五十二条第二款(2018 年修正后为第五十四条第二款):"行政机关在行政执法和查办案件过程中收集的物证、书证、视听资料、电子数据等证据材料,在刑事诉讼中可以作为证据使用。"由于该条款未涉及言词证据,且并未解决取证不符合《刑事诉讼法》规定的实物类证据的认定问题,学者们的争论至今不休,司法实务部门也仍然处于无所适从的状态。

"两法衔接"几乎是我国特有的问题,在西方大多数国家并不突出。因为我国在最初构建国家权力的时候就明确将行政权与刑事侦查权进行了分割。在我国的制度框架内,刑事侦查权不是行政权,而是一种司法权。尽管很多学者从权能、特征上论证刑事侦查权的行政权属性,但在立法上,刑事侦查权并非行政权已经是一个客观事实。因此,我国的行政法律、法规对行政执法的程序要求与《刑事诉讼法》对刑事侦查的程序要求是不一致的。行政处罚与刑事处罚是性质上完全不同的两种处罚,其证据要求、程序要求也完全不同。在西方国家,侦查权被认为是一种行政权,所有行政执法行为的程序要件都与侦查行为是一致的,因此不存在衔接的技术问题。在我国现行的法律制度框架下,如何解决衔接问题就成了环境犯罪刑事追诉首先要面对的难题。

2. 环境犯罪追诉的侦查程序机制

环境犯罪与其他普通犯罪一样,在侦查程序上应遵循《刑事诉讼法》的规定。但是,环境犯罪有其不同于普通刑事犯罪的典型特点,这决定了环境犯罪的侦查机制既要面对普通刑事犯罪侦查中的问题,也要解决环境犯罪侦查的独特问题。对于前者,主要集中于应当立案而不立案的问题;对于后者,主要集中于环境犯罪侦查的专业化技术难题。我国的公安机关是各级人民政府的组成部分,受地方经济发展和社会稳定等因素的影响较大,在环境犯罪的立案决定中更容易受到各方的干涉,立案监督的难度更大。环境犯罪侦查所涉专业化知识和技术更高,普通刑事侦查技术手段根本无法满足需求,对前端行政执法机关的专业化认定和侦查过程中委托的司法鉴定的依赖性更强。此外,在环境犯罪侦查中,还涉及是否可以采取秘密侦查手段等问题。

3. 环境犯罪追诉的起诉程序机制

我国的刑事起诉以公诉为主,自诉为辅。根据《刑事诉讼法》的规定,环境犯罪的案件都应该由检察机关提起公诉,除法定条件以外,不存在起诉裁量余地。对环境犯罪起诉的特殊之处在于,对环境犯罪进行追诉的目标绝不是将生产主体"罚死""消灭"。从惩罚效果来看,如果让一家生产企业因刑事追诉而倒闭,众多工人下岗,已经被损害的环境亦未得到恢复,这种结果已失去了刑罚惩罚的初衷。因此,对环境犯罪的刑事起诉应在附条件不起诉和"认罪认罚从宽"方面大胆创新,将环境修复考虑在内。此外,若检察机关起诉不作为,应有何种救济措施?对于普通刑事犯罪而言,被害人除了可以进行申诉,还可以提起刑事自诉,即公诉转自诉。那么在环境犯罪中,是否可以进行自诉?是否可以考虑在第二类自诉中加入环境犯罪?实际上,这一切取决于我国刑事司法政策对环境犯罪追诉的重视程度,是否有必要在《刑事诉讼法》中专门考虑环境刑事诉讼。

4. 环境犯罪追诉的审判程序机制

人民法院是唯一的刑事犯罪审判机构。我国的法院体系以综合性法院为主,专业性法院为辅,但所有刑事审判都在综合性法院进行。我国的法院虽然综合,但业务审判庭却是专业分工明确的,一个审判庭(除了派出法庭)只聚焦审理特定类型的案件。因此,我国的法院可以用"综合型法院,专业型法官"来形容。法院审判庭的分工一般按照案件的性质来进行,如民庭、刑庭,再细化为民一、民二、刑一、刑二等,但细化也只是在同一性质的案件中进行分工。最高人民法院和地方各级人民法院设置的环境资源审判庭不是按照案件的性质,而是按照案件的领域进行设置,那么环境资源审判庭就成了一个综合性法院里的综合性审判庭,即既审理环境民事案件,又审理环境行政案件和环境刑事案件的"三合一"法庭,还有的地方兼具环境案件执行的"四合一"。"三合一"或"四合一"模式设立的初衷是"通过相对集中的审理不仅可加强环境事故的责任追究能力,并可优化环境司法的协调能力机制"①。但实际效果并不好,很多环境资源审判庭受理案件数量过少,甚至无案可审。② 其根本原因在于,环境案件数量过少,基层环境犯罪案件数量更少。一些在基层法院设置的环境资源审判庭无案可审,而另外一些地方提级设置的环境资源审判庭又打破了刑事诉讼的级别管辖,从而导致目前审判机制的混乱。从审理内容上而言,环境犯罪的案件面临着因果关系确定难、司法鉴定依赖性强等情况,同时为实现更好的审判效果,学术界期望环境资源审判专门机关能够在环境犯罪审判中应用"环境恢复性司法"。

---

① 杨华.环境法庭设立的应然性与实然性分析[J].江西社会科学,2009(3):189-193.
② 韩晓明.环保法庭"无案可审"现象再审视[J].法学论坛,2019(2):128-134.

第二章　环境行政执法与刑事司法的衔接机制

一、环境行政执法与刑事司法衔接的问题起因

一个污染或破坏环境的行为,究竟是行政违法还是刑事犯罪,还是两者兼是? 从表面上看,这并不是一个难题,毫无疑问,在我们的认知中,某一行为既可能构成行政违法也可能同时构成刑事犯罪。然而是否可以对该行为既进行行政处罚又进行刑事处罚呢? 这通常被称为"法条竞合"或者"责任竞合"。当然,是否存在竞合实际上也是有分歧的,但客观上,一行为既违反行政法又违反刑法是现实存在的。如果行政违法与刑事犯罪的界限分明,那么司法如何处置将不会是问题,但实际上,这却是个困扰整个大陆法系国家数百年仍未有确定结果的难题。如德国学者克斯特林所叹:这是一个令法学者陷入绝望的问题。在刑法理论中,由此产生了一个概念——行政犯罪,但我国对行政犯罪的研究一直未受到学术界的足够重视,仅对行政犯罪的分类有较为深入的研究,其中以刘艳红教授的研究最为经典。基于本书关

注的重点在于程序问题,因此对行政和刑事实体法不做深入研究,关于行政犯罪的分类采刘艳红教授的观点。在行政犯罪理论上,根据行政犯的内容性质或者行政犯罪侵犯的法益内容可以将行政犯分为警察犯、财税犯、经济犯、环境犯、道路交通犯及其他行政犯等。[①] 那么,侵犯环境保护管理秩序进而构成刑法上的犯罪的就是环境犯罪。按照意大利加罗法洛等刑法学家的理论,行政犯罪与普通刑事犯罪的本质不同在于,行政犯罪是禁止恶的行为,即其恶性来自法律的禁止;而刑事犯罪是一种自体恶,是一种不需要法律立法确认就已经存在的恶,即"本质的恶"。[②] 在立法表现上,行政犯罪首先表现为行政法律规范禁止的行为,比如《环境保护法》对于污染环境行为的禁止;其次是《刑法》的禁止性规定,即对严重污染环境行为的禁止。这就意味着并非所有的行政违法行为都是刑事犯罪,就算在行政法律规范和《刑法》对相同行为都禁止的情况下也并非都是刑事犯罪,只有那些具有严重危害性的违法行为才会被《刑法》规定为犯罪。这就产生了行政犯罪的双重违法属性——行政违法性在前,刑事违法性在后;行政违法性是前提,刑事违法性是最终结果。环境犯罪就是这种典型的行政犯罪,表现如下。

(一)环境犯罪的行政属性对"两法衔接"的影响

与普通侵权类犯罪不同,环境犯罪通常以违反有关行政法规设置的环境标准或者没有获得环境保护机关的行政许可为前提,这种犯罪

---

① 刘艳红.行政犯罪分类理论反思与重构[J].法律科学(西北政法大学学报),2008(4):112-120.

② 刘艳红.行政犯罪分类理论反思与重构[J].法律科学(西北政法大学学报),2008(4):112-120.

的成立对于行政法规的依附性有学者将之称为"行政从属性"①。这通常表现为：某些行为违反环保行政法规或禁令即构成犯罪（如"非法处置进口的固体废物罪"，只要违反规定，将境外的固体废物进境倾倒、堆放、处置，就构成犯罪）；另外一些行为，违反行政法规或未经许可而实施，是构成环境犯罪的要件之一（如"重大环境污染事故罪"，违反规定只是其中条件之一，还要造成重大环境污染事故和严重后果才构成犯罪）。环境犯罪的行政从属性在司法上的影响体现在环境犯罪的客观方面必须以损害环境的行为已经违反了行政法律、法规的禁止性规定为前提。有学者认为，这表明环境犯罪的刑罚只是环境违法行政处罚的补充形式或辅助手段，只有环境违法行为超过行政处罚的标准时，刑法才发生作用。② 笔者认为，这种观点弱化了刑罚对于环境犯罪的处罚作用，实际上广义而言，《刑法》规定的大多数犯罪行为都是从违法到犯罪的过程，如从民事侵权到刑事伤害、从民事欺诈到刑事诈骗等。如前文所述，笔者认为，环境犯罪的行政属性关键在于，《刑法》认为本质上环境犯罪是对环境行政管理秩序的破坏，破坏较轻的行为即为行政违法，破坏较重的行为即升格为刑事犯罪。即当环境违法行为违反了环境行政法律规范，并且"情节严重"，就会触犯《刑法》相关法条构成环境污染犯罪。这种属性在立法中比比皆是，如《水污染防治法》第八十三条至第九十五条规定了行为人及相关主体违反本法规定应受的行政处罚，同时在第一百零一条规定"构成犯罪的，依法追究刑事责任"。这种行政属性带来的问题是：从环境违法到环境犯罪，实质上只有量的区别，并无质的不同，但法律对量的规定又不够明确，这就造成环境行政违法与环境刑事犯罪的界限模糊，进而造成环境执法

---

① 任彦君.论生态文明进程中的环境犯罪控制[J].中国海洋大学学报（社会科学版），2008（4）：86-90.

② 赵秉志，王秀梅，杜澎.环境犯罪比较研究[M].北京：法律出版社，2004：57.

权与刑事司法权的界限模糊。

(二)同一行为存在行政法与刑法两个评价

诚然从法理上看,行政违法与行政犯罪的界限明确,是性质截然不同的两种行为,行政犯罪与行政违法可以清晰界分[①],但这不能否定在行政犯罪中涉及两种法律性质完全不同的评价。因为行政犯罪牵涉的行为类型非常庞杂,这些行为性质不同,涉及的法益也不相同,本书仅研究环境行政违法与环境犯罪的问题。就环境犯罪而言,大部分环境犯罪都具有行政属性,或者说存在行政法与刑法的竞合,既是行政违法行为也是刑事犯罪行为。当然,如果说一行为已构成刑事犯罪就不再是行政违法了,因此不存在竞合问题,在逻辑上也是成立的。但需要注意的是,并非所有涉嫌环境犯罪的环境违法行为最后都被认定为犯罪;也并非所有环境犯罪之前都被认定为行政违法行为。即便在立法上,也存在行政处罚与刑事处罚的双罚。主要出现在两种情形下:一是初始的环境违法行为并不构成犯罪,但是经过一段时间,由于一定量的积累,达到环境犯罪的标准了,那该行为即会发生转化;二是环境刑事处罚将受过环境行政处罚作为构成犯罪适用刑法的一个条件的[②]。因此,我们可以看到,环境侵害行为客观上是存在行政法与刑法两个评价的。

为什么会出现这种情况呢? 对这个问题的回答应该从环境犯罪与普通刑事犯罪的区别出发,实际上这也是理论所讨论的行政犯罪与刑事犯罪的区别。对此问题,学术界一直在讨论,似乎迄今也并未有

---

① 高铭暄,孙晓.论行政犯罪与行政违法行为的界分[J].江海学刊,2008(5):132-136.

② 例如,2017年施行的最高人民法院、最高人民检察院《关于办理环境污染刑事案件适用法律若干问题的解释》第一条第(六)项规定,"二年内曾因违反国家规定,排放、倾倒、处置有放射性的废物、含传染病病原体的废物、有毒物质受过两次以上行政处罚,又实施前列行为的"应当认定为"严重污染环境"。

一个能被普遍接受的通说。概括而言,犯罪客体的质的区别和行为危害程度的量的区别是争论的两个核心。所谓客体方面质的区别是指普通刑事犯罪是对某些具有具体、实质内容的法益的破坏,如生命、财产等;而行政犯罪是对行政法律规范所确立的社会秩序的侵犯,如环境犯罪即是对环境管理规范的违反。而所谓量的区别是指,认为任何犯罪都无本质差别,只是在于"法益侵害、行为违宪和伦理可责难性的程度不同所决定的可罚性的差别"①。当然,也有学者主张质与量的综合,即"不仅包含定性因素,还包含定量因素,只有质与量的统一才能表明某一行为的性质,达不到条文规定的行为的质和量的要求,就不能被认定为犯罪"②。在笔者看来,以上观点在某一特定视角下都是正确的,质的学说侧重于行为侵犯的是否是(或者是否主要是)实质法益;量的学说侧重于社会危害性。但两者实际上并不排斥,这也就给综合说留下了空间。若从刑事立法的客观现实而言,实际我国的立法机关将环境犯罪看作是对环境行政管理秩序的破坏,因而将其放在《刑法》第二编第六章"妨害社会管理秩序罪"第六节"破坏环境资源保护罪"中,第六节绝大多数罪名的罪状都以"违反国家规定""违反某行政法规定"为始,这充分说明了在我国立法中环境犯罪就是一个典型的因违反国家行政管理法律法规而构成犯罪的行为,质上违反行政法律规范,量上具有严重社会危害性。但我国立法显然更侧重于前者,否则不会将其放在"妨害社会管理秩序罪"中。需要特别说明的是,笔者认为,这种立法倾向在对生态环境的认识已经发生了重大变化的今天可能已经不适应新的情势了。目前,环境犯罪行为已经不仅是对环境保护管理秩序的侵害,甚至这种对秩序的侵害较之它的实际危害已然退居次席,而且还是对具体环境损害受害人或者单位的侵害,也是

---

① 梁根林.刑事法网:扩张与限缩[M].北京:法律出版社,2005:60.
② 刘艳红.开放的犯罪构成要件理论研究[M].北京:中国政法大学出版社,2002:215.

对公众利益乃至全人类利益的侵害。环境犯罪的侵害客体至少有两个：环境管理秩序和受害人（包括社会公众）的法益（包括生命健康、财产等现实利益，也包括人类和社会发展的长期利益）。当然，在我国目前的刑法规范下，环境犯罪首先是对环境行政管理秩序的侵害，首先受到行政法上的不利评价，其次受到刑法的评价，双重评价是客观存在的。

（三）同一行为由行政执法机关和刑事司法机关分别调查和评价

在那些多元侦查主体的国家，比如美国，拥有行政执法权的机构同时也拥有刑事侦查权，环境执法机构同时也是环境犯罪侦查机构，对于侵害环境的行为，环境执法机构在行政执法的同时即可以启动刑事侦查。在这些国家，行政执法与刑事侦查并不存在衔接问题，这不仅是因为两者是由同一个机构进行的，而且是因为行政执法与刑事侦查在取证要求上是一致的。美国各州的环境执法机构不仅可以直接进行侦查，而且可以直接移送检察官进行起诉，环境执法机构在侦查方面的职权与普通警察并无本质的区别。当然，环境执法机构也存在将案件移送普通犯罪侦查部门进行侦查的情况，那是在他们觉得力所不逮的情况下（关于这方面的介绍和资料详见本书第二章环境犯罪侦查部分）。但我国与之不同，在犯罪侦查体制上，我国是一元为主的侦查体制，即公安机关是刑事犯罪的侦查机关，除法律规定的几类特殊案件由检察机关、军队保卫部门、监狱等侦查外，其余所有的犯罪都由公安机关侦查。即我国的行政执法机关，除本身也承担行政执法职能的公安机关外，都不具有刑事侦查权。由此，大多数环境犯罪的案件，遵循着以下处置路径：环境保护机关先对环境侵害行为进行环境违法调查，发现涉嫌犯罪的移送公安机关进行侦查。这样，同一个行为就由环境执法机关和刑事司法机关分别调查和评价,问题也随之产生。

　　首先,行政执法机关对是否涉嫌犯罪的判断并不专业。这可能导致本来应该被移送侦查的案件没有被移送,或者本来不该被移送侦查的案件被移送了。对于后者尚好解决,公安机关经过初查(当然,这是否能够被称为初查也是一个问题,关于这一点本书将在后面的章节中进行论述)发现并未涉嫌犯罪的,会将案件退回环境保护机关处置,但问题并未彻底解决,如果行政机关仍然认为涉嫌犯罪该如何处置?法律对此并没有相关规定,本书下文将加以讨论。对于应该移送而未移送的案件就更为复杂了,因为公安机关与环境执法机关的日常工作几乎是隔绝的(虽然近些年很多学者提出了联合办案、信息共享等机制,但这并不能解决问题,因为需要公安机关配合的行政执法领域太多,公安机关并没有足够的人力去实施),是否移送完全掌握在环境执法机关手中。

　　其次,公安机关对于处理环境侵害的案件同样并不专业。在世界上任何一个国家,普通警察的最基本任务就是维护社会治安和打击普通刑事犯罪。我国也不例外,公安机关在侵犯人身权利、财产权利等普通刑事犯罪侦查方面相对专业,而对于牵涉大量物理、化学、生物、大气、水文等专业知识的环境犯罪侦查能力不足,这使他们对于环境行政执法的专业化依赖很重。

　　以上问题与地方经济发展的需要混同,就变得更为复杂了。接下来将讨论两个问题:程序的衔接问题和证据的衔接问题。本书认为,环境执法与环境刑事司法衔接不畅的关键在于欠缺对衔接的监督程序。当然,环境执法与刑事司法的衔接问题并不限于程序方面,技术方面也有相当多的问题,这主要体现在行政证据与刑事证据的衔接。

二、环境行政执法程序与刑事司法程序的衔接

(一)环境行政执法与刑事司法衔接的紧迫性

环境领域的行政执法与刑事司法的衔接是我国整个行政执法与刑事司法衔接的一部分。这在我国理论界被称为"两法衔接机制",又称"行刑衔接机制",是指行政执法部门在执法过程中,发现涉嫌犯罪的案件或案件线索,依法向刑事司法机关移送查处的工作机制。依法理,行政执法机关一旦发现涉嫌犯罪的行为,即应移送刑事司法机关依法查处,绝无例外。然而,由于"两法衔接"问题多涉及经济领域的违法犯罪行为,在经济转型的特殊历史背景下,实践中出现了严重的行政执法与刑事司法脱节的现象。2001 年起,国务院统一部署在全国开展整顿和规范社会主义市场经济秩序的活动,其中暴露出很多问题,官方将其总结为"四多四少"现象,即"对破坏市场经济秩序的犯罪案件存在实际发生多、查处少;行政处理多、移送司法机关追究刑事责任少;查处一般犯罪分子多、追究幕后操纵主犯少;判缓刑多、判实刑少的'四多四少'现象"①。"两法衔接"的不畅已经严重影响市场经济秩序的稳定。对此,2001 年以来,国务院、最高人民检察院以及各部委密集发布文件对"两法衔接"问题进行规范,这些文件主要有六个:国务院《关于整顿和规范市场经济秩序的决定》(以下简称《国务院决定》),《行政执法机关移送涉嫌犯罪案件的规定》,《人民检察院办理行

---

① 李和仁.形成打击经济犯罪的合力——建立行政执法与刑事执法相衔接工作机制座谈会述要[J].人民检察,2003(12):39-41.

政执法机关移送涉嫌犯罪案件的规定》(已失效),最高人民检察院、全国整顿和规范市场经济秩序领导小组办公室、公安部《关于加强行政执法与公安机关、人民检察院工作联系的意见》(以下简称《加强联系意见》),最高人民检察院、全国整顿和规范市场经济秩序领导小组办公室、公安部、监察部《行政及时移送意见》,中共中央办公厅、国务院办公厅《转发国务院法制办等部门〈关于加强行政执法与刑事司法衔接工作的意见〉的通知》。

2014年10月23日,中国共产党十八届四中全会通过《中共中央关于全面推进依法治国若干重大问题的决定》,其中明确提出"健全行政执法和刑事司法衔接机制,完善案件移送标准和程序,建立行政执法机关、公安机关、检察机关、审判机关信息共享、案情通报、案件移送制度,坚决克服有案不移、有案难移、以罚代刑现象,实现行政处罚和刑事处罚无缝对接"。所谓的"有案不移、有案难移、以罚代刑"现象实际仍然是"四多四少"现象。解决此问题不仅紧迫,而且已经进入国家法治建设的顶层设计视野。

在对环境犯罪的追诉中,鉴于环境犯罪侦查能力的有限性(对于此问题的研究将在第三章展开),环境犯罪的线索以在环境行政执法中发现为主。实际上,环境犯罪追诉数量与人民群众对环境污染的直接感受之间存在不小的差距。人们会产生这样的疑问:"为什么环境污染这么严重,为什么那么多企业在非法排污,可是环境犯罪的数量却这么少呢?"难道真的是环境污染大部分都只是行政违法,涉嫌犯罪的少之又少?但很明显,并非如此,本质上是环境执法与环境刑事司法的衔接存在障碍。这种障碍不除,不仅会影响环境治理效果,更会破坏政府和司法的公信力。因此,解决环境犯罪的"两法衔接"问题,迫在眉睫。

(二)"两法衔接"不畅在环境犯罪追诉中的反映及应对的无效

随着工业的快速发展对人类的生存环境造成越来越大的威胁,刑事立法的理性开始逐渐觉醒,刑法作为社会法益的最后屏障的作用开始显现,各国普遍开始通过刑法对侵害环境的行为进行规制。进入后工业化时代的 20 世纪 60 年代,美国的环境立法尚处于以罚款等行政手段和侵权诉讼等民事手段为主来制裁环境违法行为的阶段。[①] 美国立法者发现,环境违法者非法排放工业废水、实施污染环境后受到行政处罚缴纳的罚款比他们自己按照规定和国家标准无害化处理工业废物的花费要少得多。这样企业违反环境行政法律的成本很低,并且产生的费用因为产品提价而实质上转移到了普通消费者的身上,行政处罚很难达到制止环境违法行为的目的。面对此种现象,美国开始重视和确立刑事处罚对于环境保护的作用,1976 年颁行《资源回收法》、1977 年颁行《清洁水法》,其中将越来越多的环境污染行为纳入刑事制裁的范围。[②] 美国与我国面临的情况惊人地相似,在很长一段时间,这些环境刑法并没有得到严格的实施。这既有经济上的原因,也有技术上的原因(如环境犯罪的证明很困难)。为发挥刑事司法的威力,实现环境犯罪领域与普通犯罪领域同样的追诉比例(当然理想的状态是做到有罪必罚),美国法院发展并确立了环境犯罪的严格刑事责任制度(即不要求主观要件,只要行为人的客观行为符合法律规定的要件,或者导致了某种法定的结果,就可以被定罪处罚[③]),并根据其传统给

[①] Robert W. Adler, Charles Lord. Environmental crimes: Raising the stakes[J]. George Washington Law Review, 1991(4):781-861.

[②] Robert W. Adler, Charles Lord. Environmental crimes: Raising the stakes[J]. George Washington Law Review, 1991(4):781-861.

[③] 刘仁文.刑法中的严格责任研究[J].比较法研究,2001(1):44-59.

予环保署刑事调查权。① 差不多与美国同时期,日本在 20 世纪 60 年代末 70 年代初开始逐步重视刑事立法在惩治公害犯罪中(在日本,环境犯罪被称为"公害罪")的重要作用。1970 年,日本修改了《公害对策基本法》,并制定和修改了《关于危害人体健康的公害犯罪制裁法》《水质污染防治法》《大气污染防治法》等 14 部与公害相关的法律。日本的《关于危害人体健康的公害犯罪制裁法》被认为是世界上第一部以刑事单行法方式对惩治公害犯罪做出规定的法律,创立了行为人与法人的两罚、因果关系的推定等司法制度。② 除立法外,日本警察机关不断加大对公害犯罪的打击力度,公害罪的逮捕数逐年增加,如 1978年日本对非法投弃废弃物、污染水体、恶臭等案件的逮捕数为 5855件,比 1977 年增加了 472 件。对于这些案件,检察机关也依法提起诉讼,1975—1979 年,公害犯罪案件的起诉率都在 70% 左右。③ 德国环境保护刑事立法也开始于 20 世纪六七十年代,1980 年修改《联邦刑法》时,把环境犯罪的很多罪状纳入了刑法典,并设置了专章。④ 1998年颁布的《德国刑法典》在第 29 章专门设置了"危害环境部分",另在其附属刑法中也规定了若干补充条款。英国在 1951 年颁布的《河流污染防治法》中规定了对环境犯罪适用刑罚,并通过 1972 年 Alpgacell v. Woodward 案确立了环境犯罪刑事追诉的客观主义原则,即严格责任,该规则随后被写入 1974 年的《污染管制法》。⑤ 从西方国家立法实践来看,环境侵害行为入刑已经成了基本趋势,各国的区别主要在于是否实行严格责任。

---

① 王树义,冯汝.我国环境刑事司法的困境及其对策[J].法学评论,2014(3):122-129.
② 王树义,冯汝.我国环境刑事司法的困境及其对策[J].法学评论,2014(3):122-129.
③ 藤木英雄.公害犯罪[M].丛选功,等译.北京:中国政法大学出版社,1992:149-152,158-162.
④ 邵军峰.关于中德危害环境犯罪立法的比较研究[J].河南社会科学,2005(5):50-51,77.
⑤ 邓群策.两大法系关于环境犯罪立法之比较[J].湘潭大学社会科学学报,2002(4):29-31.

我国亦在 20 世纪末 21 世纪初加快了环境保护刑事立法的进程，1997 年修订《刑法》增设"破坏环境资源保护罪"专节；2011 年在《刑法修正案（八）》中对"重大环境污染事故罪"进行了修订；2013 年，为进一步打击环境犯罪，最高人民法院、最高人民检察院出台了《关于办理环境污染刑事案件适用法律若干问题的解释》（2016 年和 2023 年两次修改）。尽管环境犯罪刑事实体法的立法仍存在诸如体系杂乱、保护范围过窄、构成要件模糊、刑事责任实现不足等缺憾①，但在客观上，刑法法网已经开始逐渐严密，在一定程度上满足了对环境犯罪制裁的需要。然而，与刑事立法的如火如荼相比，环境犯罪刑事司法实践仍举步维艰。2014 年 5 月，最高人民检察院《检察日报》仍然用"破冰"这样的词来形容查办破坏环境资源犯罪的现状。② 环境犯罪追诉难的原因非常复杂，有技术上的因素（比如环境犯罪的隐蔽性、危害行为与结果之间的时间间隔长等），有社会心理因素（环境犯罪往往依附于正常的生产发展，相对于普通刑事犯罪，社会公众往往否定程度较低）③，也有制度因素。其中最为重要的制度因素，即是环境犯罪追诉领域中的"两法衔接机制"不畅。与所有领域中的"两法衔接"问题相同，环境犯罪领域"两法衔接"问题的根源是环境犯罪的行政属性。在理论上，有相当多的学者主张环境犯罪具有行政属性，即危害环境的行为是否构成犯罪，将全部或部分地取决于该行为是否违反行政法的要求。④ 尽管也有学者对这一观点持批判态度⑤，但这并不能否定司法实践中对环境犯罪的追诉多以行政执法的介入为先导的客观事实。环境犯罪

---

① 唐秋慧,霍文宇.论我国环境犯罪刑事责任的重构——以近年来我国三起水污染事故为例[J].西南石油大学学报(社会科学版),2014(2):74-79.

② 徐日丹.查办破坏环境资源犯罪检察机关破冰前行[N].检察日报,2014-05-08.

③ 邓文莉.环境犯罪的成因及其控制对策的经济分析[J].法学评论,2007(6):110-115.

④ 杨春洗,向泽荣,刘生军.危害环境犯罪的理论与实务[M].北京:高等教育出版社,1999:116.

⑤ 赵星.环境犯罪的行政从属性之批判[J].法学评论,2012(5):129-133.

的这种行政属性在实践中滋生了很多不正当行政干预和地方保护主义现象，"助长行政权排斥司法权的风气，并容易催生环境刑事手段被架空的巨大危险"①。如果再加上环境执法人员个人的利益因素（据最高人民检察院通报，环境领域的渎职犯罪非常突出②），环境犯罪追诉难就是必然的了。最高人民检察院的通报中对这种现象也描述得非常清楚："不作为、不履行或不认真履行监管职责，放任相关企业和个人随意排污、乱砍滥伐；徇私舞弊，不向司法部门移交环境污染犯罪，以罚代刑，放纵犯罪等。"在程序上表现出来的就是从环境执法到刑事司法的衔接不畅，对环境犯罪的追诉到环境执法就戛然而止了。面对此种困境，我们的应对如何呢？

从司法实践的表现来推测，中央和地方各级政府、司法机关对上述困境是准确掌握的，也相应做出了应对和努力。其基本思路是：一方面，从实体上对在环境执法、司法各环节中存在的渎职行为予以严厉打击、施以刑罚；另一方面，从程序上严格规定环境犯罪案件由执法向刑事司法的移送。治理的手段仍然是我们一贯沿用的"运动式"集中整治。这些我们从媒体报道的标题中就能够找到根据，如《查办破坏环境资源犯罪，检察机关破冰前行》③《深圳围歼污染环境犯罪》④《上海合力打击环境犯罪——规范案件移送程序明确调查取证基本要求》⑤《严厉打击破坏生态环境犯罪》⑥《海宁严厉打击生态环境犯罪》⑦等。那么，效果如何呢？我们以河北省为例。

---

①　赵星.环境犯罪的行政从属性之批判[J].法学评论,2012(5):129-133.

②　卢俊宇.最高检:生态环境领域渎职犯罪呈现四大特点[N].民主与法制时报,2015-06-18.

③　徐日丹.查办破坏环境资源犯罪,检察机关破冰前行[N].检察日报,2014-05-08.

④　王彤.深圳围歼污染环境犯罪[N].民主与法制时报,2014-04-07.

⑤　蔡华.上海合力打击环境犯罪——规范案件移送程序明确调查取证基本要求[N].中国环境,2014-02-19.

⑥　吴振宇.严厉打击破坏生态环境犯罪[N].浙江日报,2017-09-20.

⑦　朱财宝,吴峰.海宁严厉打击生态环境犯罪[N].中国环境报,2019-04-19.

　　河北省早在 2007 年即由省环保局、省公安厅、省人民检察院联合出台了《关于涉嫌环境犯罪案件移送的若干具体规定》，明确："环保部门在查处环境违法行为时，发现涉嫌环境犯罪，依法应追究刑事责任的，必须将案件移送公安机关，绝不能一罚了之，以罚代刑；发现本部门及其他部门工作人员涉嫌环境保护职务犯罪的，也要移送同级检察机关。"①同时，该文件还规定了环保部门向公安机关移送案件的程序，包括移送的材料、时限，公安机关的审查及检察院的监督等，不可谓不细致。这项规定出台六年后的 2013 年，河北省环保厅、公安厅和检察院分别开展了严厉打击环境污染犯罪的专项活动。据《河北日报》报道："省环保厅组织开展了以查'非法排污、超标排污、恶意排污'为主要内容的'三查'行动，全省共出动环境执法人员 5.5 万人次，排查企业 2.2 万家，查处环境违法问题 2493 个，向相关部门移送 125 件。省公安厅开展了打击环境污染犯罪专项行动，要求各地主动摸排污染环境犯罪案件线索，凡达到刑事案件立案标准的，必须立案侦查，力争尽快侦破，对已破案件要尽快移送起诉，还将打击环境污染犯罪成效列入对各地公安机关的年度考核。截至 8 月底，全省公安机关共立污染环境类刑事案件 185 起，破案 122 起，抓获犯罪嫌疑人 183 人，刑事拘留 124 人，逮捕 42 人。全省检察机关开展了危害民生刑事犯罪专项立案监督活动，严厉打击破坏生态环境的刑事犯罪。活动开展以来，共监督行政执法机关向公安机关移送涉嫌污染环境犯罪案件 24 件 28 人，监督公安机关立案 13 件 15 人。"②

　　对这些数据进行分析，我们能够得到以下微妙的结论：第一，环保部门仍然存在应该移送公安机关侦查而未移送的现象，且比例不低（移送 125 件，其中 24 件是受到检察监督后移送的，占总移送案件的

---

① 马竞,曹天健.河北打击环境犯罪不再"嘴硬手软"[N].法制日报,2007-10-08.
② 段丽茜.4 月以来我省 43 人因环境犯罪被批捕[N].河北日报,2013-09-30.

19.2%);第二,公安机关仍然存在应立案而不立案的现象,比例也不低(共立案 185 起,其中 13 件是在检察机关立案监督后立案,占总立案数的 7.0%)。另外值得注意的是,2013 年 5 月 22 日,廊坊市下属的霸州、永清两县(县级市)"小电镀"污染环境问题被新闻媒体曝光后,两地公安机关立案侦查 62 起①,占全省公安机关环境犯罪立案总数 185 起的 33.5%,而河北省共辖 11 个地级市,169 个市辖区、县级市、县、自治县。当然,这只是河北省的情况,并不能代表全国。笔者之所以选取河北省的数据进行研究,是因为河北省是京津冀区域环境协同治理的重点区域,在京津产业调整中承接了大量重工业产能,在京津冀区域生产总值中,河北省的第二产业占比最高。② 河北省作为环境刑事治理的重点区域,其治理措施是"运动式"环境治理的一个缩影。但是,这种"运动式"的治理效果并不明显,大量应该追诉而未追诉的案件仍然藏在盖头下。

(三)环境犯罪领域"两法衔接"不畅的重要因素

导致环境犯罪领域"两法衔接"不畅的原因有很多,比如基于地方经济利益考虑的地方保护主义、环境犯罪案件行政化处理③;环境犯罪因果关系难以确定④;环境犯罪传统侦查手段的有限⑤;等等。受篇幅所限,本书无法全面关注,只就其中关键的制度环节——监督机制——进行研究。其他各种因素不外乎可以分为两类:一类是技术因素,如因果关系、侦查手段等;另一类是更为宏大的制度因素,如由于

---

① 段丽茜.4 月以来我省 43 人因环境犯罪被批捕[N].河北日报,2013-09-30.
② 潘静,李献中.京津冀环境的协同治理研究[J].河北法学,2017(7):131-138.
③ 周兆进.环境行政执法与刑事司法衔接的法律省思[J].法学论坛,2020(1):135-142.
④ 侯艳芳.污染环境罪因果关系认定的体系化思考[J].当代法学,2020(4):116-125.
⑤ 赵星.论在环境犯罪防控中引入特殊侦查[J].法学论坛,2012(5):50-55;孙海哲.污染环境犯罪现状及防治对策研究[J].湖南警察学院学报,2017(2):44-51.

地区生产总值考核所引发的地方保护或者基于私利的权力寻租。监督机制之所以关键,是因为无论哪类因素造成"两法衔接"不畅,都可以通过监督机制来解决或者推动解决。有效的监督机制可以推动技术问题的解决,也是制度改革的动力。根据前述河北省的数据,2013年检察机关开展的专项监督有效推动了环境犯罪领域的"两法衔接"工作,这在一定程度上说明,无效监督是"两法衔接"不畅的制度原因之一。那么,"两法衔接"的监督机制究竟如何呢?接下来,本书将从具体制度上进行分析。笔者认为,在环境犯罪的"两法衔接"中,存在两次监督失效:一是对行政执法向刑事司法的移送欠缺监督;二是对环境犯罪刑事司法追诉同样欠缺监督。

前文提到,环境犯罪具有行政属性,危害环境的行为首先构成行政违法,严重的构成犯罪,这势必导致行政责任与刑事责任的竞合。《中华人民共和国行政处罚法》(以下简称《行政处罚法》)第八条第二款规定,"违法行为构成犯罪,应当依法追究刑事责任的,不得以行政处罚代替刑事处罚"。我国在处理此类竞合问题时,采取的是"双罚制",即环境犯罪的行为既要承担行政责任,又要承担刑事责任。在我国,环境行政执法往往是环境犯罪追诉的前置程序,虽然未有明确规定,但从《刑法》条文中可以推知。《刑法》中绝大多数关于破坏环境资源保护罪的个罪规定都附加了"违反国家规定"[①]"未经国务院有关主管部门许可"[②]"违反××法规"[③]这样的前置条件,即违反法律法规是环境犯罪的前提条件。理论上,凡环境保护部门在行政执法中发现有

[①]　例如,第三百三十八条污染环境罪、第三百三十九条第一款非法处置进口的固体废物罪,第三百四十四条危害国家重点保护植物罪。

[②]　例如,第三百三十九条第二款擅自进口固体废物罪。

[③]　例如,第三百四十条非法捕捞水产品罪,第三百四十一条非法狩猎罪和非法猎捕、收购、运输、出售陆生野生动物罪,第三百四十二条非法占用农用地罪,第三百四十三条非法采矿罪和破坏性采矿罪,第三百四十五条第二款滥伐林木罪。

涉嫌犯罪的行为,即应向公安机关移送立案侦查。但环境保护部门受经济发展指标、社会稳定、地方政策等因素影响较大,导致相当比例的案件未移送侦查(比如前文提到河北省这个比例接近 20%)。

国家对此问题的关注始于 2001 年,除了前文提到的六个文件,具体到环境执法与环境犯罪追诉领域还有环境保护部、公安部《关于加强环境保护与公安部门执法衔接配合工作的意见》。此外,各地也陆续出台了相应的落实规定(如前述河北省的《关于涉嫌环境犯罪案件移送的若干具体规定》)。这些文件从中共中央、国务院到各部委、各地方,层级不可谓不高,规范不可谓不多,然而问题并没有得到根本解决。总的来说,政策性较强、位阶过低、权威性不够[①](有行政法规,多是部门规章,还有性质以及效力等级都很难界定的政策文件、司法规定)固然是其中原因,但仔细分析文本,就会发现缺乏移送监督机制是核心症结。

1. 环境犯罪在执法向刑事司法移送中的监督失效

《国务院决定》第(六)条规定,"行政执法部门在查处违法行为中发现的犯罪线索,必须及时通报并依法移送公安部门及其他有关部门,坚决制止一些地方和部门存在的瞒案不报、以罚代管、以罚代刑现象"。所有随后的文件都延续了这样的规定,如《行政执法机关移送涉嫌犯罪案件的规定》第三条规定,"行政执法机关在依法查处违法行为过程中,发现违法事实……涉嫌构成犯罪,依法需要追究刑事责任的,必须依照本规定向公安机关移送";《加强联系意见》第三条规定,"强化案件移送工作,推动涉嫌犯罪案件及时进入司法程序。行政执法机关查处的破坏社会主义市场经济秩序违法案件,根据法律和司法解释

---

① 四川省人民检察院"两法"衔接课题组,郭彦. 促进行政执法与刑事司法有效衔接须由全国人大常委会立法解决[J]. 中国检察官,2011(21):3-7.

的规定,凡是达到刑事追诉标准、涉嫌犯罪的,应按照《行政执法机关移送涉嫌犯罪案件的规定》,及时向公安机关移送"。这些法规采取的都是"应当移送"的字眼,政策性、宣示性意味较浓。

对于不移送的监督,上述法规和文件中也有提及。《国务院决定》第(六)条规定,"行政执法部门……必须及时通报并依法移送……造成严重后果的要严肃追究责任"。《行政执法机关移送涉嫌犯罪案件的规定》第十四条规定,"行政执法机关移送涉嫌犯罪案件,应当接受人民检察院和监察机关依法实施的监督";第十六条规定,"行政执法机关违反本规定,逾期不将案件移送公安机关的,由本级或者上级人民政府,或者实行垂直管理的上级行政执法机关,责令限期移送,并对其正职负责人或者主持工作的负责人根据情节轻重,给予记过以上的处分;构成犯罪的,依法追究刑事责任。行政执法机关违反本规定,对应当向公安机关移送的案件不移送,或者以行政处罚代替移送的,由本级或者上级人民政府,或者实行垂直管理的上级行政执法机关,责令改正,给予通报;拒不改正的,对其正职负责人或者主持工作的负责人给予记过以上的处分;构成犯罪的,依法追究刑事责任"。《加强联系意见》第三条规定,"对于行政执法机关不移送涉嫌犯罪案件,有关单位、个人举报或者群众反映强烈的,人民检察院可以向行政执法机关查询案件情况;经协商同意,还可以派员查阅有关案卷材料,行政执法机关应予配合。必要时,人民检察院应当向行政执法机关提出检察意见,建议其按照管辖规定向公安机关移送涉嫌犯罪案件,行政执法机关应当反馈落实情况。行政执法机关仍不移送的,检察机关应将情况书面通知公安机关。公安机关经过审查,认为有犯罪事实需要追究刑事责任,且属于公安机关管辖的,应当立案侦查"。《环境保护行政执法与刑事司法衔接工作办法》第十四条规定,"人民检察院发现环保部门不移送涉嫌环境犯罪案件的,可以派员查询、调阅有关案件材料,认为涉嫌环境犯罪应当移送的,应当提出建议移送的检察意见。环保部门应当自收到检察意见后 3 日内将案件移送公安机关,并将执行情况通知人民检察院"。

以上规范内容反映出:第一,负有监督职责的机关是人民检察院、监察机关以及本级和上级人民政府,其中程序上以人民检察院为主,监察机关和人民政府侧重对违纪行为的实体监督(监察机关负有监督职责只在《行政执法机关移送涉嫌犯罪案件的规定》中提到,其他文件中则不再提及);第二,监督的法律后果是,应移送不移送或者"以罚代移"的,视情节分别处以责令改正、通报、行政处分、追究刑事责任的处罚。对于监督主体和法律后果,虽有瑕疵(比如本级人民政府的监督有自体监督之嫌),但无根本性问题。根据《宪法》,检察机关是我国的法律监督机关,并且在"一府两院一委"的制度框架内,检察机关应独立于政府,由其行使监督权,理所应当。

检察监督不力主要表现在检察监督的启动是被动的,只有"有关单位、个人举报或者群众反映强烈的"案件,才会进入检察监督视野。然而,环境犯罪的危害往往是间接的、复杂的(环境犯罪行为直接作用于环境这个外部载体,再通过环境作用于被害人,其因果关系往往极其复杂,甚至很难界定[①]),又没有明确、直接的被害人,同时环境犯罪行为和危害具有隐蔽性,甚至危害结果需要相当长的时间方能表现出来。[②] 进入检察监督视野的往往集中于以下三类:少数有明确、直接被害人的案件;严重污染引发群体疾病或者重大污染事故的案件;引发群体性事件的案件。大量隐蔽的、长期性的案件因为没有人举报或反映,检察监督未能及时启动。但这些案件的污染后果迟早会出现(被

---

① 郭莉.环境犯罪中的因果关系与客观归责[J].广西大学学报(哲学社会科学版),2010(3):54-57.

② 赵红艳.环境犯罪定罪分析与思考[M].北京:人民出版社,2013:28.

广泛关注的"癌症村"就是环境污染导致健康隐患并经长期发展转成实际病症的典型①），迟延到那时，治理的成本恐怕就远远不是经济成本能够涵盖的了。实际上，对于已经引发群体疾病、事件的案件，检察监督是否介入已无所谓，因为此时由于舆论压力，即便检察机关不监督，案件也会得到查处。归根结底，还是舆论监督在起作用。即便是在少数进入检察监督的案件中，也还是舆论在推动，检察监督是缺位的。

　　2.检察机关地位尴尬、监督手段无力

　　我国地方各检察机关人事、财物不能独立于地方，检察权不独立的情形，学界早已批判多年。这导致检察机关只具有法律监督机关之名，而无监督之实。这点从上述文件内容中也可见一斑：检察机关收到举报、反映后，"可以"向环保部门查询案件情况，若要阅卷还须经与环保部门"协商"取得其"同意"。同时规定，环保部门应予配合。其中检察监督的"小心翼翼"应该不难体会。很显然，文件中如此行文就是担心行政机关对检察监督不予配合。若真的不配合，检察机关自己的办法，就是提出"检察意见"——"必要时，人民检察院应当向行政执法机关提出检察意见"。检察意见有什么效力呢？是提出"建议"——"建议其按照管辖规定向公安机关移送涉嫌犯罪案件"，同时要求反馈——"行政执法机关应当反馈落实情况"。既然检察意见也只是提出建议，并无强制力，那么行政机关仍然可以不予理睬。文件接着祭出了最后一招——越过环保行政部门直接通知公安机关立案："行政执法机关仍不移送的，检察机关应将情况书面通知公安机关。"根据规定，并不是由检察机关立案，而是要求公安机关立案，至于公安机关是

_____

　　①　窦海阳.环境损害事件的应对：侵权损害论的局限与环境损害论的建构[J].法制与社会发展，2019(2)：136-154；山东邹平"癌症村"生存危机[EB/OL].(2013-10-24)[2020-06-22]. https://sd.ifeng.com/news/fengguanqilu/detail_2013_10/24/1370161_2.shtml.

否立案,则属于其裁量权——"公安机关经过审查,认为有犯罪事实需要追究刑事责任,且属于公安机关管辖的,应当立案侦查"。问题随之出现了,公安机关不立案怎么办? 这是我们在后文着力的地方,在此只分析到环保移送监督。整个监督程序分析下来,可以很清晰地看到,检察机关并无任何实质性的监督权力,从"查询"到"建议"再到"通知",形象地说,只是在"转着圈儿求人",求环保行政机关移送,求公安机关立案侦查。

3.环境犯罪刑事立案追诉中的监督再度失效

环境犯罪从行政执法向刑事司法的移送难只是问题的一个方面,另一方面,环境犯罪进入刑事司法程序后顺利追诉也同样难。如前文河北省的数字,案件从环保部门移送到公安部门后,仍旧有大约7%的比例应该立案侦查而未立案。从制度上来看,对于公安机关应予立案而不立案的监督来自以下两个途径。

第一,环保部门在移送之后对公安机关的监督。

根据《行政及时移送意见》第一条,生态环境部门在执法中对于符合刑事追诉标准的案件,应当及时移送同级公安机关,并抄送同级人民检察院。根据2012年新修改的《公安机关办理刑事案件程序规定》,公安机关对移送的案件进行审查,认为没有犯罪事实,或者犯罪事实显著轻微,不需要追究刑事责任,依法不予立案的,应当说明理由,并将不予立案通知书送达移送案件的行政执法机关。[1] 生态环境部门对不予立案决定不服的,可以向作出决定的公安机关申请复议,公安机关应当在收到复议申请后三日以内作出决定,并书面通知生态环境部门。[2] 可见,生态环境部门对于公安机关不予立案的应对是行

---

[1] 见《公安机关办理刑事案件程序规定》第一百八十条。
[2] 见《公安机关办理刑事案件程序规定》第一百八十一条。

政复议。那么这种监督效果如何呢？一是对于生态环境部门而言，移送的案件是否被刑事立案与其并无关系，生态环境部门并非受害人，没有追诉犯罪的强烈愿望，因而也不会有动力对公安机关的决定再申请复议。二是这种复议并非具有内部监督、权利救济、解决纠纷功能的行政复议①，而仅是要求对已作决定的事再一次进行讨论。且是向作出决定的公安机关申请复议，申请再一次进行讨论，这种复议自然很少会改变原决定，因为这无异于让公安机关"自己做自己的法官"。所以，通过生态环境部门提出复议来进行监督的制度是无效的。当面对这种无能为力的情形时，规范的制定者再次将问题推给了检察机关。据《行政及时移送意见》第七条，行政执法机关对公安机关不立案决定有异议的，可以建议人民检察院依法进行立案监督。然而人民检察院立案监督就是有效的吗？后文我们将继续分析。

第二，检察机关的立案监督。

如果说检察机关对于行政机关移送与否的监督介入信息获得是被动的话（"有关单位、个人举报或者群众反映强烈的案件"），那对于案件已经移送到公安机关的信息获得则是主动的。根据《行政及时移送意见》第一条规定，环保部门在查办案件过程中，对符合刑事追诉标准、涉嫌犯罪的案件，应当制作《涉嫌犯罪案件移送书》，及时将案件向同级公安机关移送，并抄送同级人民检察院。这是一种备案，也是向检察机关提供了监督信息，实际上如果检察监督确实有力的话，备案也是一种有效的监督。《加强联系意见》不仅要求检察机关备案，同时也要求检察机关对案件进行跟踪，及时了解立案情况，对于未及时受理或者立案的，依法开展立案监督。刑事立案监督是《刑事诉讼法》赋予检察机关的重要权力，《刑事诉讼法》第一百一十三条规定，"人民检

---

① 柏杨."权利救济"与"内部监督"的复合——行政复议制度的功能分析[J].行政法学研究，2007(1):82-90.

察院认为公安机关对应当立案侦查的案件而不立案侦查的……应当要求公安机关说明不立案的理由。人民检察院认为公安机关不立案理由不能成立的，应当通知公安机关立案，公安机关接到通知后应当立案"。这是1996年、2012年、2018年《刑事诉讼法》三次修正中的一致表述，即表述为"应当"，但未规定不这样做的法律后果。那么相关司法解释和规定是怎样解释这个"应当"的呢？《公安机关办理刑事案件程序规定》第一百八十二条第二款规定，"人民检察院通知公安机关立案的，公安机关应当在收到通知书后十五日以内立案，并将立案决定书复印件送达人民检察院"。这个规定以再次增加一个"应当"进行了应对。那么如果公安机关拒不立案怎么办呢？2019年修订后的《人民检察院刑事诉讼规则》加强了对公安机关的立案监督，对公安机关未在规定期限内作出是否立案决定，当事人或者行政执法机关向人民检察院提出的，人民检察院应当受理并审查。人民检察院经审查有关证件材料认为符合立案条件的，应当通知公安机关立案。① 公安机关收到通知立案书不予立案的，人民检察院应当发出纠正违法通知书。公安机关仍不纠正的，报上一级人民检察院协商同级公安机关处理。② 可见，检察机关只能将其认定为"违法"，发出纠正通知书，对于公安机关仍不纠正的，再无他法，只能报上级"协商"处理。由此足见，检察机关对于公安机关的立案监督仍然是"柔性"的，不具有强制监督的手段，也就起不到监督的效果。

4. 环境犯罪刑事起诉环节中监督三度失效

如果前面各移送、立案、侦查环节全都顺利，是否就意味着追诉成功了呢？也未必，因为导致环境保护部门不移交、公安机关不立案的

---

① 见《人民检察院刑事诉讼规则》第五百六十二条。
② 见《人民检察院刑事诉讼规则》第五百六十四条。

所有因素都可能影响检察机关,在当前检察机关仍不能独立于地方的背景下,它也可能因地方的掣肘而作出不起诉的决定。依照《刑事诉讼法》的规定,对不起诉决定的救济(或称监督)途径有两个:一是根据《刑事诉讼法》第一百八十条规定,由被害人向上级检察院申诉或者直接提起自诉;二是根据《刑事诉讼法》第一百七十九条规定,由公安机关提请复议,如果复议不被接受,可以向上一级检察院提起复核。对于环境犯罪而言,这两种途径的效果都有限。很多环境犯罪的特点是没有明确的被害人,或者无法确切地证明有明确的被害人[①](环境犯罪对人身和财产造成侵害的因果关系证明是非常困难的),即便有被害人,申诉和自诉也异常艰难。依照《刑事诉讼法》及《人民检察院刑事诉讼规则》,对被害人的申诉的复查程序基本是一个书面的、单方的、不公开的行政式审查程序[②],对于复查后作出的维持不起诉的决定,被害人可以转而寻求司法救济,向人民法院提起自诉。然而,刑事自诉由自诉人承担基本举证责任的规则,使"公诉转自诉型"的刑事自诉难以被提起。[③] 环境犯罪具有隐蔽性、高度专业性,相关证据的收集对于环保部门、公安部门都是难题,自诉人就更不可能有能力完成了。那么公安部门的复议和复核会有效吗?这个程序是一个书面的、单方的、不公开的行政式的审查程序,复议不被接受可以提起复核,复核决定后再无救济。这种行政式审查,实际上是将监督权交给了检察机关自己,这是有违程序正义理念的。

---

① 陈玉范.关于环境犯罪被害人问题的一孔之见[C]// 中国犯罪学学会.中国犯罪学学会第十七届学术研讨会论文集,2008:200-201.

② 见《刑事诉讼法》第一百八十条,《人民检察院刑事诉讼规则》第五百五十五条、第五百五十六条、第五百五十七条。

③ 赵旭光,侯冀燕.论公诉转自诉制度的功能与实效[J].兰州学刊,2005(4):131-134.

(四)环境犯罪追诉的有效监督机制的构建

那么,如何构建一个有效的监督机制呢? 我们必须明确,监督必须具有强制力,否则无论由谁来实施,无论用多么严厉的措辞都是无效的。这就要求:首先,监督主体必须具有权威,必须能够让监督对象尊重、重视而不能无视甚至蔑视。其次,监督的权威、有效必须建立在拥有使监督对象惧怕的监督手段和后果之上,绝不应当仅仅停留在"应当""通知""催办""建议""协商"这些用语引领的"应当型有条件义务性规范"①(这种规范往往给予有关主体一定的选择空间②,一般来说没有相对应的法律后果)。由此出发,笔者提出以下建议。

1. 落实党的十八届四中全会决定,建立以各级纪检机关为中心的党纪、政纪监督体系

无论是环保部门、公安机关还是人民检察院,都属于国家机关,其工作人员都属于国家机关工作人员(包括受行政纪律约束的国家行政机关任命的其他人员),他们实施的依法应移交司法而不移交、应予刑事追诉而不追诉的行为,无论是否构成犯罪,都属于违反法律、违反纪律的行为,其中党员同志还涉及违反中国共产党的纪律。因此,对他们的监督既不限于刑事实体法(即对于职务犯罪的追诉),也不限于行政程序、刑事程序法的监督,还包括各级纪检监察机关的违纪监督。

2014 年 10 月 23 日党的十八届四中全会通过了《中共中央关于全面推进依法治国若干重大问题的决定》,这是指导建设社会主义法治国家的纲领性文件。文件明确指出:"必须以规范和约束公权力为重

---

① 王敏.法律规范中的"必须"与"应当"辨析[J].法学,1996(8):33.
② 周赟.作为立法用虚词的"必须"——主要以"应当"为参照[J].苏州大学学报(哲学社会科学版),2013(1):100-105.

点,加大监督力度,做到有权必有责、用权受监督、违法必追究,坚决纠正有法不依、执法不严、违法不究行为。"根据《中国共产党章程》《中国共产党纪律处分条例》的规定,党对社会主义法治工作的监督任务应当由党的各级纪律检查委员会来承担。根据《监察法》第十一条规定,监察委员会依照本法和有关法律规定履行监督、调查、处置职责,对履行职责不力、失职失责的领导人员进行问责。这也契合了前文我们提出的监督条件:监督主体必须具有权威。党的十八大以来,中央和各级纪检监察机关以空前的决心和力度强化了执纪监督,加大对党员领导干部违反党纪政纪、涉嫌违法行为的审查和处置力度,纪检监察机关的地位得到了提高,权威得到了明显的加强。实践证明,纪检监察部门的执纪监督不仅在反腐败斗争中是一柄利剑,在环境保护方面也能起到立竿见影的效果。据媒体报道,湖南湘江治污的一条基本经验即是以省环保厅和监察厅为主组成五种环境污染情况的问责小组,进行党纪、政纪问责。[①]

我们应该将党的十八届四中全会决定落到环境犯罪追诉法治化的实处,落到追诉监督的要害环节。

首先,必须明确确立纪检监察机关参与"两法衔接"监督工作的地位。在前述我们提到的八个文件中,只有《行政及时移送意见》是由监察部会同其他部门联合发文,其他文件的发布都没有监察机关的参与,那就更谈不上实际监督的参与了。因此,在不限于环境领域的所有执法与司法的衔接中,所有文件的发布和实施都应有监察机关的参与,从而确立其纪律监察地位和职权。同时,应当明确监察机关在环境问责程序中的核心主导地位。

---

① 吕宗恕.湘江治污,问责如何真刀真枪[N].南方周末,2014-11-20.

其次,必须完善监察机关的监督程序。《行政执法机关移送涉嫌犯罪案件的规定》明确行政执法机关移送涉嫌犯罪案件,应当接受监察机关依法监督,监察机关获得案件的线索是举报。举报虽然是人民群众参与监督的一种最为直接、经常和有效的方式,但由于种种原因一直存在匿名举报无效、实名举报艰难的困境。一方面,我们应该采取各种措施鼓励、引导举报,尤其是实名举报[①];另一方面,也不能把监督线索局限于消极等待群众举报。纪律检查、监察工作应掌握主动权,这就需要建立和完善备案制、抽查制、巡查制以及科学的环境问责制度。所谓备案,即要求环保部门在将案件移送同级公安机关的同时,应当将《涉嫌犯罪案件移送书》抄送同级监察机关备案,使监察机关能够掌握全部案件线索,为抽查、巡查、问责做好基础性工作。抽查制、巡查制是我国行政执法检查行之有效的两种重要制度,抽查、巡查的有效性建立在科学、公平、规范的基础上,而不能随意、漫无目的甚至选择性检查。抽查与巡查应确立科学的制度与规则。抽查应排除主观倾向,避免恶意抽查,一般应采取随机抽样的办法,电脑派位、抽签,使进入备案的每个案件都有随时被抽查的可能。随机、不可预测是抽查最大的特点。巡查则可以具有目的性,可以针对某一时期、某一地区高发的环境问题进行专项巡查,受理举报、获知案件线索、深入调查。应该将定期巡查与不定期巡查、日常巡查与专门巡查结合起来,形成科学、完备的巡查制度,并以法律的形式固定下来。

所有的行政监督手段都要落到责任追究上,前述文件中已经明确规定了应移送而不移送的行为应承担的行政责任,问题在于如何落实这些责任,即问责制度的落地问题。如果能够做到应问责的全部问责,行政监督就会有效。当前的行政问责基本是被动的,其套路是:出

---

① 徐飞行.职务犯罪实名举报问题研究[J].四川警察学院学报,2014(1):129-137.

现了环境事故→媒体、舆论跟进→上级领导批示→启动问责程序。这就造成只有出现重大环境事件、舆论事件乃至群体性事件的案件才会被问责，这是违背基本法治精神的，与党的十八届四中全会倡导的法治路径完全背离。笔者认为，问责制度的法治化是其中关键，应该以法律的形式建构问责制度，明确而详尽地规定启动问责的情形。"湘江治污"的经验，规定了五种情形必须启动问责："区域总体环境形势持续恶化；发生重特大环境污染事件的；出现环境敏感问题时处理不当，引发危及稳定的群体性事件；国家和省里下达的主要污染物总量减排任务没有完成，导致国家对湖南省实行区域限批的；对国家和省委省政府有关生态文明建设和环境保护工作执行不力，情节严重的。"①这是一种很好的思路，也就是出现了五种情形之一的，必须启动问责，这就在一定程度上排除了人为因素、地方利益因素等对问责的不当影响。当然，问责情形仍需斟酌和细化，尤其应将具体程序制定完备，每一项工作都要落到实处。比如：区域环境恶化的指标是什么，由哪个部门负责指标的监控；问责程序由哪个部门启动，问责调查小组由哪些部门组成；问责调查小组的权限有哪些，问责调查程序、问责程序的保密与公开、公正等；责任追究决定的作出主体、听证、申诉等。

　　当然，我们无法回避的一个问题是，纪检监察部门的地位和权力在《监察法》中都有明确规定，在涉及"两法衔接"问题的文件中也有规定，但仍然没有起到应有的监督作用。可见，问题的核心并不是有无形式上的权力，而是权力是否有效。法治的前提是法制，纪检监察的权力应该通过立法的方式明确授予，而不应该来自中央到地方林林总总的政策、法规、文件。前面我们提到涉及"两法衔接"的宏观文件（即不分领域，针对所有的行政执法）就有六个，而具体到环保、烟草、税

---

① 谭旭燕.湖南掀起环境问责风潮五种情形将启动环境问责[N].潇湘晨报,2014-11-21.

务、海关、农业、海洋、城管、工商行政管理、国土、住建等凡是存在行政执法与刑事司法衔接问题的部门，出台的规范性文件有几百个。如果再加上地方各级政府的各种规定，足足有上千部规范。规范多了就等于没有规范，政出多门的规范在实践中会碰到部门、地方利益等不同问题，最后监督就成了一句空话。因此，以上提到的一切制度，都必须首先实现法制化，由全国人大及其常委会通过法律的形式予以规定，涉及环境保护领域的"两法衔接"问题就应该规定在《环境保护法》和《刑事诉讼法》中。而恰恰这两部法律对于这些问题的规定简单且不具有操作性，这是我们需要首先解决的问题。而这一点，《中共中央关于全面推进依法治国若干重大问题的决定》也敏锐地提到，"用严格的法律制度保护生态环境"，"健全行政执法和刑事司法衔接机制，完善案件移送标准和程序，建立行政执法机关、公安机关、检察机关、审判机关信息共享、案情通报、案件移送制度，坚决克服有案不移、有案难移、以罚代刑现象，实现行政处罚和刑事处罚无缝对接"。

即便以上问题得以解决，我们也只是在环境执法到司法的移送环节建立和恢复了监督，对于移送到公安机关的案件的立案监督是我们接下来要探讨的问题。

2. 推进司法体制改革，赋予检察机关实质意义上的监督权

《中共中央关于全面推进依法治国若干重大问题的决定》指出："完善检察机关行使监督权的法律制度，加强对刑事诉讼、民事诉讼、行政诉讼的法律监督。"依据《宪法》，检察机关是我国的法律监督机关，在刑事诉讼中，依法对所有刑事诉讼活动，尤其是刑事诉讼专门机关的诉讼活动的合法性和合理性进行监督。在刑事诉讼程序中，检察机关通过立案监督、侦查监督来实现对公安机关的监督。如前文所述，检察机关的监督手段有限，导致监督无法发挥应有的作用。仔细检视整个检察监督程序，未发现任何足以震慑公安机关的手段，实在

无法解决只能报送上一级检察机关与同级公安机关协商处理，说白了，就是"找你领导"。这虽是一种无奈，但也找准了我国独特的实现有效监督的不二法门——"行政式、领导式监督"。

实际上，这也并非中国独有，考察几乎所有国家的权力的有效监督，不外乎两种途径：一是通过设置前置审查程序实现程序制约。如我国的批准逮捕程序、审查起诉程序，西方的"令状主义"，通过这些程序可以审查侦查机关行为的合法性。二是通过建立一种工作领导机制，实现工作过程中的全程控制与监督。在一些国家，尤其是大陆法系的法国、德国、意大利等，将侦查指挥权、侦查监督权集中赋予检察机关，警察等侦查机关在检察机关的直接领导和监督下进行侦查。在这些国家，检察官与警察建立了一种领导与被领导、指挥与被指挥、监督与被监督的法定关系，即所谓"上命下从"的关系。在这种关系之下，检察机关的监督权才可能被真正落到实处。早在20世纪末，陈卫东教授、郝银钟教授就据此提出了在我国推进刑事司法体制改革，重塑侦、检关系，构建"侦、检一体化"模式的思路。[①] 此模式是否可行，学术界仍有较大争议，本书不做评论。但是二位教授的思路却很有启发性，他们触及了我国检察监督失灵的关键因素——包括公安机关在内的各级、各类行政机关并不忌惮检察监督的主要原因在于，检察机关并非其领导机关，在其工作评价、职务晋升方面没有发言权（当然，在我国的宪法框架内，检察机关也不应该拥有此等权力）。

笔者认为，现行检察监督的最后手段——报上级检察机关会同同级公安机关协商处理——在途径上没有错，但是找错了"婆婆"。上级公安机关虽然是下级公安机关的领导机关，但依据《中华人民共和国地方各级人民代表大会和地方各级人民政府组织法》，这种领导只是

---

① 陈卫东，郝银钟.侦、检一体化模式研究——兼论我国刑事司法体制改革的必要性[J].法学研究，1999(1):57-63.

"业务指导或者领导"。真正能够制约公安机关的是本级和上级人民政府,因为公安机关在组织人事、财政开支、日常工作等各方面都要接受本级人民政府的统一领导。同时,这种行政式交涉途径还存在一个与我国政权组织形式不甚一致的地方。依照《宪法》,全国人民代表大会制度是我国的根本政治制度,国家行政机关、审判机关、检察机关都由人民代表大会产生,对它负责,受它监督。在这个体制下,各级人民检察院与各级人民政府的地位是平等的。作为法律监督机关,各级人民检察院对本级人民政府拥有法律监督权,当然对政府下设部门的公安机关拥有法律监督权。那么,当检察机关认为公安机关的执法工作违法,它去"会同"同级公安机关"协商处理"("会同""协商"二词是用于地位平等的主体的),显然是"自降身价"。如果说"会同协商"也应该是与公安机关的上级——人民政府——来"会同协商",而不是公安机关。

根据以上分析,笔者建议,将《人民检察院刑事诉讼规则》第五百六十四条修改为:"公安机关在收到人民检察院的通知立案书后超过十五日不予立案,人民检察院应当发出纠正违法通知书予以纠正。公安机关仍不纠正的,人民检察院应当向人民政府提出检察建议。"据此,人民检察院作为地位高于公安机关的法律监督机关,发现公安机关存在应该立案而不立案的情形,只需通知其立案,拒不立案的通知其纠正,仍不纠正的,直接向人民政府提出检察建议,建议其责令公安机关立案并查处有关违纪人员。人民政府接到检察建议后,应将其交由监察部门调查,由其作出处理决定或者提出建议。因为,在行政体制内,代表政府对公安机关及其他机关实施监察的是国家监察机关。依《监察法》第三条规定,各级监察委员会是行使国家监察职能的专责机关,依照本法对所有行使公权力的公职人员进行监察,调查职务违法和职务犯罪,开展廉政建设和反腐败工作,维护宪法和法律的尊严。

如此一来,检察机关权威不足的问题就迎刃而解了,因为监察机关的监察力度远非检察监督可比,其有权直接向有关单位和个人了解情况,收集、调取证据(这与检察机关要向行政机关查询案件情况,阅卷还须经与行政机关协商取得其同意有着天壤之别);可以要求被调查人就其涉嫌违法行为进行陈述,可以进行讯问;可以将被调查人留置在特定场所;可以查询、冻结涉案单位和个人的存款、汇款、债券、股票、基金份额等财产;可以进行搜查、查封、扣押;可以建议有关机关暂停有关人员执行职务;可以勘验、检查、鉴定、采取技术调查措施、通缉。① 总之,刑事诉讼法赋予侦查机关的一切权力,监察机关在进行违法、犯罪调查的时候都可以实施。此外,监察机关还拥有对违法、犯罪的公职人员进行处置的权力,可以作出给予监察对象行政处分的决定或者提出建议。②

3.遵循依宪治国理念,构建检察监督与人大监督的衔接机制

前面的制度设计仍存在一个问题:如果本级人民政府拒绝或者不理会检察建议应如何处置? 这是一个很现实的问题,各级公安机关作为各级政府的组成部门,大多数执法行为都是在贯彻政府的各项政策、指令、意图。在环境保护领域,地方保护主义是普遍存在的痼疾。如果公安机关的不予立案本就是在贯彻政府的意图,那么检察建议很可能被政府置之不理。那么是否应该如现行《人民检察院刑事诉讼规则》的解决办法那样报上一级解决呢? 笔者认为不必越级:一是上级政府也同样存在地方保护的问题,总不能事事都把官司打到国务院;二是只要充分贯彻依宪治国理念,依靠人民民主制度,在本级即可解决。

---

① 见《监察法》第十八条、第二十条、第二十二条至第二十八条。
② 见《监察法》第四十五条、第四十六条。

　　实际上,在几乎所有的西方国家,对于权力的监督,最后都要归结到民主监督。如托克维尔所言:"在民主国家,多数每年都能从他们以前委托的人们手里收回权力,所以他们决不害怕那些人滥用职权。"①这种制度实际上也就是通过民主的选举、质询等方式来实现对行政机关及其工作人员的监督。这当然是一种程序外的监督,但是却与程序内的监督密切相关。在我国的行政体制框架内,程序内监督是否能够得到推行往往取决于负责人的意向。那么,能够从外部促使他们积极推进的,只有直接关乎负责人工作评价以及政治前途的民主监督制度。而这正是实现检察有效监督最为关键的一环,即建构检察监督与人大监督的衔接制度。

　　《中共中央关于全面推进依法治国若干重大问题的决定》提出,"强化对行政权力的制约和监督。加强党内监督、人大监督、民主监督、行政监督、司法监督、审计监督、社会监督、舆论监督制度建设,努力形成科学有效的权力运行制约和监督体系,增强监督合力和实效"。对于权力监督中存在的问题,该决定"把脉"精准,就现有制度而言,各种监督已然齐备,但未能形成合力,这是关键。在检察监督无能为力的同时,人大监督也存在"缺乏主动性、经常性和权威性"的问题。② 人大监督不力的原因除了观念、认识、体制等因素,缺乏违法案件翔实、具体的材料也是其中关键因素。人大的执法检查、视察和调查等监督手段,在实践中很难发现问题,因为人大代表毕竟不是专业人士,其人大代表的身份也非专职,并无时间、精力和手段进行充分的调查。而如果将检察监督与人大监督进行有效的衔接,就可以解决这些问题。依照《宪法》、《中华人民共和国全国人民代表大会和地方各级人民代表大会代表法》(以下简称《代表法》)以及《中华人民共和国各级人民

　　①　托克维尔.论美国的民主(上卷)[M].董果良,译.北京:商务印书馆,2006:233.
　　②　孙莉.人大监督不力的制度原因探析[J].四川理工学院学报(社会科学版),2009(3):22-25.

代表大会常务委员会监督法》(以下简称《监督法》)等法律规定,人大对政府的刚性监督手段是充足的,包括询问、质询、特定问题调查、罢免和撤职等。检察机关在环境犯罪追诉中遇到本级人民政府拒绝或者不理会检察建议的情形,应当形成检察专项报告向本级人民代表大会常务委员会报告,由其作出监督决定。可以采取从询问、质询到特定问题调查再到罢免和撤职步步深入的监督方式。人大监督和检察监督的衔接也可以反向进行,若人大在日常工作中发现有环境犯罪追诉的问题线索,可以直接交由检察机关进行调查和监督,检察应将监督结果按要求报告人大常委会,必要时启动人大监督。

4.遵照《宪法》,实现人大对检察机关的起诉监督

习近平总书记在十八届中央纪委二次全会上的讲话明确提出,"要加强对权力运行的制约和监督,把权力关进制度的笼子里"①。在一个法治国家,不应该有不受监督的权力,检察机关作为法律的监督机关也不应例外。依《宪法》规定,检察机关由人民代表大会产生,对它负责,受它监督,因此,检察机关监督者的责任应该交由人大承担。尽管依照学术界的通说,人大对检察机关的监督应为原则性的监督,而不能是个案监督②,但是原则性的问题也是从一个个具体的案例中总结和提炼出来的。如前文所述,谁来监督检察机关的起诉裁量权是个很现实的问题。在现有法律制度框架内,只有人大监督方能有效,方能实现公平和公正的监督。依《代表法》和《监督法》,人大可以通过对人民检察院的质询或者听取专项工作报告的方式实现监督,质询案与专项工作报告的议题源于执法检查、日常调研,尤其是人大代表发现、人民信访反映、社会关注的问题。这些问题不可避免地会涉及个

---

① 习近平.习近平谈治国理政[M].北京:外文出版社,2014:388.
② 韩大元.地方人大监督检察机关的合理界限[J].国家检察官学院学报,2011(1):3-8.

案,那么质询案、专项工作报告针对的原则性的问题,就应该从这些个案中提炼和总结。检察机关滥用起诉裁量权,应予起诉的不起诉,这本身就是一个原则性问题,笔者认为,人大既可以进行质询或者专项调查,也可以针对个案进行,否则所谓的质询和调查、报告只能沦为空谈。人大不进行个案监督的含义,应该是不干预个案的处理,而不是不可以调查个案中的原则性问题。

三、环境行政执法证据与刑事司法证据的衔接

(一)环境犯罪"两法衔接"的证据问题缘起

"两法衔接"需要解决的最为核心的问题有两个:一是如何解决"不愿意"衔接的问题;二是如何解决"不好"衔接的问题。前者是机制问题、程序问题,归根结底是监督问题;后者是技术问题、操作问题,最为要害的是证据衔接问题。对于第一个问题,我们在前文已经讨论过,下文我们将关注第二个问题。所谓"不好"衔接,是指由于行政法和刑事诉讼法之间的矛盾和空白,行政执法机关和刑事司法机关在工作衔接中面临种种理论上、技术上、操作上的难题,不知道如何衔接。行政执法和刑事司法的衔接涉及两个方面的衔接:案件的衔接和证据的衔接。前者指行政机关在执法中怀疑有犯罪,将案件移交公安机关立案侦查,属于机制问题;后者指行政机关在执法中取得的证据如何衔接到刑事追诉中,属于证据问题。证据衔接问题是技术上、理论上最大的衔接障碍。2012年《刑事诉讼法》修正,增加了一款规定,即第五十二条第二款:"行政机关在行政执法和查办案件过程中收集的物证、书证、视听资料、电子数据等证据材料,在刑事诉讼中可以作为证

据使用。"一石激起千层浪,该款的出现,在学术界立即引起了一波讨论,研究者对 2012 年修正的《刑事诉讼法》第五十二条第二款进行了逐字逐句的解读和研究,针对取证主体导致的衔接障碍、对法条表述中的"等证据材料"的范围解读、对何为"可以作为证据使用"的解读三个问题进行了大量深入、细致的研究,为后续的研究工作做了充分的理论准备。①

(二)环境执法机关收集证据的片面性问题

基于辩证唯物主义认识论基础上的我国刑事证据制度,强调"实事求是"、尊重案件客观真实情况。②《刑事诉讼法》在明确了审判人员、检察人员、侦查人员的证据收集主体地位后,也明确了他们全面收集证据的义务:收集能够证实犯罪嫌疑人、被告人有罪或者无罪、犯罪情节轻重的各种证据,既要收集有罪证据,又要收集无罪证据。在笔者看来,证据收集全面性的规定不仅是因为辩证唯物主义认识论,在制度安排上也只能如此。因为在证据收集主体司法垄断的制度下(后文详述),如果公安司法机关不全面收集证据,就会导致无人收集无罪证据,整个刑事诉讼程序就变成了刑事治罪程序了。行政执法程序与刑事诉讼程序在目的、价值等方面有着根本不同,行政执法程序是行政权实现的手段,是行政机关依照法律规定主动实现行政法律的程

① 具体可参见郭泰和.行政证据与刑事证据的程序衔接问题研究——《刑事诉讼法》(2012 年)第 52 条第 2 款的思考[J].证据科学,2012(6):665-673;黄世斌.行政执法与刑事司法衔接中的证据转化问题初探——基于修正后的《刑事诉讼法》第 52 条第 2 款的思考[J].中国刑事法杂志,2012(5):92-97;杜磊.行政证据与刑事证据衔接规范研究——基于刑事诉讼法第 52 条第 2 款的分析[J].证据科学,2012(6):657-664;高通.行政执法与刑事司法衔接中的证据转化——对刑事诉讼法(2012 年)第 52 条第 2 款的分析[J].证据科学,2012(6):647-656。
② 陈瑞华.刑事诉讼的前沿问题[M].北京:中国人民大学出版社,2000:195.

序。① 与刑事诉讼程序最大限度地保障公正而兼顾效率的价值追求不同,行政执法程序为实现对社会的有效管理,更加注重"积极干涉社会、经济和政治领域中的各种关系"②,由此各国无不把效率作为行政程序法基本原则的核心内容之一对待。同时,出于行政管理的需要,行政机关的行政管理活动追求效率,即"行政机关在行使其职能时,要力争以尽可能快的时间、尽可能少的人员、尽可能低的经济耗费,办尽可能多的事,取得尽可能大的社会、经济效率"③。出于行政效率的考虑,行政执法在很大程度上是一种单方面的行政行为(尤其在环境执法领域,"狭义的环境执法行为"就是指"环境行政主体实施的外部单方行政法律行为,即环境行政主体对公民、法人或其他组织所实施的,并由环境行政主体单方面意思表示而形成的具有行政法律效力的行为"④),行政机关单方收集证据、单方作出决定、单方执行,并不具有刑事诉讼证据收集、运用的诉讼化构造。另外,相对于司法机关,行政机关具有更大的行政自由裁量权,可以在行政管理中依据立法目的和公正合理的原则自行判断行为的条件,自行选择行为的方式并自由作出行政决定。⑤ 这些都决定了作为行政部门的环境保护机关在取证时会倾向于收集违法、有罪证据,而忽视合法、无罪证据。同时,在行政执法领域,行政执法人员兼具收集证据和审查、认定证据的多重身份,而相对应的是行政相对人缺乏必要的证据提出和抗辩机制,证据取得的公开透明度不高。

---

① 周湘伟.职权法定与越权无效——略论行政执法权的行政法制约[J].湖南行政学院学报,2008(5):39-42.

② 胡建淼,章剑生.行政程序立法与行政程序法的基本原则[J].浙江社会科学,1997(6):63-69.

③ 姜明安.行政法与行政诉讼法[M].北京:北京大学出版社,高等教育出版社,1999:52.

④ 蓝文艺,丁晓波.正确理解和把握环境执法行为概念与特征[C]//中国环境科学学会.2007中国环境科学年会学术年会优秀论文集(下).北京:中国环境科学出版社,2007:343-345;杨帆,李传珍."罚款"在我国环境行政处罚中的运用及绩效分析[J].法学杂志,2014(8):44-53.

⑤ 余凌云.行政自由裁量论[M].北京:中国人民公安大学出版社,2005:33.

　　由于行政管理领域的多样、复杂，我国迄今为止并没有一部统一的行政法，在行政执法证据收集程序方面也没有统一、明确的规定，有关证据规定散见于《行政强制法》《行政处罚法》《环境监察办法》《生态环境行政处罚办法》等法律法规中。关于环境执法证据收集全面性的规定，主要见于《生态环境行政处罚办法》以及 2011 年环境保护部编制的《环境行政处罚证据指南》（以下简称《证据指南》）。《生态环境行政处罚办法》第二十五条第（一）项规定，"对当事人的基本情况、违法事实、危害后果、违法情节等情况进行全面、客观、及时、公正的调查"；《证据指南》第 4.1.1 条对证据收集的工作要求之一即是"依法、及时、全面、客观、公正地收集证据"。然而，这里所讲的"全面"是什么意思？是刑事诉讼中的那种既要收集有罪证据又要收集无罪证据的那种全面，还是全面收集支持行政处罚的证据的全面？《证据指南》关于"证据要求"的规定向我们透露了其原意：第 4.3.1 条规定，"证据能确认环境违法行为的实施人，能证明环境违法事实、执法程序事实、行使自由裁量权的基础事实，能反映环保部门实施行政处罚的合法性和合理性"。即这些证据要全面地支持环保部门的行政处罚。另外，2013 年发布的环境保护部、公安部《关于加强环境保护与公安部门执法衔接配合工作的意见》也明确规定，"树立证据意识，依法严厉打击环境污染犯罪。各级环境保护、公安部门要牢固树立证据意识，及时、全面、准确收集涉嫌环境污染犯罪的各类证据"。其中，"全面"收集的仍然是有罪证据。至于能够证明行政相对人行为合法的、无罪的、罪轻的证据是否应当收集，以上法律、内部工作规定中没有规定。但是《证据指南》作为一部"适用于全国各级环保部门办理行政处罚案件时收集、审查和认定证据的工作，供行政处罚案件调查人员和审查人员参考"①

---

　　①　见《证据指南》前言。

的内部工作规定,其对收集证据的基本要求,表明了行政机关在证据收集上的侧重。而行政强制、行政处罚的救济程序——行政复议或行政诉讼,则由行政机关负举证责任,即作出行政行为的主体必须证明行政行为的合法性,否则将承担不利的后果。这也导致行政机关在证据收集上可能会片面地收集违法、犯罪证据。如果不加甄别,允许行政执法取得的证据在刑事诉讼中直接使用,势必会威胁刑事诉讼证据逻辑体系的稳定性、统一性。无论如何,我们也无法接受普通刑事犯罪一个取证标准,环境刑事犯罪另一个取证标准。

(三)环境执法中非法取得的证据在向刑事司法转化中的"漂白"问题

由于刑事诉讼较之行政执法对公民的人身、财产、名誉等基本权利影响更为重大,法律对刑事诉讼公权力机关的权力限制也就更为严格,不仅遵循"法无授权即禁止"的公法原则,而且强调所有刑事追诉行为必须符合"尊重和保障人权"的基本要求。非法证据排除规则即为证据法上通过对证据能力问题的审查来限制公权力机构肆意违法取证行为的典型规则,即"一个证据若不具有证据能力,它不能在法庭上提出并被法官采纳为定案根据"①。《刑事诉讼法》第五十二条规定,"严禁刑讯逼供和以威胁、引诱、欺骗以及其他非法方法收集证据";第五十六条规定,"采用刑讯逼供等非法方法收集的犯罪嫌疑人、被告人供述和采用暴力、威胁等非法方法收集的证人证言、被害人陈述,应当予以排除。收集物证、书证不符合法定程序,可能严重影响司法公正的,应当予以补正或者进行合理解释;不能补正或者进行合理解释的,对该证据应当予以排除。在侦查、审查起诉、审判时发现有应当排除

的证据的,应当依法予以排除,不得作为起诉意见、起诉决定和判决的依据"。就是说,在刑事司法程序中,不仅非法取证为法律所明确禁止,而且规定了非法取证的程序后果——排除其在整个刑事诉讼过程中的使用。行政执法程序中,是否应当确立非法证据排除规则,目前在我国尚存在争议。尽管从行政合法性(或称依法行政)、证据的合法性、行政程序中的人权保障和程序正义等角度出发,非法证据都不应该在行政程序中作为认定案件事实的根据。但也有学者主张,基于中国传统文化偏重于社会公共安全与利益的价值选择取向,以及我国经济发展水平尚不足以保障行政资源的足够投入,在行政程序中严格适用非法证据排除,必将增大行政资源投入,降低执法活动效益。[①] 但学者们并不反对非法证据排除规则在行政程序中的适用,只是认为应当将其限定在一定的范围内。从立法上来看,基本与学者的这种意见是一致的。

　　行政执法取证的相关法律、法规中也有禁止非法取证的条文。2000 年施行的《最高人民法院关于执行〈中华人民共和国行政诉讼法〉若干问题的解释》(以下简称 2000 年《行政诉讼法解释》)、2002 年施行的《最高人民法院关于行政诉讼证据若干问题的规定》(以下简称《行政证据规定》)中都有非法证据不能作为认定被诉具体行政行为合法根据的规定。但显而易见的是,行政执法程序中的非法证据排除范围远较刑事诉讼要窄。上述两个司法解释中,都明确规定,只有"严重违反法定程序收集的"证据材料,才能不作为定案的根据。[②]《中华人民共和国行政诉讼法》(以下简称《行政诉讼法》)第四十三条规定,"以非法手段取得的证据,不得作为认定案件事实的根据"。但《行政诉讼法》并未如《刑事诉讼法》那样就非法证据如何排除做出具体的程序规

---

① 刘璐.试论行政程序中的非法证据排除规则[J].行政法学研究,2005(1):76-82.

② 见 2000 年《行政诉讼法解释》第三十条和《行政证据规定》第五十七条。

定,这就使得该规定仍旧不具有现实意义。

具体到环境执法领域,《生态环境行政处罚办法》第二十五条第(二)项和 2015 年环境保护部《环境执法人员行为规范》第十六条第(三)项的表述相同,"依法收集与案件有关的证据,不得以暴力、威胁、引诱、欺骗以及其他违法手段获取证据"。但并未将非法证据予以排除,仅在《生态环境行政处罚办法》第三十九条规定了案件审查部门应审查"调查取证是否符合法定程序";如果有调查程序违法的情况,《生态环境行政处罚办法》第四十条规定"应当退回调查人员补充调查取证或者重新调查取证"。在具体的行政执法程序中,目前只有《治安管理处罚法》第七十九条、《公安机关办理行政案件程序规定》第二十七条对公安机关办理行政案件的明确规定了严禁刑讯逼供或者采用威胁、引诱、欺骗等非法手段收集证据,以非法手段收集的证据不得作为处罚的根据。另外,《行政诉讼法》第四十三条第三款也规定,"以非法手段取得的证据,不得作为认定案件事实的根据"。但是,这些规定很显然要么对环境执法并无约束力,要么在事后的诉讼救济程序中才起作用,而大多数环境行政执法的案件是没有进入行政诉讼的。所以,环境行政执法中的非法证据实际上存在进入行政处罚、强制等行政程序的通道,因为法律、法规只规定了禁止条款,没有提供救济和第三方(尤其是司法)审查途径,唯一的审查主体是作出行政决定的行政机关自己。那么,也就同样存在这些非法证据进入刑事诉讼的"漂白"通道。因为,《刑事诉讼法》对违法证据的取证主体并没有做明确的规定,除了具有法定侦查权的主体,也应该包括其认可的取证主体——环境保护行政机关。实践中就会出现如下情形:第一种情形,环境保护执法部门通过非法手段取得了证据,该证据在提交本单位审查部门时被发现取证违法,于是依照《生态环境行政处罚办法》退回补充调查或者重新调查取证,于是相应的证据被以合法手段再次取得,提交审查顺利通过,环境保护行政机关据此作出行政处罚决定。第二种情形,环境保护执法部门通过非法手段取得了证据,审查部门顺利通过,环境保护行政机关据此作出处罚决定。以上两种情形都可能出现行政机关作出处罚决定后再向公安机关移送的情况。第三种情形,环境保护执法部门通过非法手段取得了证据,环境保护行政机关发现有涉嫌犯罪的行为直接向公安机关移送立案侦查(关于涉嫌犯罪何时移送,相关法律法规和规范性文件没有做出规定)。对于第一种情形,非法证据实际已经通过补充调查或者重新调查"洗白",移交公安机关的证据已然不存在非法的情况了。对于后两种情形,公安机关完全可以通过《刑事诉讼法》第五十四条第二款进行"漂白"。对于行政机关的非法证据,公安机关只需重新调取即可。于是,到了刑事诉讼中,所有的证据都是合法取得的,那些非法取证行为已经通过衔接过程中的技术处理给合法化了。

问题在于,一项非法取得的证据,可以通过补充调取或者重新调取使其合法化吗?这实际上是一个理论上并不复杂,但技术上有难度的问题。理论上,取得能证明待证事实的证据只有一次机会,证据一旦取得就进入了程序。这次取证不算,放回去重新调取,这是一种对正当程序的嘲讽。正是因为如此,《刑事诉讼法》对程序上有瑕疵的证据只有两种处理方式:一是对于以严重违法手段取得的犯罪嫌疑人、被告人供述、证人证言、被害人陈述直接予以排除;二是对于不合法定程序取得的物证、书证,必须予以补正或合理解释,如若不能则予以排除。或许是立法机关认为行政处罚程序的严厉性远弱于刑事处罚,行政机关的取证可以不必要求那么严格,也或许是行政处罚更关注的是违法事实而非人权保障,行政立法上做出了可以补充调查或重新调查的规定。当然,笔者并不认为这种规定是正当、合理的。就算行政程序允许如此做,但问题是现在这个案件涉嫌刑事犯罪已经移送立案侦查了。那之前的违法取证就可以忽略了吗？刑事诉讼能够回溯移交前的行政程序吗？假设我们可以忽略重复取证的正当程序问题，仅从证据的客观性上来看，对于某些客观性较强、不易发生性状改变的证据（比如部分实物类证据），重复取证对于证据的客观性损害不大，第二次取证和第一次取证同一性不会有太大差别。但是对于言词类证据，重复取证的客观性就值得讨论了。人的记忆力是随时间流逝而逐渐衰减的，人们的记忆会模糊。而且重复取得言词证据本身即会对证据提供者产生不良心理暗示，让他们认为以前是不是说错了。特别要注意的是，在环境执法领域，对于环境损害证据的取得，可能间隔很短的时间，证据样本的性状即会发生巨大变化（比如水和空气中污染物的浓度随水流和空气变化巨大，可能一场大雨就会将证据全部灭失）。因此，至少在环境执法领域，证据是不能重复取得的。

因此，针对"补正"可能会成为违法证据的"漂白"手段的问题，笔者建议严格审查瑕疵证据的补正，进一步明确补正中的"合理解释"的含义。现行立法及司法解释并没有明确"合理解释"的确切意义。实际上，"合理解释"应是一种证明标准，即被告人或其辩护人对物证、书证的收集不符合法定程序提出异议，随后由证据收集主体承担证明程序合法的举证责任，其证明标准应该是"排除合理怀疑"。需要说明的是，在我国，对证明和证明标准并未做实体事项与程序事项的区分，也未区分不同事项证明标准的层次，如对犯罪事实认定应达到"排除一切合理怀疑"的最高标准，对程序性事项应达到"排除合理怀疑"的标准等。对于"瑕疵证据"的补正，本质上就是一种程序性事项的证明，应当达到"排除合理怀疑"的标准。

（四）环境执法机关在刑事立案前取得证据的证据能力问题

在我国刑事诉讼中，立案与侦查是两个独立的阶段，有各自不同的任务。立案旨在查明是否有犯罪发生且是否需要追究刑事责任，是为了确定案件是否需要进入侦查阶段；侦查的目的是查获犯罪嫌疑人、收集证据材料。因此，在刑事立案之前（包括立案阶段），侦查机关还没有取得侦查权。而《刑事诉讼法》及《公安机关办理刑事案件程序规定》所有对证据（无论实物证据还是言词证据）的调查程序的规定，都是针对立案之后的侦查程序的（《刑事诉讼法》本身就将证据收集程序规定在第二编第二章"侦查"之中）。《刑事诉讼法》是一部授权和限权法，遵循程序法定原则，凡未经法律授权的行为（尤其是公权力行为）都是非法的，而非法即无效。那么立案阶段侦查机关能做什么呢？根据《刑事诉讼法》第一百一十二条规定，"人民法院、人民检察院或者公安机关对于报案、控告、举报和自首的材料，应当按照管辖范围，迅速进行审查"，以决定是否立案侦查。法律条文中用了语焉不详的"审查"二字，为了解决实践中由此二字带来的困惑，《人民检察院刑事诉讼规则》第一百六十六条至第一百七十条和《公安机关办理刑事案件程序规定》第一百七十一条对此作了相似的解释和规定，将"审查"细化为"调查核实"，规定调查核实不得接触被调查对象，可以采取询问、查询、勘验、检查、鉴定、调取证据材料等不限制被调查对象人身、财产权利的措施。不得对被调查对象采取强制措施，不得查封、扣押、冻结被调查对象的财产，不得采取技术侦查措施。即因为立案前的"调查核实"并不是侦查，因此不能采取强制性侦查手段，而只能采取任意性调查措施。

(五)问题背后的侦查体制壁垒及解决方案

通过对以上问题的梳理,我们可以看到"两法衔接"问题绝非《刑事诉讼法》的一个条文能够解决的,到了衔接的具体领域几乎处处是障碍。探究背后的原因,侦查体制的壁垒是关键。尽管行政执法的调查活动与刑事侦查活动的对象相同,收集的证据范围也相同,但两者的法律属性却不同,前者是行政行为,后者是司法行为。由此,两种几乎相同的调查行为在后续程序上完全分道扬镳,程序上两者有相似乃至相同的部分,也有完全不一样的地方。如果从此分道而行倒也罢了,偏偏在涉嫌犯罪问题上出现了交叉,那么这些程序规定上的不同即成为前述衔接的具体障碍。对于严格遵循程序法定的公法而言,差一点也不能认可,非严格遵循《刑事诉讼法》规定的程序取得的证据即为非法证据,在刑事诉讼中就不可以使用。那么如果我们将行政执法的取证要求规定得与《刑事诉讼法》完全一致是否就解决了这个问题呢?如前文所述,研究者已经关注到了证据衔接中的证据收集主体是否适格的问题,环境监察部门正属于研究者所探讨的虽然不是行政机关,但是却由于法律、法规的授权具有行政执法和查办案件的权力的组织。学者们大多主张应当确认法律授权的组织享有行政机关在刑事诉讼中的"待遇",其收集的证据材料可以在刑事诉讼中使用。其理由有三:第一,法律法规授权的组织在行政执法、查办案件中行使着与行政机关相同的权力;第二,法律法规授权组织在执法依据上与行政机关没有任何区别;第三,实践中的行政执法与刑事司法衔接也没有将类似组织(如原证监会、保监会、银监会)的证据排除在外。[①] 不仅学

----

① 郭泰和.行政证据与刑事证据的程序衔接问题研究——《刑事诉讼法》(2012年)第52条第2款的思考[J].证据科学,2012(6):665-673.

术界如此看待,最高人民法院也通过司法解释的形式确认了这种认识,根据《最高人民法院关于适用〈中华人民共和国刑事诉讼法〉的解释》第七十五条第二款的规定,"根据法律、行政法规规定行使国家行政管理职权的组织,在行政执法和查办案件过程中收集的证据材料,视为行政机关收集的证据材料"。可见,目前学术界和最高人民法院的观点一致认可环境监察部门在执法中取得的证据在刑事诉讼中的使用。但笔者认为这种认可的法理依据并不十分充分,仍然存在较大问题。

对取证主体适格的肯定,实际上是肯定了该类证据在刑事诉讼中的证据能力,即证据资格。我国传统证据法理论认为,证据材料只有同时具有客观性、关联性、合法性三个基本特征,才具备证据能力。[1]依传统证据法观点,证据的合法性包括主体合法、形式合法、程序合法。[2] 我国刑事诉讼立法实际采取的也是这种观点,对刑事案件(本书指的是刑事公诉案件,自诉案件由于举证责任的不同不在本书讨论之列)的取证主体进行了非常严格的限制。《刑事诉讼法》第五十二条明确规定,"审判人员、检察人员、侦查人员必须依照法定程序,收集能够证实犯罪嫌疑人、被告人有罪或者无罪、犯罪情节轻重的各种证据",多数学者将本条视为证据收集主体的授权与限定,将其作为公安司法人员有权收集证据的法律依据。[3] 当然,也有学者对如何理解第五十二条提出了不同的意见,认为该条可以"解释为审判人员、检察人员、侦查人员有权收集证据,但却不能就此进行反向解释,得出除审判人员、检察人员、侦查人员之外的其他人员均不得或无权收集证据的结

---

① 陈一云,王新清.证据学[M].北京:中国人民大学出版社,2015:65.
② 樊崇义.证据法学[M].北京:法律出版社,2012:153.
③ 陈光中.证据法学[M].北京:法律出版社,2012:381.

论"①。笔者认为,虽然反对的意见有其道理,但这并不能否定我国《刑事诉讼法》对取证主体的限定非常严格的基本事实。在《刑事诉讼法》对公诉案件的规定中,除了对公、检、法等司法人员的授权,明确提出的取证主体只有辩护律师。《刑事诉讼法》第四十三条对辩护律师的调查取证权也做了几乎完全束缚住其手脚的限制,在表述上也含糊其词,并未明确提出取证的说法:"辩护律师经证人或者其他有关单位和个人同意,可以向他们收集与本案有关的材料,也可以申请人民检察院、人民法院收集、调取证据,或者申请人民法院通知证人出庭作证。辩护律师经人民检察院或者人民法院许可,并且经被害人或者其近亲属、被害人提供的证人同意,可以向他们收集与本案有关的材料。"该条不仅对辩护律师的调查取证做了种种在司法机关控制下的前置同意程序,而且在表述上小心翼翼,凡是辩护律师自行收集(哪怕经过人民检察院或人民法院许可)的一律称为"材料",只有申请人民检察院、人民法院收集、调取的才叫"证据"。所以,我国刑事诉讼法在取证主体问题上,基本上采取的是国家司法职权垄断。

这种模式至少有三方面的原因:第一,对"职权原则"理论的接受,这个理论比职权主义更加强调国家权力积极性,更加强调国家权力对侦查、起诉和审判的绝对掌握与垄断②,苏联的刑事诉讼法甚至明确规定"收集证据是侦查机关、检察机关、审判机关等负有公职义务的机关的职权活动"③;第二,我国刑事诉讼制度的纠问化倾向,侦查中心主义的诉讼构造和案卷笔录中心主义的审判方式对案卷材料尤为依赖,这

---

① 万毅.取证主体合法性理论批判[J].江苏行政学院学报,2010(5):110-115.

② 左卫民.刑事诉讼的中国图景[M].北京:生活·读书·新知三联书店,2010:173.

③ 切里佐夫.苏维埃刑事诉讼[M].中国人民大学刑法教研室,译.北京:中国人民大学出版社,1953:194-195.

必然导致对案卷制作主体的严格要求①；第三，侦查模式上的单轨制，国家控制和垄断刑事侦查权，对其他主体尤其是辩护律师和私人侦查有着严格的限制和排斥。当然，在刑事诉讼理论界看来，以上三点都未必合理，甚至是刑事诉讼改革致力于改变的对象。但是，现行的一切制度都与以上三点密切相关，甚至可以说是配套而来的。如果在理论基础未发生重大变革之前，对建立在其之上的某一具体制度进行建立在另一套完全不同的理论上的改革，可能会引发制度的"排异性"，导致变革的失败。那么，环保监察机构显然不是适格的刑事取证主体。因此，即使环境执法机关采用与《刑事诉讼法》规定一模一样的取证程序，仍然无法实现"衔接"。当然，这样规定也并非没有道理。刑事诉讼因为牵涉公民基本权利，不仅在程序上更为严格，司法工作人员也承担着更大的责任。《刑法》所规定的刑讯逼供罪、暴力取证罪、枉法追诉罪，犯罪主体都只限于司法工作人员。司法主体作为非司法主体，不承担相应司法责任，不受法律的有效约束。② 因此，只有承担更大责任的主体的取证才更为可靠，才更能保障公民基本权利。但为什么不可以将行政执法主体纳入刑事司法主体，赋予行政执法机关以刑事侦查权呢？

党的十九大报告提出，新时代中国特色社会主义建设必须"坚持全面深化改革"，"必须坚持和完善中国特色社会主义制度，不断推进国家治理体系和治理能力现代化，坚决破除一切不合时宜的思想观念和体制机制弊端，突破利益固化的藩篱，吸收人类文明有益成果，构建系统完备、科学规范、运行有效的制度体系，充分发挥我国社会主义制度优越性"。普通刑事犯罪侦查权以公安机关为主是我国面对严峻的

----

① 吴思远.对取证主体合法性理论的思考[J].黑龙江省政法管理干部学院学报,2013(5):113-116.
② 龙宗智.取证主体合法性若干问题[J].法学研究,2007(3):133-143.

国内外形势的一种必然选择,有利于在特殊的国家和公共安全形势下快速、有力打击犯罪,保卫人民政权。① 但在新时代,这种体制就存在一定的问题。社会生活日益复杂,犯罪呈现多领域、高科技、隐蔽性强、手段丰富等特点,对犯罪侦查的专业化要求越来越高。② 近年来,为应对各专业领域出现的专业化、领域化犯罪,公安机关内部已经先后成立了金融与证券犯罪侦查部门、食品与药品犯罪侦查部门、环境犯罪侦查部门等③,但是公安机关的侦查部门设置不可能无限膨胀,几乎每个行政管理领域都涉及犯罪问题,如果将它们都纳入专业化公安侦查机构设置,不仅不可能,而且不合理,在很大程度上也是对资源的浪费(行政执法中本就造就了专业化的执法队伍)。更为重要的是,这种改革思路也不可能解决环境犯罪领域行政执法前置的根本性问题,对于环境违法涉嫌犯罪的案件,环境执法机关要先行调查然后移交,仍然存在衔接问题。在以习近平同志为核心的党中央强力推行的改革中,国家监察体制的改革实际就是对侦查体制做出的一种打破原来体制机制藩篱的典型示范。既有的体制不应当是阻碍改革的理由,我们要认真分析、大胆改革,从如何有利于打击犯罪、维护人民利益的"初心"出发,建立适合我国新时代的侦查体制。

　　普通犯罪刑事侦查权不能分散到公安机关以外的其他行政机关的最重要理由有两个:一是因为侦查权涉及公民基本权利,必须由法律明确授权的特定司法机关才能拥有;二是因为各国在第二次世界大战后对警察权的配置十分谨慎。④ 实际上,行政执法机关早就依法拥有对财产采取强制措施的权力,只是没有对人身自由采取强制措施的

　　① 魏永忠.改革开放以来公安机关机构改革及其启示[J].中国人民公安大学学报(社会科学版),2008(6):7-15.

　　② 李松,黄洁,杨永浩.专业团队专案专办术业专攻[N].法制日报,2016-11-14.

　　③ 李培刚.合成侦查探索与实践[J].湖北警官学院学报,2015(10):6-8.

　　④ 刘茂林.警察权的合宪性控制[J].法学,2017(3):65-76.

权力。笔者主张赋予行政执法机关以刑事侦查权只是部分、有限的侦查权,即在《刑事诉讼法》中明确授权拥有行政执法权的国家机关也拥有刑事案件调查取证的权力,同时规定其调查取证的行为不包括对人身采取强制措施。只要解决了行政机关取证主体的资格问题,那么所有行政机关在执法活动中收集的证据自然都可以在刑事诉讼中使用。除了应由《刑事诉讼法》明确授权,在取证规范上也须做出修改,即所有行政执法中的取证行为都应根据《刑事诉讼法》的取证规范进行。改革更进一步的话,环境行政执法机关如果对案件已经调查清楚,可以直接移交检察院审查起诉;而那些只掌握了初步犯罪线索,需要进一步侦查的案件则有必要移交公安机关进行侦查。这种模式在美国已经被证明是可以有效解决"两法衔接"问题的。美国的联邦环保局在执法过程中,发现有可能会受到刑事处罚的行为,如果犯罪事实清楚,即将案件直接移交司法部(检察官)提起刑事指控;如果联邦环保局只掌握了初步的涉嫌环境犯罪的线索,需要进一步查清犯罪事实的,则移交给联邦调查局进行侦查。[1] 能够做到这一点,那么前述所有问题就迎刃而解了。

四、环境执法与环境司法壁垒的最终打破

法律的适用若只考虑法律本身的因素,只为实现法律的公平与正义,那么我们只需要确保法为善法即可实现善治。然而,世间并不存在这样的国家,这是一种理想状态,也是法治的目标。所有国家从立法到执法、司法,无不必须考虑诸多法律之外的因素。这些因素有些

---

[1]　王刚.域外行政执法与刑事司法衔接[J].理论与现代化,2016(3):108-113.

是正当的,如维护安宁的社会秩序、维护良好的生态环境;有些因素是不正当的,如种族歧视、个人私欲;有些因素自身是正当的,但若为该因素牺牲了其他正当因素则是不正当的。环境犯罪追诉中的很多因素都属于第三种。单纯看经济发展,毫无疑问是正当的,社会的发展、国民的幸福、国家的安全都有赖于经济发展。但经济发展若以牺牲人类生存的环境为代价,则是不正当的。环境犯罪追诉的考虑因素,只应为执行环境刑事法律,保护公民和社会的环境利益。在环境行政执法过程中,只要发现涉嫌犯罪即应移送公安机关立案侦查;公安机关侦查的环境犯罪案件,只要满足移送起诉条件,即应移送检察院审查起诉;检察机关审查环境犯罪案件,只要符合起诉条件,即应向审判机关提起公诉;人民法院审判环境犯罪案件,只要符合定罪条件,即应定罪量刑。执法与司法应只考虑法律执行的正当程序问题,不应关心执行法律之外的事情,更不应考虑是否触动地方纳税大户、是否会造成地区生产总值下滑、是否会造成企业破产、是否会影响当地就业,也不应该考虑地方领导是否有明确的指示、自己的职位是否会得不到升迁或者会否被降职、本单位是否会因此受到报复得不到相应的支持,更不该考虑自己是否捞到了好处。

　　然而,对环境犯罪的追诉,恰恰难在涉及太多不正当的不相关因素,难在地方经济利益纠葛,保护主义严重,地方政府对司法有着明确的指导和影响;难在执法与司法者生活在法律执行地,与该地经济发展、涉事经济主体有着千丝万缕无法割断的联系。种种困难造成环境犯罪的不移送、不追诉或者消极追诉。面对这种局面,当前中央的对策是:责任加码、督察发力。这实质上是一种依赖行政体制内部的监督办法,所以我们看到了环保督察前所未有的严厉,2015 年 12 月至2019 年中,中央环保第一轮督察及"回头看"对全国 31 个省(区、市)实现了督察全覆盖,共立案处罚 4 万多件,罚款 24.6 亿元,立案侦查

2303 件,行政和刑事拘留 2264 人;第二批"回头看"的 10 个省(区、市),约谈 2159 人,问责 2571 人。^① 这当然是一种监督方法,然而我们要清楚,若监督机制有效的话,我们的环境犯罪追诉也不至于陷入困境,可惜若干监督机制梯次失效。因为我国目前的生态环境治理仍然以政府主导为基本,对环境犯罪追诉的有效监督,本质上是监督人民政府依法履行环境保护的职责问题,而对环境犯罪的追诉本该移交给司法。本章从程序上设计的是一套层层防守、严密监督的体系:在行政、纪律监督方面,由各级纪检监察机关负责,通过备案制、巡查制、抽查制发现监督线索,落脚在纪律追责上;在检察监督方面,由检察机关依据《刑事诉讼法》进行,但应根据检察机关与本级政府(而非其组成部门)的平等法律地位,在对公安机关的程序监督失效之后,由检察机关向本级人民政府提出检察建议;对人民政府和人民检察院的监督工作,应由人大进行,以实现刚性监督。

此外,由于历史的原因,我国行政执法与刑事司法一直存在巨大的壁垒。从本质上讲本不该如此,因为行政执法机关与刑事侦查机关在行为属性上并无根本区别。"两法衔接"在西方不存在问题是因为在大多数国家,大多数行政违法行为都是犯罪行为的一种,执法机关本身就肩负一定的侦查权。我国"两法"壁垒实际上是一种体制壁垒,打破这种壁垒当然需要体制的重大变革。而这种改革的契机似乎正在到来,党的十九大对深化国家监察体制改革进行重大决策部署。2017 年,中共中央办公厅印发了《关于在全国各地推开国家监察体制改革试点方案》,部署在全国范围内深化国家监察体制改革的探索实践。在监察体制改革中,监察委员会既拥有对国家公职人员的违纪(包含行政纪律)调查权,也拥有实质意义的刑事侦查权。这在一定程

---

① 高敬."数说"第一轮中央环保督察及"回头看"[N].新华每日电讯,2019-05-17.

度上证明了本书的基本主张是有可能实现的,即行政执法机关应当拥有除采取强制措施以外的犯罪调查权。而无论体制如何改变,具体问题是不会变的,体制的问题要有勇气、有胆量去变革,具体问题则需要我们有信心、有耐心去解决。生态环境领域的"两法衔接"有着与其他领域不同的特殊性,牵涉地方经济发展与地方保护,这也是几十年来衔接艰难的重要原因。党的十八大以来,生态环境治理上升到了国家战略,这给了我们解决其中体制与技术问题的契机和动力。在以习近平同志为核心的党中央的坚强领导下,在中国特色社会主义理论体系的指导下,相信我们一定能够一个一个解决这些具体的问题。

第三章 环境犯罪的侦查机制

一、环境犯罪的侦查问题

环境犯罪具有很多与普通刑事犯罪不同的特点,这些特点会使侦查遇到在普通刑事犯罪中不曾遇到的问题。大多数普通刑事犯罪行为都以侵犯特定的目标为目的,如侵犯财产权利的以财产为对象,侵犯人身权利的以生命健康为对象,但大多数环境犯罪并非以破坏或者污染环境为目的,更多是为了经济利益而放任对环境的损害。这有点类似于刑法理论中的牵连犯,但却不是为了实施犯罪而损害环境。这就导致环境犯罪具有很强的隐蔽性和在行为人看来理直气壮的"正当性"。对于普通犯罪,侦查机关已经有非常成熟的侦查体制和手段,比如法医、物证。普通刑事犯罪侦查已经具备非常高的体系化、科技化的侦查能力。但是环境犯罪在我国却是一个新生事物,在任何一级侦查机构中也不具备所有的环境检验手段和能力,环境犯罪侦查机构的环境检验专业化水平甚至与环境执法机构都无法比拟。而掌握某特定环境专业知识最为深刻和全面的,恰恰是犯罪者自己。这就加大了侦查难度。如此高难度的侦查工作却在实践中大多被交给了治安管理部门,其侦查能力就更加大打折扣了。更为严重的是,环境犯罪大多牵涉地方经济利益,公安机关作为地方政府的组成部门无法摆脱程序公正的嫌隙,这就造成我国环境犯罪追诉率低。

二、环境犯罪的特点给侦查带来的挑战

环境犯罪不同于普通刑事犯罪,其既有普通侵犯公民人身权利、财产权利类犯罪的特点,客观上对公民的生命健康、财产安全造成侵犯;也有妨害社会管理秩序乃至危害公共安全犯罪的特征,是对国家社会管理秩序的破坏,也是对公共安全的侵犯。但它又与这些典型的普通犯罪有着不同之处,它对公民人身、财产权利的侵犯有时并不是即时出现的,甚至很难确定因果关系;它侵犯的对象有时又不明确、不具体,因为环境是一个区域乃至整个人类共同的利益。环境犯罪的独特特点给侦查造成了巨大的困难。

(一)环境犯罪的专业性强,侦查难度大

按照环境科学的分类,环境污染物包括水体、大气、湿地、土壤、声、辐射等物理和化学污染物。① "据不完全统计,当前已知的有机化学污染物约 700 万种,其中常用的有 5 万种,进入环境的约 10 万种,每年还有成千上万种新的有机化合物诞生。"②不同污染物对环境、对

---

① 张宇.环境污染物快速检测技术的国内外研究进展[J].环境监测管理与技术,2018(6):10-14.

② 崔骁勇,丁文军,柴团耀,等.国内外化学污染物环境与健康风险排序比较研究[M].北京:科学出版社,2010:36.

人体的危害不同,检测、识别、定性、定量分析是环境案件侦查中不可避免的技术问题,环境犯罪的侦查需要非常强的专业知识(这种知识已经不仅是化学或者物理、生物等专业领域的知识,更是这些专业知识在环境领域综合应用的专门性知识)。甚至涉嫌环境犯罪的案件在立案阶段即需要公安机关对污染定性、进行损害评估后才能确定是否达到立案标准。而这些污染物类型众多、化学结构复杂、鉴别困难,要求公安机关掌握所有污染物的性质及危害后果属实是强人所难了。

由于不同污染物的危险特性不同,对环境危害的程度不同,侦办案件需要有一定的专业知识,一些案件往往需要侦查机关和侦查人员对污染物的性质认定、污染损害评估后才能决定是否立案侦查。在《国家危险废物名录》中列明的危险废物有数百种,且不说让侦查人员识别鉴定这些危险废物存在难度,可能让化学专家去鉴别这些危险废物都要费一番周折。并且判断此类型犯罪的难度非常巨大,需要花费相当的时间、人力和物力。同时,超标排放的污染物可能是由数个不同行为主体排放的,污染物排放后,它们相互之间以及它们与各种环境要素之间会发生诸如毒性与病理转化、扩散、生物降解和积累等化学、物理、生物的反应和作用,要分析和鉴别这些问题,其复杂性和困难程度可想而知。

(二)环境犯罪具有隐蔽性和持续性

一方面,环境犯罪的隐蔽性表现在其行为的隐蔽性;另一方面,表现在行为与结果的因果关系的不确定性。在当前环境治理趋严,环境犯罪打击力度加大的情况下,没有哪个污染环境的行为是明目张胆进行的。夜间偷排、偷放都已经是过时的手段了,现在一些污染企业挖深井直接向地下排放,通过管道向深海排放,趁雨天排放污水,将污水混在伪装的洒水车里向绿化带排放,厂区挖深坑填埋然后在上面盖建筑物……偷排手段花样翻新，防不胜防。一般侵犯人身权利、财产权利的犯罪，犯罪行为与结果都有着相对明确的因果关系（我们只能说是相对明确，因果关系本身就是犯罪认定的难题，即便普通刑事犯罪很多时候因果关系也并不容易界定）。无论一因一果、多因一果，普通犯罪所探讨的"因"必定与损害结果有着直接或者间接的联系，不外乎多"因"是不是介入因素。而对于环境犯罪来说，首先，环境犯罪损害后果的出现具有迟延性。由于自然环境本身就具有一定的承受力与自我净化力，很多环境损害行为，从实施到损害后果明显显现，需要较长的时间周期。而侦查行为是在损害结果出现之后才进行的，此时收集到的证据是损害证据、结果证据，不是侵害行为的证据。所以，环境犯罪的行为与结果之间是有时间阻断的，证据也因此发生了阻断，要倒查环境损害源头是极其困难的。其次，很多环境犯罪的污染源非常难以确定。一方面，环境侵害行为和结果以及环境本身都具有空间的流动性，环境侵害行为发生地与侵害结果发生地往往相隔甚远；另一方面，环境污染的最终科学机理非常复杂，作用过程与参与的环境变量多样，很多情况凭借现有的科学手段也无法认知。[①] 环境污染诸多因素之间也存在明显的单独作用、相乘作用以及拮抗作用。[②]

　　在某种程度上，环境犯罪有点类似于普通刑事犯罪中的继续犯或者持续犯，但环境侵害会持续更长的时间。比如核辐射即可持续上百年的时间，在环境犯罪所导致的土壤染污案件中，被某些重金属污染的土壤需要 100—200 年的时间才能逐渐恢复，这在普通刑事犯罪中是根本不可能存在的。

[①]　郭莉.环境犯罪中的因果关系与客观归责[J].广西大学学报（哲学社会科学版），2010(3)：54-57.

[②]　Marcus Hillebrand，Stephan Pflugmacher，Axel Hahn. Toxicological risk assessment in CO_2 capture and storage technology[J]. International Journal of Greenhouse Gas Control，2016(3)：118-143.

(三)环境犯罪侵害对象的不特定性

一方面,与普通刑事犯罪具有具体而明确的犯罪侵害对象不同,环境犯罪的侵害对象往往是不特定的多数人,在这一点上它类似于危害公共安全的犯罪。但又与危害公共安全犯罪不同,危害公共安全犯罪在本质上是侵害了国家、社会的安全管理秩序,实际是存在明确的侵害对象的。但很多环境犯罪找不到具体对象,比如向大气排放污染物,有直接的受害者,但多大范围内、受到何种程度的侵害可以被视为《刑法》上的被害人,这是很难确定的。再者,很多污染是人们靠感官无法感受到的。侵害对象的不特定,甚至不自知,导致的结果会是环境犯罪没有具体而明确的被害人,也就没有来自被害人的报案、控告和监督。

另一方面,尽管环境犯罪的侵害对象是不特定的,但是其危害却是巨大的。普通侵权类刑事犯罪侵害的是公民的人身权利或是财产权利,危害结果和范围有限(当然这不是说这些权利不重要,本书是仅就危害范围而言的)。环境犯罪除了会侵害具体对象的上述权利,对一个社会群体,对整个自然环境,乃至整个人类的影响都是巨大的。有些影响,甚至我们今天都无法预测。切尔诺贝利核电站污染、福岛核电站污染等严重环境事件,究竟会给人类带来多大的影响至今也无法估量。

(四)环境犯罪行为由于其极强的专业性和主体的强大力量往往很难被查证

很多污染环境的犯罪行为,其主体往往处于犯罪信息与环境科学技术的垄断地位。比如在某种程度上,最好的化工专家不在环境犯罪侦查机构,也不在环境执法部门,而在化工企业。市场经济越发达,这种情况越典型。这本身是无可厚非的,科学技术本身就是为人类发展服务的。但这种状况导致环境犯罪侦查面对的是掌握绝对专业话语权的企业,在科学技术面前,侦查技术是无力的。如前文所述,环境犯罪的主体往往是地方高污染企业,对地方经济、就业有一定的贡献,有的甚至是地方经济支柱,在地方政治经济领域影响巨大。这些企业不仅可以影响地方政府的政策导向,还会影响环境行政执法和司法,甚至在群众中也可能受到保护。此即所谓环境破坏的地方保护,为破除这种不当影响,我国政府采取了很多措施,如环境保护部门垂直管理、中央环境治理问题巡视。但是,环保执法垂直了,环境犯罪侦查却没有垂直,侦查机关仍然是地方政府的组成部门,仍然会受到地方的干预。

(五)污染环境犯罪的分布不平衡

由于经济发展水平的地区差异,产业转移伴随着现代经济发展的全过程。资本密集型的重污染工业总是从经济发达地区向欠发达地区转移,这就导致环境犯罪在全国、各省(区、市)分布不均衡。比如在京津冀地区,河北省的环境污染明显更为严重,而在河北省,据统计,涉环境污染的犯罪主要集中在电镀、化工、皮革、倾倒、炼油、塑料、拆解电瓶等行业,分别占比60.8%、11.1%、5.6%、5.2%、4.5%、4.2%、1.7%。其中电镀业污染案件占比超过全部案件六成。特别是河北沧州、邯郸、衡水、保定电镀行业污染环境犯罪的数量较多,四个地市侦办的此类案件占全省案件的七成以上。甚至在某些地市侦办的污染环境犯罪全部是电镀类案件。而化工类案件主要发生在石家庄、沧州两地市,在该类案件中石家庄占据了全省此类案件的约七成。皮革类案件主要集中在沧州、辛集、石家庄无极县、保定蠡县等区域,发案较为集中的区域是辛集,某段时间发案量约占全省同类案件的八成。[①]
而在另外一个中部省份湖南省,有色金属的采选、冶炼、化工等企业星
罗棋布在湘江流域,多年来,湖南的汞、镉、铬、铅排放量位居全国第一
位,砷、二氧化硫的排放量居全国前列。这导致湘江流域鱼类大幅减
少,数以千亩的农田无法耕种,4000万人口的饮用水安全受到威胁。

　　这种不均衡还会导致如下问题:首先,环境侦查队伍配置问题。
若只在那些已知环境犯罪高发的地区设置专业化的环境犯罪侦查机
构,其余地区是否设置? 其次,某地某种类型环境犯罪高发会直接推
动当地该种环境犯罪侦查日趋专业化,相对应的该地对其他环境犯罪
的侦查能力就会趋于弱化。对于对地方情况具有高度敏感性的环境
污染主体而言,他们也会根据地区环境犯罪的打击力度和难度进行区
域转移。经过严厉打击,某地环境犯罪数量突然呈现断崖式下降很可
能并不意味着治理效果显著,而是环境犯罪从打击严厉的地区被驱赶
到了打击力量和能力弱的地区。就全省、全国而言,这并不是胜利,而
是一种掩耳盗铃。

(六)实施环境犯罪的合法主体和非法主体并存

　　所谓合法主体即经过合法审查、注册,符合国家各项管理规定,有
生产资格的主体;所谓非法主体是未经过合法审查、注册,没有国家生
产经营许可的主体。长期以来,我们认为环境污染案件主要是那些非
法主体实施的,媒体将之称为"黑工厂""黑作坊",例如在河北省保定
市的某些地方全村都在从事"黑电镀",重金属污水被直接排放到家家
户户院子里的水井中,直接流入了地下水。这些情况让我们触目惊

---

　　① 从均广,陈小璇,沈晓霞.环境犯罪现状及侦查策略研究——以河北省为对象[J].河北公安
警察职业学院学报,2016(2):13-16.

心,地方政府在媒体曝光后也集中警力进行了打击。但是,我们也必须同时看到,环境污染犯罪不是非法主体的专利,一些中大型合法生产的企业也同样在实施。毕竟,在超额利润面前,小作坊和大企业是一样贪婪的。相较之小型的非法主体,大型合法企业的环境犯罪造成的损害和小型企业远不是一个量级。2005年11月,中石油吉林石化公司双苯厂苯胺车间发生爆炸,造成5人死亡、1人失踪、近70人受伤,约百吨苯、苯胺和硝基苯等有机污染物流入松花江,造成松花江重大水污染事件,哈尔滨市一度紧急关闭哈尔滨段取水口,市区用水一度非常紧张,甚至出现了抢购饮用水的情况[①];2010年7月,上市公司紫金矿业集团旗下铜矿污水池发生渗漏,造成汀江流域出现重大污染,9100m³的污水顺着排洪涵洞流入汀江,导致流域大量网箱养鱼死亡。

三、环境犯罪的侦查主体及问题

(一)环境犯罪的侦查主体

如前所述,本书采狭义的环境犯罪概念,即是指《刑法》第二编第六章第六节"破坏环境资源保护罪"规定的犯罪。根据我国《刑事诉讼法》的规定,这些犯罪的侦查机关为公安机关。

1.公安部治安管理局主管全国的环境犯罪侦查工作

笔者未能查阅到将全国环境犯罪侦查领导职能授予公安部治安管理局的文件,公安部治安管理局公开的机构职能中未见对环境犯罪

---

① 吉林石化双苯厂爆炸发生之后[N].云南日报,2005-11-15.

的侦查职能。但从公开的工作文件和新闻报道来看,公安部承担了全国环境犯罪侦查的领导工作。例如,2013 年 11 月,环境保护部和公安部发布了《关于加强环境保护与公安部门执法衔接配合工作的意见》。2015 年新华社的报道《公安部:打击环境污染犯罪受到地方保护主义干扰》表明,在公安部新闻发布会上介绍全国公安机关破获环境污染刑事案件基本情况的负责人是公安部治安管理局副局长。①

2.地方环境犯罪侦查部门

作者通过网络对各省主管生态环境犯罪侦查机构的检索,对部分省(区、市)生态环境侦查主管部门的统计见表 3-1。

表 3-1　部分省(区、市)生态环境侦查主管部门一览

地区	名称
北京	环境食品药品和旅游安全保卫总队
山东	食品药品与环境犯罪侦查总队②
广东	治安管理局(加挂"食品药品与环境犯罪侦查局")
天津	刑事侦查局(内设环境污染犯罪侦查处)
上海	治安总队
重庆	环境安全保卫总队
黑龙江	经济保卫总队
吉林	生态环境犯罪侦查总队
辽宁	大伙房水源地保护区公安局(加挂"环境安全保卫总队")
河北	环境安全保卫总队

① 邹伟.公安部:打击环境污染犯罪受到地方保护主义干扰[EB/OL].(2015-02-06)[2016-03-04]. http://www.gov.cn/xinwen/2015-02/06/content_2815934.htm.

② 山东省公安系统在设区市的公安局设立食品药品与环境犯罪侦查支队,在食品药品与环境犯罪侦查任务较重的县(市、区)公安局设立食品药品与犯罪侦查大队,初步形成了省、市、县三级打击食品药品犯罪工作体系。参见李恩来.山东省公安厅切实加强食品药品环境犯罪侦查工作[J].机构与行政,2013(12):14-15。

续　表

地区	名称
山西	治安总队
河南	食品药品环境犯罪侦查总队
新疆	食品药品和环境违法犯罪打击中心
海南	旅游与环境资源警察总队
江苏	食品药品与环境犯罪侦查总队
宁夏	食品药品与环境污染犯罪侦查总队
内蒙古	食品药品和环境犯罪侦查总队
陕西	环境与食品药品犯罪侦查总队
云南	治安管理总队
广西	治安警察总队
湖南	治安管理总队(下设食药环支队)
湖北	治安总队(加挂"食品药品犯罪侦查总队")
浙江	治安监督管理总队
四川	省公安厅治安总队设立食品药品和环境侦查处
西藏	不详
安徽	治安总队食品药品和环境犯罪侦查队
福建	治安管理总队
贵州	治安总队(生态环境安全保卫总队)
甘肃	治安管理局
青海	不详

资料来源:各级政府的政府门户网站。

　　由表 3-1 可知,除情况不详的地区外,目前我国地方环境犯罪侦查机构的设置有以下四种模式:

　　①由治安管理部门主管。有 13 个省(区、市)采取这种模式,有的在治安管理部门加挂环境犯罪侦查部门的牌子,也有的在内部设置生态环境侦查机构。

②设置专门的生态环境侦查部门。有13个省(区、市)设置了专业的省级生态环境侦查部门,通常该部门与食品药品犯罪侦查或者与本地独特情况相关的特殊领域侦查部门设置在一起。

③由刑事犯罪侦查部门主管。天津市将生态环境侦查归口刑事侦查部门管理。

④由经济犯罪侦查部门主管。黑龙江省将生态环境侦查归口经济犯罪侦查部门主管。

3.地方第三种模式:"入驻式"联合执法、侦查模式

"入驻式"是一种地方环保主管部门与公安机关创新的联合执法、侦查模式,这种模式不同于通常意义上的"联动执法"(即环保执法时通知、请求公安机关出警配合),而是由公安机关入驻环保部门,环保执法与公安执法、侦查常规联动,已经逐渐演变成一种新型的"环保警察"模式。例如,河北省安平县公安局在2006年成立了安平县环境保护派出所(被称为全国首家"环保公安"),不同于公安派出所通常按照地区设置的做法,该环保派出所设在县环保局。派出所干警属于公安局编制,由县公安局派出,与县环保局法规科合署办公,在环保执法时民警同时出动。这种模式先后在一些地区被采用,例如,2011年成立的湖北省大冶市(县级市)环保警察大队;2012年4月成立的河南省滑县环境警察大队;2012年8月挂牌的江苏省兴化市公安局驻环保局治安办公室;2014年重庆市忠县公安局环保警务室等。①

由于这种"环保警察"仍然由公安机关的治安管理部门派出和管理,实际上这种模式仍然在管理归属上归口治安管理部门,本质上是一种管理方式的创新。

---

① 王开广."环保警察"的两种执法模式[N].法制日报,2015-01-02.

(二)环境犯罪侦查主体存在的问题

1. 环境犯罪侦查管理体系的多元化与我国公安条块管理体系之间的问题

由前文分析可知,我国环境犯罪的侦查管理体系是多元化的,在中央是由公安部治安管理局主管,在地方则各有不同。当然,这主要源于我国经济社会发展不均衡的基本国情。各地经济发展水平不同,工业化水平不同,面对的环境危害在数量和程度上也不相同,对专业性环境犯罪侦查队伍的需求也不相同。是否有必要设置专业化侦查队伍是各地根据自己的实际情况决定的。但是这种现状受公安条块化管理,就产生了问题。我国的公安管理体制可以高度浓缩表述为"统一领导、分级管理、条块结合、以块为主"。简而言之,所谓"统一领导、分级管理"是指各级公安机关都在党的绝对领导下,同时接受上级公安机关的领导和业务指导:"统一领导"就是中共中央、国务院对全国公安工作的统一领导,公安部对地方公安机关的统一领导;"分级管理"是指包括公安部在内的各级公安机关要分别接受与之相对的层级的党委和政府的管理,同时上级公安机关对下级公安机关实行管理和领导。"条块结合、以块为主"是指公安机关要接受从上而下的公安职能部门"条条"的业务管理,同时也要接受各级地方党委、政府的"块块"领导,且以"块块"领导为主。这种管理体制,"源自战争年代,是对根据地公安工作经验的总结,定型于计划经济时代,并延续至今"①。公安管理的条块体制是特定的历史时期的产物,与特定的历史阶段相适应,尤其是在该时期严格的户籍人口管理、单位归属管理、人口流动管理、群防群治的地方治安治理下,社会的治安与犯罪控制都可以依

---

① 余凌云.警察权划分对条块体制的影响[J].中国法律评论,2018(3):38-46.

靠地方和单位解决,并且这种管理方式是最有效的。改革开放之后,市场经济的高速发展,政策和区位导致的经济发展不平衡状况加剧,条块管理体制的最大问题逐渐暴露出来,这个问题就是中央与地方的事权不清。条块管理体制下,上下级公安机关并不区分警察职权、管辖分工,而是"行政发包制",即将所有公安事项一揽子向下发包。"分级管理、条块结合、以块为主"的分工,没有将中央与地方、上级与下级的具体事权划分清楚;表面上,想把中央与地方"两个积极性"都调动起来,但却暗含矛盾,当"统一领导"与"以块为主"发生冲突时,以谁优先,并不清楚。[①]

那么,公安部治安管理局能否领导地方的环境犯罪侦查?对于那些将生态环境犯罪侦查归口治安管理部门的地方来说,这种领导至少在体制上是存在的。而对于那些设置独立专业侦查部门的地方来说,这种领导也是客观存在的,因为这些独立侦查部门也是从治安管理部门独立出来的。对于那些设置在其他部门的地方来说,公安部治安管理局是无法实现领导的。但是在"行政发包制"下,又似乎不是问题,因为对环境犯罪的侦查是上级、本级政府一揽子"发包"给公安机关的,至于由公安机关哪个部门负责,那是公安机关内部自己的事情。但对于公安机关的业务领导和指导来说,就会存在较大的问题。更为重要的,"以块为主"在环境犯罪侦查领域可能会助推"地方保护主义"。

(1)"条条"的业务指导和领导的问题

我国行政体制之所以要求"统一领导、分级管理",是为了保证中央政令、刑事政策在全国的统一、有力、有效贯彻实施。我国立法之所以确定公安机关上下级之间是领导与被领导的关系,其目的也在于

[①]　余凌云.警察权划分对条块体制的影响[J].中国法律评论,2018(3):38-46.

此，同时由于公安工作的特殊性，这种体制在必要的时候可以实现集中用警、异地用警、警务协同，从而高效地打击犯罪。上级公安机关对下级公安机关的领导，主要是业务指导，其实现方式是上下级公安机关内部进行高度一致的部门分工，如刑侦、经侦、治安管理、交通管理等，具体涉及哪个领域的业务就由哪个领域的上级公安机关的专门部门直接指挥下级公安机关的专门部门，这就是"条条"里面的第二个"条"的含义。简而言之，就是上下级公安机关内部的机构设置都是相对的，每一个部门都有对应的上级业务领导部门。各部门分工负责，必要的时候又可以相互配合，这套体制在我国运转多年，已经固化为一个基本模式。这种模式一旦遭遇"上下级部门没有对应"，就会产生问题，即"条与条"之间发生了交叉、重合，领导和指挥便会变得低效，甚至失灵。对于环境犯罪侦查而言，公安部治安管理局能否指挥设置在省厅刑侦部门的环境犯罪侦查支队，这就很成问题。

（2）"块"的地方保护问题

"条块结合、以块为主"是考虑到地方经济社会发展的地区差异，赋予地方公安机关充分自主权，调动地方公安机关的工作积极性和主动性[1]，同时也方便地方党委和政府针对本地区现实情况灵活使用警力。侦查部门受上级党委、上级侦查部门和同级党委、政府、公安机关双重领导，以同级党委、政府、公安机关领导为主。公安机关和侦查部门的业务由上级领导，人事、财政则依附于地方政府。这就导致我国现行侦查体制的"集中"弱化，而"分散"为实。在这种体制下，侦查部门的办案就极易受到地方政府的干扰。尽管近年来公安机关"条条"管理力度在不断加大，但由于编制、人事、经费等由地方政府负责，地方公安侦查受制于地方政府仍是普遍现实。环境犯罪的侦查因涉及

---

① 韩春梅.冲突与重构：公安部与地方公安机关职权配置[J].中国人民公安大学学报（社会科学版），2015（3）：90-99.

地方经济利益,地方政府在很多情况下并不愿意对本地涉环境污染的企业进行立案侦查并追究其刑事责任。在 2015 年公安部治安重点打击整治工作通报会上,时任公安部治安管理局副局长华敬锋就指出:"因存在地方保护主义,一些非法排污的化工采矿企业,往往都是当地招商的被扶持的高利税的重点项目,所以当地对这种企业往往是睁一只眼闭一只眼,作为公安机关,查处这些企业、打击这些企业也会受到地方的干扰和制约。"①此外,治安管理部门是地方社会治安的主要管理部门,其主要业务在于治安管理,地方治安管理的警力本身即容易被地方政府调动用于其他警务甚至非警务活动,如协助城市拆迁改造、城管执法、整治"黑车"等。②

2. 治安管理部门主管侦查与其治安行政管理职能的混同问题

我国的公安机关有一个特点,除了少数内设部门专司刑事犯罪侦查(如刑侦、经侦)或者行政管理(如人口、户籍),其余大部分专业部门都同时具有刑事侦查权和行政管理权。而且这种刑事侦查权往往是该部门所拥有的行政管理权的延续,即对哪个领域拥有行政管理权就对哪个领域拥有刑事侦查权。基本逻辑是,该部门在日常行政管理中发现有违法行为即予以行政处罚,发现有犯罪即进行侦查。环境犯罪的侦查之所以交由治安管理部门主管,就是因为传统治安管理部门的行政管理权限包括对特种行业、危险化学品等危险物品的管理,同时地方治安管理部门与经济社会生活距离最近,也易于行使刑事侦查权。但是,当刑事侦查权和行政管理权被赋予同一个部门之后,对这两种不同权能的权力的混用、错用甚至滥用的情况就极有可能发生了。既有可能出现以刑事侦查权强推行政管理权;也有可能出现以行

---

① 公安部:打击环境犯罪取证鉴定难问题突出[EB/OL].(2015-02-06)[2015-06-01]. https://news. sohu. com/20150206/n408801256. shtml.

② 马忠红. 公安机关现行侦查体制存在的问题评析[J]. 山东警察学院学报,2016(4):12-17.

政处罚代替刑事侦查,以罚代刑,降格处理;甚至不排除出现以刑代罚,以刑事侦查为行政管理服务的滥用侦查权的现象。这种职能混同在对环境犯罪的侦查中表现得最为明显。2015 年实施的《环境保护法》被称为史上最严的环境保护法,其中第六十三条规定,对于法律规定的污染环境的行为或者拒不执行环保执法的情形,尚不构成犯罪的,移送公安机关,对直接负责的主管人员和其他直接责任人员处以行政拘留的处罚。这意味着,这些严重违反《环境保护法》的行为是由环境保护部门查处的,但予以行政拘留处罚决定却是公安机关作出的。因为根据《行政处罚法》第十八条规定,"限制人身自由的行政处罚权只能由公安机关和法律规定的其他机关行使"。公安机关的治安管理部门即拥有对违反《环境保护法》行为的行政拘留的处罚权。那么,按照法律规定,即出现了如图 3-1 所示的流程。

图 3-1　环保机关行政执法流程

无论是行政拘留还是刑事立案都存在一个共同问题:查办机关和决定机关分离。即环保机关在查办环境违法案件中,认为应当行政拘留或刑事立案,但没有相应的权力,只能移送公安机关决定并执行。而作为决定机关的公安机关并非第一手查办案件的机关,那么公安机关既无动力,也欠缺能力。对于公安机关而言,他面对的案件是环保机关查处的,是应环保机关的要求决定行政处罚或者立案侦查,但是案件如果错误侦查或者错误立案,承担责任的却是公安机关。因而,公安机关实在没有任何动力去积极审查决定拘留或者立案。此外,公安机关并非进行环境违法调查的机关,在接到环保机关移送之前并未接触过案件,欠缺判断能力。公安机关要么依据环保机关移送的材料进行书面审查,要么对案件进行再次调查,前者可能失之偏颇,后者不免浪费。并且,在此构架下,环保机关类似申请主体,公安机关乃审查决定主体,公安机关事实上处于对环保机关的案件进行审查的地位,然而公安机关又非中立的司法机关,这种审查和决定是违背程序正义的。

四、环境犯罪侦查主体自身的问题

(一)缺乏专业侦查人员

如前所述,环境犯罪与一般犯罪不同,其专业性强、涉及面广,对进行环境犯罪侦查的工作人员要求高于一般侦查人员。当然,这并不是说普通犯罪的侦查不需要掌握特定科学知识的侦查人员,甚至普通犯罪侦查也需要物理、化学等方面的专业技术人员。但普通刑事犯罪侦查中涉及的专业科学知识相对固定,而环境犯罪多样且多变。这就要求环境犯罪的侦查人员除了应掌握一般刑事犯罪案件的取证方法,也应通晓有关环境的专业科学知识(甚至主要是这些知识)。否则,在环境犯罪案件进入侦查以后,侦查人员甚至连阅读和整理相关案件材料都会遇到困难,侦查工作更无法顺利开展,这会严重影响污染环境犯罪案件的侦查效率。对此,学术界已经有了充分的认识。如前文所提到的那样,我国的环境犯罪侦查大多由治安管理部门负责,这些平时以治安管理为主要业务的人员,在环境犯罪侦查方面的知识是明显欠缺的。这个问题与我国环境犯罪案件占比不大、分布不均结合起来看就更为严重了。

(二)缺乏专业侦查设备

在强调信息化侦查的今天,如何将现代科学技术与侦查有机结合是重中之重,污染环境犯罪案件的侦查更是如此。"在污染环境犯罪案件的侦查活动中,最重要的环节就是收集、固定各种证据以证明存在污染行为、危害结果及两者之间确实存在因果关系。侦查人员并非'万能',他们只需要掌握如何提取样本及如何固定和保全相关证据就能在拿到样本后再去专业的鉴定机构进行鉴定,最后形成鉴定意见。"[①]在环境犯罪的侦查阶段,环境监测、调查取证、样本检测、因果关系分析等方面都依赖专业设备、仪器,但是我国尚没有任何一个地方的公安机关拥有环境检测的专业设备,实际上也无法拥有。因为环境犯罪涉及的科学问题门类太过庞杂,并不像普通刑事犯罪那样只要在公安机关内部建立法医类、物证类、声像资料类等几类侦查技术鉴定部门即可,环境污染的化学品有成百上千,作用于水、大气、土壤的机理又完全不同,这是任何一个以打击普通刑事犯罪为主要方向的普通公安机关所不可能拥有的。

(三)专业侦查机构的设置与环境犯罪案件不成比例

如前文,设置专业环境犯罪侦查机构在我国已经逐渐铺开。但是我们也看到了一个有意思的现象,大多数地方的环境犯罪侦查机构都不以环境犯罪侦查为唯一业务,甚至不是主要业务。由治安管理机构兼管、刑事犯罪侦查机构兼管、食药犯罪与环境犯罪合一,这三种情况占绝大多数。为什么会出现这种情况,数据是最好的说明。1997 年

---

① 刘莹,杨明.非传统安全视域下污染环境犯罪的惩治困境与对策[J].中国刑警学院学报,2018(4):12-18.

环境犯罪进入我国刑罚体系后一直鲜有对其的刑事追诉;2005—2008年全国每年因环境犯罪而被追究刑事责任的约一两件[①];即使是 2012 年 PM2.5 被纳入大气监测范围后,在 2013 年 4 月启动的河北省打击环境污染犯罪专项行动中,被立案侦查的 185 起刑事案件平均到每个县级行政区也只有 1.1 件[②]。

(四)环境犯罪的侦查模式仍停留在对传统犯罪侦查

中华人民共和国成立以来,受经济、科技发展水平的制约,我国刑事犯罪侦查模式长期依赖"口供",形成了"由供到证再到供"的侦查模式。即刑事犯罪侦查以查获犯罪嫌疑人为第一任务,以获取犯罪嫌疑人口供为中心,以口供获取物证,再以物证印证口供,从而形成完整的证据锁链。[③] 尽管很多学者指出这种侦查模式实际形成了侦查的"口供中心主义",极易导致刑讯逼供进而引发刑事错案[④],但这种侦查模式已然在刑事犯罪侦查工作中形成了相对固定的思维模式,短期内改变难度很大。在我国,这种"由供到证再到供"的侦查模式注重对口供的获取,并辅之以"摸底排队""调查访问"等常规性群众性侦查方法,仅就侦查有效性而言(不涉及人权保障),以这种侦查模式应对传统刑事犯罪是行之有效的。甚至这些"原始"(较之现代科技手段)的侦查手段已然成为几乎所有刑事案件通常都会采用的固定措施,一名有着丰富侦查经验的警察在其著作中写道,"虽然刑事案件形形色色、各不相同,除已有明确的犯罪嫌疑人外,在我国的侦查理论和实践中,任何

---

①　郄建荣.打击环境犯罪,司法为何使不上劲[EB/OL].(2008-09-23)[2011-07-26].http://www.legalinfo.gov.cn/misc/2008-09/23/content_950951.htm.

②　段丽茜.4 月以来我省 43 人因环境犯罪被批捕[N].河北日报,2013-09-30.

③　吴桐.证供证模式下侦查环节错案的成因及防治[J].北京警察学院学报,2018(2):95-102.

④　陈卫东."以审判为中心"与审前程序改革[J].法学,2016(12):120-125.

一起案件的侦破都要经过一定程度的摸底排队"①。当然,传统的侦查模式也并非不讲物证,"传统的侦查思维是一种侦查人员通过犯罪现场犯罪人员的犯罪行为交换下来的痕迹物证这种'物质'达到认识犯罪的目的,传统侦查思维可以说是一种以'物质'为起点的'物质思维'"②。这种"物质思维"在侦查措施中即表现为"现场勘验",发现犯罪痕迹,获取犯罪证据(主要是实物类证据)。这些传统犯罪的侦查手段在环境犯罪的案件中也会使用,但是仅仅依赖这些手段是远远不够的。

很多环境犯罪并没有明确的被害人,甚至没有明确的"证人",没有明确的犯罪嫌疑人指向。同时,最为关键的,没有犯罪现场。环境犯罪与普通刑事犯罪不同,它的犯罪行为发生地(即犯罪现场)与犯罪结果发生地在空间上往往相距较远,犯罪行为与犯罪结果在时间上也通常处于不同时空。这样,传统的现场勘验、讯问嫌疑人、询问证人等侦查措施基本无用武之地。

比如 2013 年 9 月 29 日,某市环保部门在某五金电镀加工点内查获其未配套建设污染防治设施即投入生产,生产废水未经处理直接经私设的暗管外排厂外。经对生产废水抽样检测,厂区水沟中生产废水的铜超标 8.24 倍、镍超标 8.82 倍、锌超标 34.80 倍,水体呈酸性。③本案移送公安机关侦查后,只有环保部门收集的厂内水沟生产废水证据,没有排放到外环境中的废水证据,想要再次取证但已经丧失了时空条件,公安机关被迫对排水管的流向进行勘查,制作勘查笔录,通过推论的方式进行证明。类似案件很多,无不在提示我们环境犯罪侦查

---

① 马海舰.刑事侦查措施[M].北京:法律出版社,2006:55.
② 马忠红.信息化时代侦查思维方式之变革[J].中国人民公安大学学报(社会科学版),2011(1):101-107.
③ 林立,王志荣.当前打击污染环境犯罪存在的难点及对策[N].人民公安报,2014-11-13.

与普通犯罪的巨大差异。在实践中,提取污染物的地点选择往往会成为决定案件成败的关键。如果案件是由环境执法机关移送而来,此时环境执法过程已"惊动了"嫌疑人,这会给获得言词证据造成巨大的障碍(嫌疑人甚至已潜逃或者已经做出对抗侦查的布置),此时的环境已非犯罪时的环境,相关指标很可能已经趋于正常。这些都给环境犯罪的侦查带来了不同于普通犯罪的困难。

(五)侦查取证的鉴定困难

由于前文所述的专业性问题,在环境犯罪案件中,尤其是污染环境的刑事案件的侦查中,技术鉴定是一项不可或缺的工作。确定环境损害程度、查找环境损害源、确定环境污染损害的范围与程度以及环境污染行为与损害结果之间的因果关系都需要进行专业的环境技术鉴定。但是,在这个几乎是必要的重要环节上,目前却存在一系列亟待解决的困难和问题:第一,环境污染鉴定的技术标准不统一。当前,环境污染损害鉴定评估工作主要是由生态环境部负责管理。2011年,环境保护部出台了《关于开展环境污染损害鉴定评估工作的若干意见》,该意见对环境污染损害鉴定评估工作的目标表述非常明确:"开展环境污染损害鉴定评估工作是优化环境行政管理方式的有效手段""开展环境污染损害鉴定评估工作是推进环境司法深入开展的技术保障"。该意见对当前环境污染损害鉴定评估工作存在的问题做了直截了当的总结:"我国现行法律法规对环境污染损害行为的行政责任、民事责任和刑事责任都做出了原则规定,但由于缺乏具体可操作的环境污染损害鉴定评估技术规范和管理机制,环境污染案件在审理时仍存在许多技术难题需要解决。"该意见还确定了环境污染损害鉴定制度推进的时间表,2011—2012年为探索试点阶段;2013—2015年为重点突破阶段;2016—2020年为全面推进阶段。2015年,最高人民法院、最高人民检察院和司法部联合印发《关于将环境损害司法鉴定纳入统一登记管理范围的通知》;2015年,司法部、环境保护部联合印发了《关于规范环境损害司法鉴定管理工作的通知》,就环境损害司法鉴定实行统一登记管理和规范管理环境损害司法鉴定工作做出明确规定。但是关于环境损害司法鉴定机构、评估体系、鉴定方法等的关键性法律规范和技术规范仍然在研究之中。[1] 这项工作虽然重要但进展缓慢,主要是因为环境损害涉及领域的广泛性和多样性,鉴定评估的种类太多[2],不同领域的鉴定对专家所具有技术的要求不同,跨专业跨领域鉴定基本没有可能性。比如,大气环境污染损害鉴定和水环境污染损害鉴定的鉴定标准、规则就完全不同,更何况大气和水又可以细分出无数个专业领域。并且,目前尚没有一个统一的鉴定技术标准,会经常出现相同领域的鉴定事项不同鉴定机构出具的鉴定意见不一致的情况,这在司法鉴定领域是绝对应该避免的,否则会损害司法鉴定的权威性与公信力,进而伤及司法权威。此外,当前已经挂牌并被原环境保护部推荐的环境损害鉴定评估机构在全国分布不均匀,难以满足司法实践的需要。2014年和2016年,环境保护部分两个批次公布了全国共29个"环境损害鉴定评估推荐机构"、13个"环境损害鉴定试点单位",但是总体来看,鉴定机构在全国的分布并不均匀(见表3-2)。

表3-2 部分地区环境损害鉴定评估推荐机构和试点单位数量

地区	数量/家
北京	5
重庆	4

---

① 吴学安.建立健全良好的环境损害司法鉴定机制[N].人民法院报,2018-01-14.
② 裴煜.当前环境污染案件侦查难点及对策研究[J].湖北警官学院学报,2016(3):47-53.

续 表

地区	数量/家
广东	3
浙江	3
江苏	3
湖南	2
辽宁	2
河南	2
四川	2
山东	2
云南	2
安徽	2
天津	1
山西	1
黑龙江	1
上海	1
福建	1
湖北	1
广西	1
贵州	1
甘肃	1
新疆	1
河北	1
内蒙古	1

从表 3-2 可以看出,44 家机构和单位分布在 24 个省(区、市),尚有七个省(区、市)(除港澳台地区以外,即吉林、江西、海南、陕西、青海、西藏、宁夏)没有环境损害鉴定机构。这七个省(区、市)的环境损害鉴定只能跨省进行,给侦查带来更多的困难。另有学者指出这些鉴定机构的分布不均,不能满足实践需要,如浙江省 2014 年公安部门移

送案件数量居全国之首,达 1036 件,约占全国总数的 50%,但浙江省只有一个"环境损害鉴定评估推荐机构"。①

此外,环境污染案件鉴定时间长、费用高,也对侦查造成了障碍。环境污染鉴定的时间通常较长,一是因为技术复杂;二是因为这些鉴定机构不仅为刑事侦查服务,而且服务于行政执法和市场需要。在经济利益驱动下,侦查委托的鉴定并不必然优先于其他需要,这就使侦查鉴定耗时较长。这对于侦查的及时性是一个冲击,同时《刑事诉讼法》并没有规定环境鉴定的期限不纳入办案期限,导致出现侦查羁押期限超期问题,进而引发一系列的连锁反应。

(六)环境犯罪案件鉴定的公正性存在较大问题

前述原环境保护部推荐的鉴定机构,绝大多数都是原环境保护部或者各省(区、市)环保厅(局)直属的事业单位(如中国环境科学研究院、北京市环境保护科学研究院、上海市环境科学研究院等)。环保机关下属的这些单位,本是为环境监测和环境执法提供数据和证据支持的,现在也在逐渐拥有进行司法鉴定的能力。2018 年 9 月,《司法部办公厅关于进一步做好环境损害司法鉴定机构和司法鉴定人准入登记有关工作的通知》明确指出,"环境损害司法鉴定人运用科学技术或者专门知识对环境行政执法和环境资源诉讼所涉及的专门性问题出具鉴定意见,对于依法从严从快打击环境违法犯罪行为具有重要证据支撑作用"。当然,上述鉴定机构能否成为环境司法鉴定机构还需要各地司法行政部门依据 2018 年 6 月司法部、生态环境部印发的《环境损害司法鉴定机构登记评审细则》予以认定,但可以肯定的是重合度会

---

① 李涛.污染环境犯罪案件侦查的现实困境与路径选择[J].中国人民公安大学学报(社会科学版),2017(1):115-121.

非常高,因为除这些机构以外没有符合条件的机构。这与普通刑事犯罪侦查的技术鉴定有着非常明显的不同。在我国刑事诉讼体系中,技术鉴定在使用方向上有两种:一是为侦查案件需要由侦查机关内部的技术部门进行鉴定,如公安机关的法医,所进行的鉴定主要是为侦破案件、查获犯罪嫌疑人、收集和固定证据;二是为审判需要由司法机关委托国家批准的司法鉴定机构进行鉴定,目的是解决审判中辨析法律难以确认的技术性问题。前者由刑事诉讼追诉方进行,不具有程序上的司法公信力,在审判中辩护方仍可质疑鉴定结果并申请重新鉴定;后者由司法机关委托进行,具有较强的司法公信力。我国的刑事司法鉴定体制于20世纪70年代末确立,但一度存在诸多缺陷,尤其表现在司法机关内设鉴定机构,时称的"鉴定结论"因此欠缺公正性。为加强鉴定的公正性,我国在21世纪初期进行了司法鉴定体制改革,2005年《全国人民代表大会常务委员会关于司法鉴定管理问题的决定》其基本思路是重新划分、界定司法鉴定权力,把鉴定机构从公、检、法机关中分离出来,取消"自侦自鉴""自诉自鉴""自审自鉴",加强对司法鉴定机构和人员的统一管理。[①] 尽管普通刑事案件的技术鉴定仍然存在一些问题,但是自2005年以来,已经在按照刑事诉讼的基本原则和理念进行重大变革。但是对环境犯罪的技术鉴定是个全新的问题,由于前述技术壁垒、人员专业化壁垒等问题,侦查机关的内部鉴定能力是非常弱的,甚至等于没有,需要完全依赖第三方鉴定。而第三方鉴定机构并不是如普通刑事鉴定机构一样以司法鉴定为主要业务,甚至司法鉴定是次要任务,对市场和行政执法的环境影响评价居于刑事司法鉴定之先。这就不仅仅是效率问题了,更可能影响鉴定的公正性。不仅如此,侦查成本也因此大大增加,这种成本不仅是时间成本,更是

---

① 何家弘.我国司法鉴定制度改革的基本思路[J].人民检察,2007(5):5-10.

经费成本。委托以市场为导向的第三方进行司法鉴定,其成本是远远高于普通刑事犯罪案件的鉴定的,甚至有很多地方由于办案经费所限,难以负担鉴定费用,导致案件被"挂起"。有执法人员感叹:"出不起鉴定费用,不少案件只能挂着,不少犯罪嫌疑人因没有证据逍遥法外。"①

(七)技术侦查手段的缺乏

我国《刑事诉讼法》有关技术侦查的规定中,仅对危害国家安全、恐怖活动、黑社会性质的组织犯罪和重大毒品犯罪明确赋予公安机关有权采取技术侦查措施,环境犯罪的案件如不牵连以上犯罪是无法动用技术侦查手段的。是不是对环境犯罪的侦查不需要或者不必要采取技术侦查手段呢?从现实需要上看,环境犯罪的隐蔽性并不亚于上述犯罪,在案发后进行被动侦查效果非常差,很多案件连污染源头都无从查起,更遑论进行现场勘验、收集、固定证据了。同时基于信息不对称,犯罪行为人被巨大的经济利益诱惑,掩饰犯罪行为、破坏证据等反侦查能力非常强。如不采取监听、监视、卧底侦查等技术侦查手段进行主动侦查,案件侦破难度非常大。从必要性上看,世界各国对于技术侦查这种严重侵犯公民基本权利的手段无不给予非常严格的控制。其考量的因素有二:一是关涉重大利益;二是穷尽其他手段无法侦破案件。对于前者而言,环境犯罪的社会危害性实际并不亚于我国《刑事诉讼法》规定的四类犯罪。环境犯罪是对公共利益乃至全人类利益的侵犯,环境犯罪造成的恶果是几百上千年甚至永远无法消除的。从这个角度讲,无论危害国家安全、恐怖活动、黑社会性质

---

① 巩志宏.抓得了罚不了判不了:环保执法存三难[EB/OL].(2015-06-20)[2016-09-25].http://news.xinhuanet.com/mrdx/2015-06/20/c_134342541.htm.

犯罪还是重大毒品犯罪都无法与其相比。当然,并非所有环境犯罪的案件都有如此恶劣之结果,这应当交由技术侦查审查授权者来判断,如同《刑事诉讼法》对于毒品犯罪的界定一样,只有重大的毒品犯罪案件才可采用技术侦查手段。对于后者,即穷尽手段要件而言,纯粹属于程序要件,并不妨碍立法将环境犯罪纳入技术侦查的范围。

(八)对环境犯罪侦查的认识不足

"公安机关是人民民主专政的重要工具,人民警察是武装性质的国家治安行政力量和刑事司法力量,承担依法预防、制止和惩治违法犯罪活动,保护人民,服务经济社会发展,维护国家安全,维护社会治安秩序的职责。"[①]由此,治安管理和刑事犯罪侦查被认为是公安机关的两大主要职能,其中环境犯罪侦查是一个全新的使命。在大多数侦查人员看来,最大最重要的刑事案件是"命案",侦查杀人、绑架、抢劫这样严重侵财害命的刑事案件才是真正的警察。在电影《白日焰火》中,有这样一个镜头,退役刑警张自力在街头碰到老战友办案,张自力问:"忙啥呢,王队? 听说你干经侦了?"王队回答:"经侦那还叫警察吗? '蹲点儿'多有意思。"这虽然只是影视作品,但确实反映了一些警察的心声。在公安机关的内部职权配置中,刑警队是主要业务部门,一个公安局会把最精锐的力量放在刑警队,他们负责的通常是《刑法》中侵犯公民人身权利和财产权利的犯罪。负责环境犯罪的治安管理部门是公安机关内部负责社会治安管理的主要部门,其主要任务是依据《治安管理处罚法》行使社会治安管理职权,而《治安管理处罚法》惩罚的通常被认为是侵害行为强于民

---

① 见《公安机关组织管理条例》第二条。

事侵权却弱于刑事犯罪的"准犯罪行为"（这些行为在一些西方国家被称为"行政犯罪"）。所以，即便是在治安管理部门，环境犯罪侦查也未被视为主要的公安业务，治安管理部门的主要精力放在社会治安、防暴与反恐上。

　　这表现在以下三个方面：一是侦查人员往往比较重视"人命关天"的大案要案，"命案必破"对侦查行为起着极其重要的引导与指示作用，侦破命案、确保一方平安是侦查人员的常态思维。危害环境资源犯罪虽然一般有现场可供勘查，但是，如果怠于行动，相关的物证、痕迹可能会灭失，并导致发案源难以确定，其查处必将不了了之。二是有的侦查人员认为，此类犯罪实际上是发展经济引起的，罚款一样可以遏制此类犯罪，用民事处罚或者行政处罚取代刑事处罚，一罚了之。如此，使违法成本偏低，犯罪收益高，形成恶性循环。三是有的侦查人员过于重视经济效果。但是，对此类案件的侦查，不能像经济犯罪案件一样能够"人赃并获"，以取证和追赃作为主要任务。危害环境资源犯罪是需要投入的，但侦查人员往往没有认识到环境资源与人类和谐友好的意义，对可持续发展领悟不深。既然要投入，又没有直接的经济回报，再加上司法资源的有限性以及普通刑事案件的多发性，侦查人员对此类案件多采取回避的态度。以环境渎职侵权案件为例，在笔者为某地检察官作关于环境资源渎职侵权案件侦查的专题讲座上，笔者曾问及环境资源渎职侵权案件侦办中存在哪些制约因素，该地检察官认为，查办环境资源类渎职案件不像查处腐败案件一样，具有一定的"经济效益"，故侦办危害环境资源案件的主动性、积极性有所欠缺。

五、客观方面的侦查障碍

(一)环境犯罪案件大案少小案多,群众对案件查处认识不足

据报道,2013 年 11 月至 2014 年上半年,河北省开展的"利剑治污"专项行动中,全省共侦办环境犯罪案件 1434 起,其中以小案为主,在河北省公安厅和环保厅联合发布的十大环境污染案件中,除一个案件为某大型焦化公司排放毒气案外,其余九起全部是小电镀、小玻璃等小作坊污染犯罪案件。[①] 这些小案中,犯罪行为需要的设备简单,比如小电镀,"只要有个槽子,接通电源就能干,所以不少非法从业人员专门打游击战"[②]。并且这些小案的犯罪嫌疑人往往都是家庭式作坊,知情者都是乡里乡亲,有些地方甚至全村都在做,邻居之间互相打掩护。据 2018 年 1 月 15 日中央电视台《经济半小时》报道,号称中国北方最大的废旧塑料交易中心,被誉为北方废塑料之都的河北省廊坊市文安县,在市政府要求塑料造粒行业全部停产的情况下,仍然有人顶风作案违规生产。据央视记者采访塑料原料生产商说,"一方保护。整个村都是这样。村里面打电话,说了停你就停,说没事了开始干,就是干"。何时生产,何时歇工,村子里竟然有专人通知,这样的说法记者从采访村民的口中获得了印证。[③] 另据专家介绍,"河北省有一个市周边的几个村子,几乎家家户户都在'烤鞋底子'和'土炼铝',家家户

---

①　周宵鹏.环境污染刑案取证难大案少与环境现状不成正比[N].法制日报,2014-09-11.

②　周宵鹏.环境污染刑案取证难大案少与环境现状不成正比[N].法制日报,2014-09-11.

③　央视财经.河北黑作坊顶风作案排"有毒废气"村里帮敷衍检查[EB/OL].(2018-01-23)[2018-10-11]..http://news.163.com/18/0123/21/D8S7P1QS0001875N.html.

户都有'土锅炉',为的是给乡镇上的小鞋厂、小塑料厂、小铝加工厂提供原料。这已成为这片区域村民的一种普遍生存方式:与附近的企业形成合作共同体"①。在一些大型企业的污染案件中,也出现了类似情况,因为企业的污染行为一般是为了追逐利润,而企业一旦被查处,经济上蒙受损失甚至因此破产,会影响大量职工的工作和收入。在这种情况下,部分职工和因企业而获益的周边群众对侦查就会存在抵触的情绪,不仅不配合,还可能会设置障碍,妨碍侦查。

(二)环境犯罪的侦查存在地方保护的可能

如前所述,涉环境犯罪的大型企业一般都是重资产、劳动密集型重工业企业,是地方纳税大户和当地劳动力的主要吸纳者,而在一些承载落后高污染产生转移的地区,甚至全县都以某种重污染行业为支柱产业,仅河北省就有"北方废塑料之都"(文安县)、邯郸—衡水—唐山废旧轮胎回收灰色走廊等专门从事高污染行业的"产业带"。据河北省社科院发布的《2013—2014年河北发展蓝皮书》称,"河北目前污染的主要排放者并非城市或城郊中的规模以上工业企业,而是遍布河北省各地、位于县、乡(镇)的小型重化企业和污染型轻工企业尤其是小化工、小橡胶、小革塑、小冶炼、小建材企业"。尽管党的十八大以来,生态文明建设被提到了前所未有的高度,对地方各级政府的考核也在破除唯地区生产总值的牢笼,但无论如何一地经济发展状况直接关乎地方利税、百姓就业,更进一步涉及地方经济社会生活的稳定,甚至政治稳定这一根本问题。同时,在体制上,地方各级公安机关是地方各级政府的组成部门,在人事上、财政上受地方政府领导。《公安机关组织管理条例》第三条规定,"县级以上地方人民政府公安机关在本

---

① 付薇.河北农村小作坊成污染爆表祸首:农民维生不愿淘汰[N].燕赵都市报,2014-01-08.

级人民政府领导下,负责本行政区域的公安工作,是本行政区域公安工作的领导、指挥机关"。地方公安机关不得不听命于地方政府,在环境监察和侦查领域,地方保护一直是一个屡治难改的难题。^① 环境督察是由垂直于地方政府的环保部门,甚至是中央直接组成的"环保督察组",乃至"巡视组"来开展工作的,地方保护尚且敢对抗,更遑论对于地方公安机关侦查活动造成的干扰。

(三)环保执法与刑事侦查程序衔接困难

前章已述及,生态环境保护领域的"两法衔接"难是打击环境犯罪举步维艰的关键问题所在,衔接难并不只是主观上的问题,也是体制上的客观问题。只要存在环境执法向环境犯罪侦查的移交和衔接,这个问题就必然存在。环保部门在执法中发现涉嫌犯罪再移交公安机关,必然导致办案周期长,延误侦查、取证时机。而生态环境保护部门按照行政处罚的相关证据规定收集的证据资料也必然难以满足刑事司法对刑事证据的要求。这些本书在相关部分会进行详细论述,此不展开。

六、环境犯罪侦查的完善

(一)侦查体制的完善

1. 最彻底的体制改革——赋予环保部门刑事侦查权

在刑事犯罪侦查上,当今世界各国有两种基本模式:一种是由一

---

① 　光明网评论员.破环保督察阻力根在破地方保护[EB/OL].(2017-05-29)[2018-10-11].http://guancha.gmw.cn/2017-05/29/content_24633647.htm;王硕.中央环保督察组怒斥:这7省市搞地方保护![N].新京报,2017-08-02.

个统一的侦查机构负责对所有犯罪的侦查,即所谓集中式侦查体制;另一种是将侦查权分散赋予不同的行政机构,即分散式侦查体制。这两种体制各有优缺点,集中式侦查体制最大的优点在于侦查力量集中、侦查效率高,有利于全国犯罪打击政策的统一实施,其缺陷在于专业性较弱,还会产生行政执法与刑事侦查的衔接困境。分散式侦查体制通过将侦查权赋予不同的行政执法部门,大大提高了侦查能力和专业性,但也会产生侦查力量分散、侦查机构之间协调配合不畅的问题。我国采取的是以集中式侦查为主,辅以极其有限的分散侦查为补充的模式。我国的公安机关负责对绝大多数普通刑事犯罪案件的侦查工作,只有贪污贿赂类犯罪、渎职类犯罪以及法律规定的其他职权类犯罪交由监察委员会和人民检察院侦查(监察委的犯罪调查)。对于环境犯罪、食品药品犯罪、金融证券犯罪、经济犯罪等专业领域的犯罪仍然由公安机关侦查,只是在公安机关内部设置相关专业侦查部门。我国的集中式侦查体制与我国公安机关的发展历史、人民民主专政的政治体制有很大关系,但并非不可以改革的。并且这种集中式侦查在专业化新型犯罪层出不穷的今天显得有些力所不逮,在实践中造成了很多问题,这些问题在本书其余部分已有阐述。其中最大的理论悖论即是行政执法机关已在前期进行了行政违法调查,如案件牵连犯罪,是否有必要人为增加一个行政执法向刑事犯罪侦查的移交? 因此,从根本上改革现有集中式侦查体制确有现实需要。

在环境治理走在世界前列的美国的环境犯罪侦查体制或许可以给我们一些借鉴。在美国纽约州,州环保局(DEC)是该州负责环境执法的机构,其职责包括环境行政许可、环境监测等我国环境保护部门的行政职权。此外,DEC 还拥有刑事侦查权,该项权力由州《环保法》(ECL)授予,《环保法》赋予 DEC 以实施强制侦查的权力,DEC 由两部分成员组成:着制服的环保执法人员(ECO)和环保便衣侦探(ECI),环保便衣侦探归环保调查局(BECI)管辖,其机构组成和职责与传统的警察相类似,都有正规的侦查部门以及相应的侦查职能。在环境犯罪领域,ECO的职责包括巡查、接受控告、实施拘留以及对环境违法行为的初查。ECO负责最初的案件受理,保护犯罪现场并收集初始信息和证据,然后由ECI负责进行长期的犯罪侦查,并负责把环境重罪移送起诉。ECO和ECI的衔接和配合工作如同美国制服警察与警局侦探的配合一样,比如在执行搜查任务时,着制服的ECO会负责犯罪现场保护和现场的安全保卫工作,而ECI则负责现场勘验、询问、讯问和其他证据提取工作。在执法区域上,ECO负责巡查按照社区划分的区域,为侦查提供基础信息;而ECI则负责整个市区的环境犯罪侦查工作。ECO和ECI的关系与我国公安机关内部的公安派出所和刑警队的关系类似,派出所负责犯罪现场的保护和案件最初线索的初查,刑警队负责进一步的侦查工作。这说明,ECO和ECI实际就是一个机构,因此它们可以形成合力,没有任何衔接障碍地打击环境犯罪。那么普通警察与环保警察的关系如何呢? 在纽约州,只有在所涉案件中有人死亡或者发现有制造违禁药物用的化学品,或者对公路货运进行检查的时候,州警察才会参与调查。在美国联邦,其环境犯罪侦查机构设置与纽约州基本类似,美国环保局(EPA)是美国联邦环境执法的主管部门,下设刑事调查部专门负责环境犯罪的侦查。[①]

借鉴美国环保警察体制,笔者建议对《刑事诉讼法》进行修改,赋予环境保护部门以有限的刑事犯罪侦查权。环保机关应具有对环境执法过程中发现的涉嫌刑事犯罪的环境损害行为进行立案侦查的权力,其侦查权能包括讯问、询问、勘验、检查、查询、扣押、冻结、鉴定、侦查实验。但涉及人身自由的刑事强制措施和严重侵犯公民财产权利

---

① 以上美国环境犯罪侦查体制参见黑斯克因斯.环境犯罪侦查[J].宫万路,译.江苏公安专科学校学报,1997(5):115-120.

的搜查措施,应由公安机关执行。此即所谓有限的刑事犯罪侦查权,其理由在于环保机关作为行政执法机关并不具有采取强制措施和进行搜查的能力。环保机关侦查终结的案件,直接根据管辖移送人民检察院审查起诉,其程序与公安机关移送程序相同。这种改革可以有效解决之前我们所讨论的所有现行体制弊端,但是涉及范围较广、难度较大、牵连面复杂。因此,笔者建议可择几个市县先行试点,以发现问题、健全制度,试点效果好可全国推行。

2.现行侦查体制下的改革

彻底的改革可能存在改革成本高、风险大等问题,那么在现行侦查体制内进行改革也不失为一种方案。但是这种改革也不能简单地在某一个公安机关内设部门加挂一块牌子、增加一个侦查职能了事,而应该针对前述问题,逐一进行制度设计。

(1)建立真正专业、专职的环境警察队伍

从世界范围来看,建立专业环境侦查队伍是一种趋势。我国目前虽然在大部分省(区、市)已经建立了专业的环境侦查机构,但这些机构大多附属于治安管理部门或与其合署,或者与食品药品侦查部门合署。并且,地方侦查机构在业务上归口公安部治安管理局领导,这实际上大大降低了环境犯罪侦查队伍的专业性,分散了他们的业务精力,也分散了专业软硬件的投入。既然环境犯罪是一个专业性极强的犯罪领域,那么就必须建立专司环境犯罪侦查的专业性队伍,让他们与其他公安职能分开,专注于环境犯罪侦查,专职于环境犯罪侦查。具体而言,在公安部设置环境犯罪侦查局,负责对全国环境犯罪的侦查领导、协调与指挥。在地方设置环境犯罪侦查署,直属于公安部环境犯罪侦查局;在环境犯罪侦查署下设置环境犯罪侦查分局,直属于环境犯罪侦查署。

（2）打破行政区划设立环境犯罪专业侦查机构

专业环境犯罪侦查队伍的设置不能一刀切，环境犯罪在全国的分布是不均衡的，这与我国产业转移的路径有着密切的关系。在那些环境犯罪较少的地区，没有必要设置专门的环境侦查机构。因此，环境犯罪专业侦查机构的设置应该打破行政区划。最彻底的改革应该打破省级行政区划设置环境犯罪侦查署，该署应该设置在非省会城市，管辖若干环境犯罪侦查分局，该分局亦应打破地市级行政区划。这样既可以应对环境犯罪分布不均衡的问题，也可以解决有限的资源投入专业化软硬件建设的问题，还可以解决地方对环境侦查的掣肘。

（3）环境犯罪侦查机构应实现中央统管

打破行政区划设置的专业环境侦查机构应该由公安部直接管辖，垂直管理，人事、财政、业务均独立于地方政府，这样可以有效解决地方政府过度干预环境犯罪侦查的问题，摆脱环保侦查难的困境。环境犯罪侦查的垂直管理，就是通过环境侦查权的上收，直接由中央统筹管理"人、财、物"，加强中央环境犯罪侦查部门对下级侦查机构的管理和监督，冲破地方保护主义的桎梏。另外，环境侦查的垂直管理也使侦查更有效率，下级环境侦查机构只需要对中央环境侦查部门负责，不再同时向地方政府汇报，提高了侦查效率。考虑到环境犯罪侦查的特殊性，以及环境保护垂直管理的经验教训，环境犯罪侦查机构不在地方各级政府设置，打破地方行政区划。

（4）打破行政区划设置的环境犯罪侦查机构与环境保护部门的协调

如本书前文所述，环境执法与环境侦查的衔接问题，根源在于环境执法部门没有侦查权，而环境侦查部门欠缺环境侦查专业能力。最为彻底的解决方案是赋予环境执法机构以刑事犯罪侦查权。但是这种改革成本过高，也与我国一贯的刑事侦查体制不相符。因此，如何确保环境执法与环境侦查的良性衔接是改革的核心要义。在环境犯罪侦查机构打破行政区划的垂直后,衔接会变得更为复杂。垂直管理的侦查虽然更有效率,也更专业,但是在案件线索来源上却可能存在管辖不明的问题。笔者建议,打破根据行政区划设置环境犯罪侦查机构的传统,在侦查署的设置上由一个环境侦查署领导几个省(区、市)的环境犯罪侦查,这几个省(区、市)的环境执法向刑事司法的过渡衔接都由该署受理,随后分配到下属各分局。也就是提高了环境执法向环境侦查移交案件的受理级别,这样可以有效解决立案难的问题。

(5)打破行政区划设置的环境犯罪侦查机构与检察、司法裁判的衔接

环境犯罪侦查署及下属侦查分局侦查终结的刑事案件由哪个检察院提起公诉、哪个法院进行审判,是侦查与检察、审判的衔接问题。依笔者设计,环境犯罪侦查分局应将案件移送分局所在地人民检察院提起公诉,由所在地人民法院审判。

(二)侦查取证思路的转变

目前我国的环境犯罪侦查人员大多是公安机关普通犯罪侦查人员转职,固有的普通犯罪侦查思路痕迹非常明显,在开展环境犯罪侦查中也暴露出了很多问题。因此,应当改变侦查取证思路,以应对特点鲜明的环境犯罪。

1.提高环境犯罪侦查的积极性、主动性

如前所述,环境犯罪的隐蔽性和证据不易收集的特点决定了环境犯罪侦查较之普通刑事犯罪必须更加积极、主动。再者,很多环境犯罪没有明确、具体的被害人,它不像普通刑事犯罪那样有具体的被害人要求惩罚犯罪并进行督促和监督。同时,由于环境犯罪的行为人要

么与受害者共享经济利益(如前文所述全村都是某个高污染小作坊的参与者,或者周围群众都是重污染企业的职工),要么具有强大的经济实力可以"拿钱封口补偿受害者",导致被害者自己追诉犯罪的意愿不强烈甚至反对追诉。加之环境犯罪行为人是技术掌握者、信息掌握者,他们在行为过程中会利用技术和信息优势对证据进行破坏和销毁。这些特点让环境犯罪呈现只有犯罪结果可查、犯罪行为证据不足的特点。这就要求环境犯罪侦查机关改变传统刑事犯罪的侦查策略,要积极、主动、提前介入。各地正在实施的环境执法与公安联动的机制正是这方面的努力,其中不乏一些创新之举,比如联席会制度。在信息技术高度发展的今天,环境执法与环境犯罪侦查的信息共享在技术上并不是困难的事情。当然,这种制度的落实确实需要排除很多障碍。

　　事实上,早在 2014 年,环境保护部与公安部联合下发了《关于加强环境保护与公安部门执法衔接配合工作的意见》,要求建立联动执法相关制度。各地随即开始了联合办案的司法实践,如北京市"'环保监察'和'环保警察'将联合办案"[①]、江西省"联合办案让环境污染犯罪嫌疑人无处遁形"[②]、天津市"天津环保与公检法联合办案机制延伸至区一级严打环境违法"[③]等。这些举措都取得了一定的效果,但是在"运动式治理"的背景下,还应该探索由法律制度解决联合办案的制度固化问题,形成固定的执法、侦查联动模式,而不能仅仅停留在办理严重的、影响大的案件上。另外,实践中并没有探索清楚的是:联合执法的主体是谁? 方向是什么? 目前的联合办案有两个方向:一个是环保

---

　　① 邓琦,王硕."环保监察"和"环保警察"将联合报案[N].新京报,2017-02-15.

　　② 周佳佳,李广水.联合办案让环境污染犯罪嫌疑人无处遁形[EB/OL].(2017-08-08)[2021-09-17].http://fz.jxnews.com.cn/system/2018/09/17/017126596.shtml.

　　③ 李晓玲.天津环保与公检法联合办案机制延伸至区一级严打环境违法[N].民主与法制时报,2018-04-19.

部门联合公安办案为保障环保执法的顺利进行;另一个是公安联合环保部门办案为保障刑事侦查的顺利进行。办案方向的不同,意味着联合办案的公安主体不同。环保部门联合公安执法,只需要联合治安部门即可,所适用的法律主要是《治安管理处罚法》,在《人民日报》记者的联合执法调研中明确指出了其中存在的问题:"公安机关单独执法依据并不充分,环保行政法规项目内容非常繁杂,且多为原则性条款,不能作为司法机关的处罚依据,也对公安、环保联合执法造成'掣肘'。"[①]这说明,至少在记者调研中,环保部门与公安联合执法的主要目的是方便"行政处罚"。公安联合环保部门办案的方向是为了侦查的及早介入,及时发现犯罪线索,并且在侦查过程中有环保专业人员辅助取证,能在很大程度上解决公安取证能力不足的问题。因此,非常有必要在制度上明确联合办案的基本原则:既要保障行政执法,更要侦查提前介入,联合办案的公安机关应该是环境犯罪侦查部门而不是派出所等治安管理部门。

尽管在法律规定的指导下,各地执法、司法实践部门已经开展了联合办案的尝试,并且也取得了一定成效,但仍然存在以下问题需要随着实践的深入逐渐破解:①细化联合办案的具体规则。比如在取证时,如何规范上述机关的职责范围以确保取证程序及结果的合理性。②确保联合执法形成固定机制。即通过上述意见将形成的制度在实践中广泛推行,强化公安与环保部门的沟通,形成固定的办案模式,而不仅仅是运用在重大案件的侦破上。

---

① 杨文明.联合执法,靠机构更靠机制(绿色焦点·环保、公安联动执法调研②)[N].人民日报,2014-02-15.

2.针对环境犯罪的特点,提高取证能力,注重快速检验

对于已经发生的环境犯罪,现场是危害结果发生地,而大多并不是犯罪行为发生地,这就需要侦查人员在取证时要侧重考虑危害结果倒推危害行为需要的证据锁链,从而建立两者之间的因果关系。在考虑危害行为与结果之间因果关系的同时,还需要对嫌疑人主观方面的证据加以收集。环境犯罪的证据收集,应当特别注意以下事项。

(1)多点取证

环境犯罪案件不同于普通刑事犯罪,环境损害区域广,分布不均,在采集污染样本时,应首先划定损害区域,多点取证,分别采样,并精确记录取证地点,建立污染数据地图,根据污染程度推测污染源,从而溯源而上,查清犯罪行为地、查获犯罪主体。在对损害区域取证的同时,要对邻近非损害区域空气、土壤、水等进行采样,以进行比对,并作为参照证据。对损害区域不仅要进行损害定性分析,还要进行损害定量分析,以确定损害程度、后果。

(2)快速取证、快速检验

环境犯罪案件证据的及时取得和及时检验非常重要,水流、空气流动都会导致证据性状发生变化,取证不及时就会导致证据提取不准确,甚至永远无法提取证据。而证据提取之后的快速检测对于环境犯罪的侦查也非常重要,快速检测意味着快速定性、快速确立侦查方向,有助于及时抓获犯罪嫌疑人

3.改革环境损害侦查鉴定制度,便利侦查取证

如上文所述,当前的环境损害鉴定存在很多妨碍侦查的因素,技术标准不统一、鉴定机构分布不均、鉴定耗时久、费用高等问题突出,这些都严重妨碍了环境犯罪侦查工作的顺利、及时、高质量完成。因此,从便利侦查取证的角度讲,环境损害鉴定制度改革势在必行。实

际上,我国现行关于司法鉴定的相关规定的主要出发点是为司法裁判工作服务,即是针对公安机关已然取得的移送检察机关向人民法院提起诉讼或者在民事、行政诉讼中提交法院的证据,对其中专门性问题进行的专家鉴定工作。因此,司法鉴定更注重的是公平公正,把鉴定效率放在次级考虑的地位。侦查鉴定不同于司法鉴定,虽然它同样要考虑公平公正问题,但由于其在随后的审查起诉、司法审判环节需要接受来自检察、审判机关的审查和来自当事人的监督,公平公正问题可以放在次级考虑。从另外一个角度讲,侦查活动调动一切可用之资源和力量,主要目的是快速侦破案件,查获犯罪嫌疑人、收集相关证据,在侦查阶段,效率是优先的。因此,对于普通刑事犯罪,我们可见在侦查机关内部设置法医、物证等侦查鉴定机构,他们是为侦查服务,或者说他们的工作是侦查活动的重要组成部分。而对于环境犯罪而言,前述环境犯罪的高度专业化壁垒,导致公安机关无法(实际也无必要)设置全面的、能够涵盖所有环境专业问题的内设鉴定机构。

当前环境损害专业事项(包括用于民事诉讼、行政诉讼的环境损害鉴定,也包括用于刑事诉讼的鉴定)的鉴定改革思路已然非常明朗,即通过第三方鉴定来解决,如前文所述及原环境保护部推荐的鉴定机构。其中问题也如前文叙述,非常明确。在需要同时满足行政执法、市场化评估、刑事司法需求的情况下,第三方鉴定必将是低效而成本高昂的,这于市场尚无大碍,但于刑事侦查尤其无法忍受。从前文推进环境损害鉴定工作的机关包括最高人民法院、最高人民检察院、司法部、原环境保护部,但并未包括公安部也可看出,该项工作重心仍旧是司法鉴定。笔者认为,根本性的改革思路是按照大区设置环保侦查署之后,在每个署设置环境侦查鉴定中心,选聘(调)该区多发环境犯罪的专业性问题的鉴定专家,负责该区环境犯罪侵害的侦查鉴定工作。由于每个侦查署所辖区域环境犯罪所涉问题不同,各个鉴定中心各有特色、各有侧重,若本署出现非本署擅长之问题可交由擅长之中心进行鉴定。若出现重大疑难问题,则由公安部环境犯罪侦查总局协调全国(乃至全世界)专家进行鉴定。这是根本之策,在未能依本书之建议成立大区制侦查机构之前,则有必要在制定和实施环境鉴定制度和规则时将公安部一并纳入主导部委,对第三方鉴定机构提出明确要求,专门设置为侦查服务的鉴定部门。当然,这种权宜之计最大的问题,还是将侦查信息(或有应当保密的内容)付之于非侦查机构,恐怕有碍侦查。第三条解决路径,也是依赖本书前文所提将侦查权部分赋予环境保护执法部门,而原环境保护部所推荐的大部分第三方鉴定机构都为各地环境保护厅局下属单位,由环保部门实施侦查,进行鉴定,有非常便利的地方。总之,必须建立环境犯罪的侦查鉴定体制,否则会严重影响侦查的效率。

(三)环境犯罪特殊侦查手段的使用

技术侦查是对公民基本权利(尤其是隐私权)侵犯最为严重的侦查手段,技术侦查通常用于对最严重的刑事犯罪的侦查,并要遵循必要性原则,即除非必要且经过严格的程序审查,不得动用技术侦查手段。而何为必要,通常认为是穷尽其他侦查手段仍无法侦破案件,非动用技术侦查不可。

那么根据我国现行法律规定,对环境犯罪是否可以适用技术侦查呢?

《刑事诉讼法》第一百五十条规定,"公安机关在立案后,对于危害国家安全犯罪、恐怖活动犯罪、黑社会性质的组织犯罪、重大毒品犯罪或者其他严重危害社会的犯罪案件,根据侦查犯罪的需要,经过严格的批准手续,可以采取技术侦查措施……追捕被通缉或者批准、决定逮捕的在逃的犯罪嫌疑人、被告人,经过批准,可以采取追捕所必需的技术侦查措施"。可见,技术侦查在刑事诉讼立法上包括三类:第一类是对于法律明确规定的严重犯罪;第二类是法定犯罪以外的其他严重危害社会的犯罪;第三类是抓捕需要。根据《公安机关办理刑事案件程序规定》第二百六十三条规定,"公安机关在立案后,根据侦查犯罪的需要,可以对下列严重危害社会的犯罪案件采取技术侦查措施……(五)其他严重危害社会的犯罪案件,依法可能判处七年以上有期徒刑的"。由此可见,环境犯罪虽未被纳入第一类法定的严重犯罪,但如依法可能判处七年以上有期徒刑,仍可适用技术侦查。另外,对于被通缉或者批准、决定逮捕的在逃环境犯罪的嫌疑人、被告人,亦可采取技术侦查措施。根据《公安机关办理刑事案件程序规定》第二百六十四条,技术侦查措施是指"记录监控、行踪监控、通信监控、场所监控等措施"。于环境犯罪本身的特殊性而言,技术侦查措施也确有必要,如前所述,环境犯罪的隐蔽性和反侦查手段并不亚于法定的严重犯罪。唯有一处,需要立法特别考量,即环境犯罪中单位犯罪的比例较高,对于单位实施危害环境的犯罪是否可以实施技术侦查,需要立法明确界定。根据现行立法精神,对于法定严重犯罪以外的其他犯罪实施技术侦查主要侧重于自然人犯罪,因此对何为严重犯罪以七年以上量刑为依据。有学者主张,鉴于环境犯罪的特殊性,"由于我们没有认识到环境犯罪相对于传统犯罪的重大差异,因此,对查办环境犯罪案件没有规定强有力的侦查措施和手段。在当前人们的环境意识不断增强,环境犯罪所带来的危害日益严重的背景下,为了更有效地实现对环境犯罪的防控与惩治,应在我国刑事法治中引入和确认特殊侦查手段"[①]。

---

① 赵星.论在环境犯罪防控中引入特殊侦查[J].法学论坛,2012(5):50-55.

七、基于环境犯罪专业化的侦查体制改革

人类司法制度史上与侵犯人身、财产利益作斗争的历史应该可以追溯到国家诞生伊始,甚至更早,对于这些领域的犯罪侦查,已经形成了专业的队伍、稳定的模式、先进的技术、完善的流程。然而,在人类历史中,环境犯罪却是一个新生事物,在西方也是 20 世纪中叶才出现的。20 世纪 60 年代之前,西方各国的刑法只针对一些具有经济价值和人类生存所必需的直接的环境要素做出规范,如饮用水、野生动物、森林等。[①] 20 世纪 60 年代之后,才将刑法保护范围扩大到土壤、大气、水体等生态环境的全要素。这种发展的推动力主要来自环境保护工业的发展,在这方面走在世界前列的是日本。日本 1967 年出台了《公害对策基本法》,1970 年颁行了《关于危害人体健康的公害犯罪制裁法》(即我们通常所说的《公害罪法》)。所以,人类与环境犯罪作斗争的历史到现在也只有 60 多年的时间,对于环境犯罪的认识还处于非常粗浅的阶段。环境犯罪与普通犯罪的诸多不同之处都导致了对其侦查也有着不同于普通犯罪的难度,而这会严重影响侦查的效率。

第一,侦查管理体制问题。基本上所有国家都存在中央与地方的分权问题,中央应保有最为强大的控制力,但地方也需要有一部分自主的权力。西方分散式侦查体制在中央与地方侦查权的划分上多体现出"二元化"的特点,即中央与地方侦查力量互不隶属,这种体制以美国最为典型。这种体制往往是联邦制国家中央与地方权力妥协的结果,对犯罪侦查造成了很多障碍,侦查效率低下。我国的公安队伍

---

① 张瑞幸,郭洁.环境犯罪的立法及其演进[J].江苏石油化工学院学报(社会科学版),2002(2):8-12.

实行的是"统一领导、分级管理"的体制,本意是既考虑集中力量侦破大案、要案,又考虑地方侦查便利的需要,需要分散作战的时候分散,需要集中大兵团作战的时候集中,又有分散又有集中。应该说,对于普通犯罪侦查,这种体制是卓有成效的。但是在面对环境犯罪的时候,就出现了问题。按照行政级别和区划设置的公安机关避免不了地方出于经济利益考虑的掣肘。由于特定政治风险事件以及学术界多年的反对,党的十八大以后,各级公安机关负责人不再由党委常委、政法委书记兼任。但为了确保公安力量在地方政治和社会治安稳定中的重要作用,目前由本级政府副职兼任公安机关负责人的做法比较普遍。这其实进一步加剧了公安机关在执法、侦查中要考虑地方经济社会发展的情况。

　　第二,环境犯罪的专业化和侦查的非专业化。环境犯罪不同于普通犯罪,它的背后往往有着强大的经济资源、科技力量,在很多情况下,环境领域的相关知识甚至垄断在污染者手中,这些知识即便是对任何一个环境专家而言都是有难度的甚至难以掌握的。换言之,有的时候,环境领域的专业知识掌握在环境侵害者手中。普通犯罪侦查的行家——犯罪侦查机构,在环境犯罪面前束手无策。那么,壮大侦查队伍、加强侦查科技能力,是不是最好的解决方案呢? 本章我们看到几乎所有的省(区、市)都建立起了"专业"的环境侦查队伍,但我们对他们的侦查能力存疑。因为这些侦查队伍一方面不是环境领域的专业人士,他们大多来自治安管理部门;另一方面他们并不掌握环境专业知识。在环境犯罪侦查中新建高科技的侦查技术系统的可能性目前来看是微乎其微的,其根本原因在于环境犯罪所涉专业领域包罗万象,并不像建立法医室以及物证检验室那样只要投入一定的经费即可,环境犯罪侦查技术的投入简直是无底洞。生产者是投入数以亿计的金钱在研究技术,侦查投入根本没有这个可能,这是一场不对称的

"战争"。此外，如前文所述，环境犯罪的数量太少，也使这种投入欠缺必要性。也许正是基于这种考虑，我国的环境侦查队伍虽然都有了"专业化"的名头，但是并不具有专业化的能力。对于一个国家而言，将其与其他机构合署也是不得不的选择，否则是对警察资源的浪费。而这几乎是一个恶性循环，我们看到很多环境侦查机构是与治安合署、与食药监犯罪侦查合署，侦查职能越来越多，导致他们在哪个领域也不专业。

第三，侦查鉴定问题。环境犯罪侦查力量的非专业化或许可以通过技术鉴定问题来解决，即侦查中的技术难题不由侦查机关自己的技术力量来解决，而是由专业的鉴定力量完成。这是个不错的思路，即分工配合，谁擅长谁做。但其中问题也很突出：第三方鉴定机构并非司法机关，由他们介入尚在侦查阶段的工作是否会产生公正性的问题、是否会妨碍侦查是存疑的。出于侦查效率、公正等的考虑，侦查秘密原则是侦查活动的一项基本原则。非司法机构知悉的侦查秘密应该建立何种机制确保不泄密？又应该建立何种监督体系对非司法机构进行监督以免其与具有强大经济实力的嫌疑人发生不当关系？这似乎是为了解决一个问题又制造了更多、更难的问题。即便以上思路可行，我国的环境鉴定机构也并没有准备好。

基于以上考虑，笔者在本章提出了相应建议，即改革侦查体制，在环境犯罪这一特殊的领域，实行集中侦查，设立跨行政区的环境犯罪专业侦查机构，这样既能够摆脱地方的干预，又能够集中人力、物力、财力建设专业化队伍和技术，同时也能解决环境犯罪数量相对于环境专业侦查力量不足的问题。

第四章　环境犯罪的起诉机制

一、对环境犯罪的起诉是环境刑事政策的集中反映

无论是被称为起诉法定主义抑或是起诉便宜主义,起诉裁量权在世界任何一个国家都是存在的。无论起诉权是否具有司法权的性质,本质上起诉权都更偏向于行政权(在此,笔者无意纠缠于起诉权的性质,但无论主张司法权还是主张行政权的都得承认起诉权的行使具有行政特点)。相对于保守的审判权来讲,检察院的起诉权更倾向于贯彻行政政策,这无论在英美法系还是大陆法系国家都是相同的。只要存在起诉裁量权,这种裁量权就会被作为贯彻刑事政策的工具所使用。在我国,起诉裁量权也是如此。2012 年进入《刑事诉讼法》的附条件不起诉制度反映了我国对青少年犯罪的政策,2018 年进入《刑事诉讼法》的认罪认罚从宽制度则是宽严相济刑事政策的最好注解。当然,只要有裁量权就会有滥用,这种滥用实际并未引起我国立法、司法乃至理论研究者的关注。我国的刑事诉讼研究目前重点集中于"为正当目的而使用不正当的手段"的研究上,很少关注到"为不正当目的而

使用正当手段"的问题。实际上后者对法治的破坏力更大,如果说前者是对法治大厦墙体的破坏的话,那么后者是对法治根基的破坏,而且一旦破坏就很难修复,它会导致政权根基的稳固出现问题。

二、我国环境犯罪起诉状况

如前文所述,我国早在 1997 年即在《刑法》中增设"破坏环境资源保护罪"专节,将严重的环境污染行为入罪,2011 年《刑法修正案(八)》又通过将原"重大环境污染事故罪"改为"污染环境罪",扩大了入刑的行为范围,降低了入罪门槛,以期望借此加大对环境污染犯罪行为的打击力度,扭转环境污染恶化的局面。

据最高人民法院 2017 年发布的《中国环境司法发展报告(2015—2017)》,2011 年以前,虽然我国已经确定了对严重污染环境行为进行入罪化处理的刑事政策,但在司法实践中,刑事案例极少,基本上处于零判决状态。数据显示,2012 年全国污染环境罪案件数量为 1 件;2014 年骤增至 801 件;2015 年和 2016 年全国污染环境罪案件数量分别为 714、775 件。该报告同时指出,2015—2017 年,有 15 个省(区、市)污染环境罪的案件数为个位数,有七个省(区、市)数据为 0。据最高人民法院工作报告,2015 年,全国法院"审结污染环境、破坏资源等犯罪案件 1.9 万件";2016 年"各级法院审结一审环境资源案件 13.3万件"。据最高人民检察院向全国人大作的工作报告,2015 年,"起诉污染环境、非法采矿、盗伐滥伐林木等破坏环境资源犯罪 27101 人";2016 年,"起诉破坏环境资源犯罪 29173 人"。

笔者之所以罗列上述数据,是因为由于统计口径不一致,对于环境犯罪的刑事追诉情况并不能得到一个精确数字。但可以得出一个基本结论:2015 年和 2016 年,污染环境犯罪案件在全国仍然公诉不多、审判较少,最高人民法院、最高人民检察院将环境污染与破坏资源犯罪放在一起统计,而以上数据表明,最高人民法院、最高人民检察院工作报告中提到的案件数量和起诉人数绝大多数是破坏资源犯罪,污染环境犯罪案件非常少。如最高人民法院在报告中提到的,2015—2017 年,15 个省(区、市)污染环境罪案件个位数,七个省(区、市)为 0。这些数据背后的问题也很明确:污染环境犯罪的案件与我们的经验认知并不相符,似乎并没有那么多的污染环境犯罪案件。但事实真的如此吗? 2019 年全国检察长会议透露:"2018 年,全国检察机关起诉污染环境犯罪 6000 余人。"[①]我们看到随着环境问题在中国越来越受重视,环境犯罪的起诉数量在增长。在学术界,环境犯罪的起诉长期未受到足够的关注,学者们似乎并没有觉得对环境犯罪的起诉与对其他普通刑事犯罪的起诉有何不同。从基本理论来看确实如此,但需要指出的是,环境犯罪的起诉较之其他普通犯罪政策性更强。这一点从前面这些数据中能够看得很清楚。污染环境入罪是 20 世纪的事情,2011 年降低入罪门槛、扩大入刑范围,但一直到 2015 年,污染环境犯罪的起诉在全国极少,之后出现突然性剧增,其根本原因是党的十八大之后,对生态环境治理的关注提高到了"五位一体"的国家核心战略层面,中央的政策直接影响环境犯罪的起诉比例。还需要指出的是,环境犯罪的起诉不仅会受到中央政策的影响,也会受到地方政策的影响。尤其在当前新旧动能转换,经济提速换挡的特殊时期,各地根据自身经济发展所处的阶段和经济发展的比较优势,对环境污染行为的忍受度是不同的。从经济发达地区转移出来的资本密集型产业向其他经济欠发达地区转移,那么后者对环境污染的忍受度就要大大高于

---

① 姜波.2018 年起诉金融领域、污染环境犯罪 3.8 万余人[N].检察日报,2019-01-18.

前者。

由于起诉裁量权的存在,刑事起诉是贯彻刑事政策最为直接的环节,因此对环境犯罪起诉的研究实际上能够反映环境犯罪追诉中存在的问题。

三、环境犯罪刑事自诉

(一)环境犯罪案件是否存在刑事自诉

《刑事诉讼法》规定了三种自诉案件,即告诉才处理的案件;被告人有证据证明的轻微刑事案件;被害人有证据证明对被告人侵犯自己人身、财产权利的行为应当依法追究刑事责任,而公安机关或者人民检察院不予追究被告人刑事责任的案件(公诉转自诉的案件)。立法对前两类案件的范围做出了明确的限定,即第一类包括侮辱、诽谤罪,暴力干涉婚姻自由罪,虐待罪,侵占罪;第二类包括故意伤害案,非法侵入住宅案,侵犯通信自由案,重婚案,遗弃案,生产、销售伪劣商品案(但是严重危害社会秩序和国家利益的除外),侵犯知识产权案(但是严重危害社会秩序和国家利益除外),属于《刑法》第二编第四章、第五章规定的,对被告人可能判处三年有期徒刑以下刑罚的案件。我们可以明确,这两类案件都没有包括污染环境案。那么第三类公诉转自诉的案件是否包括呢?根据法律的表述此类案件的前提有三:第一,被害人有证据证明应当追究侵害人的刑事责任;第二,追诉机关不予追诉;第三,该犯罪行为必须是侵犯了被害人的人身权利或者财产权利。第一和第二都是程序要件,第三是实体要件,问题就在于环境犯罪究竟是否侵犯了被害人人身权利和财产权利呢?

《刑法》第二编将犯罪分为十种类别,侵犯人身权利和侵犯财产权利分别被规定在第四章、第五章,而污染环境犯罪被规定在第六章"妨害社会管理秩序罪"当中。公诉转自诉案件要求必须证明环境犯罪中是存在对公民人身权利和财产权利的侵犯的,其立法本意是第四章、第五章的章罪名还是犯罪行为呢? 立法并没有明确,迄今为止也未见环境犯罪刑事自诉案件的案例。从公诉转自诉制度设立的本意来讲,"国家从法律层面上增设公诉转自诉制度,旨在解决'告状难'的问题"①,为了解决被害人遭受犯罪侵害但追诉机关不予追诉的告状无门的问题,本质上是对刑事追诉裁量权的限制。由此出发,该类犯罪应该并不限于第四章、第五章的犯罪,只要犯罪行为造成了对公民人身权利和财产权利的侵害即可。所以,环境犯罪案件应该可以自诉,但只能在公安司法机关依法作出不追诉的决定之后才可以提起。

(二)环境犯罪刑事自诉的实质不可能

2012 年修正《刑事诉讼法》增加公诉转自诉制度之后,在理论和实务部门引起了非常大的争议。这是一项中国独有的制度,尽管立法本意良好,但在实践中的适用并不尽如人意。对于整个公诉转自诉案件而言,自诉成功的本就非常罕见,其主要原因包括:①对犯罪举证困难。《刑事诉讼法》要求自诉的前提是被害人要有证据证明犯罪事实,否则法院即会说服自诉人撤回自诉或者以裁定驳回起诉。就被害人而言,对本应属于公诉案件的刑事犯罪自行调查取证,不仅能力不足,而且《刑事诉讼法》对个人自行调查取证实际是不许可的,律师调查取证又受到种种限制。另外,此时案件主要证据实际掌握在公安、检察机关手中,他们对案件进行初查、侦查、审查起诉之后作出了不予追诉

---

① 罗书平,冯伟. 公诉转自诉案件的适用范围及立案条件[J]. 人民司法(案例),2018(20):59-61.

的决定(不立案、不起诉或者撤销案件)。根据《刑事诉讼法》的规定,这些证据要在法院受理自诉案件之后才会由检察机关移送人民法院。这就形成了一个死结:被害人无法提供证据的原因是公安司法机关不予追究刑事责任,而之所以要设立这个制度的初衷恰恰是为了制约这种权力,避免滥用。②对不予追究举证也不容易。按照《刑事诉讼法》的规定,自诉人不仅要证明存在该犯罪行为且需要被追究刑事责任,而且要证明公安司法机关已经作出了不予追究的决定,于是不予立案、撤销案件的通知书、不起诉决定书是否送达被害人就非常重要。按照《刑事诉讼法》的规定,除不起诉决定书明确规定应当送达被害人以外,不立案、撤销案件的决定并没有规定需要送达被害人,法律的用语是"通知",那么这个"通知"就可以是书面的,也可以是口头的。这就导致很多案件中,公诉转自诉的程序要件成了提起自诉的障碍。

以上是对普通刑事案件而言,环境犯罪的自诉较之普通刑事犯罪更为困难。因为,一是环境犯罪的举证比普通刑事案件更难,如前所述,环境犯罪的举证对于有专业力量、专司侦查的公安机关就已经非常困难,对于被害人个人而言更为困难;二是此时的证据不仅仅掌握在公安、检察机关手中,也掌握在环境行政执法机关手中,自诉人取得证据的可能性几乎没有;三是较之普通刑事犯罪,环境犯罪自诉对于不予追究文件的取得更为困难。

(三)环境犯罪刑事自诉的改造

对于公诉转自诉制度,学术界的主流声音是取消,以对追诉权的司法审查制度或者强制起诉制度取而代之。笔者认为,公诉转自诉制度是否取消是一个待讨论的问题,但环境犯罪的刑事自诉制度应该予以明确保留。

刑事自诉制度是弹劾式诉讼的一种遗留,其存在也确实有着独特的意义。被害人保留追究侵害人的权利,这是作为被害人天然应有的权利。尽管国家出现之后,被害人让渡了部分追诉权给国家,以确保刑事追诉的公正、高效和社会秩序的安定,但各国普遍保留了部分权利给被害人,以备国家未履行其义务时使用。理论上,这种权利并不需要待国家明确作出不追诉决定后方可行使。当然,为避免滥用,刑事自诉权的行使应被限定在较小的范围之内,这也是合理的制度安排。在我国,告诉才处理的案件和被害人有证据证明的轻微刑事案件都属于刑法谦抑性的范畴,只要被害人不究,就没有必要对那些轻微的刑事案件普遍适用刑罚。环境犯罪与这些轻微的刑事案件不同,对环境犯罪的追诉隐含着国家对生态环境利益的高度重视,因其已不仅仅是对某个特定被害人的侵害,更是对全人类利益的侵害,对环境犯罪容忍度应更低。另外,环境侵害行为因牵涉利益太多而更容易产生"犯罪黑数",更容易被隐藏和遮盖,这就需要多元机制形成合力。环境侵权之诉、环境公益民事诉讼和行政诉讼的存在也有此意,环境犯罪追诉方面也应有相应制度。因此,笔者主张立法应明确确认将环境领域的犯罪作为自诉案件之独立一种。在西方国家,公民个人拥有对环境犯罪的起诉权也是常见,法国、西班牙、葡萄牙、奥地利、比利时、芬兰等国都赋予了公民这种权利。[①] 在具体制度设计上,至少应该关注以下几个方面。

1. 为避免自诉权的滥用应建立"禁止双重起诉"起诉制度

针对同一环境侵害行为,只能提起一个刑事指控,或者为公诉,或者为自诉,已经提起公诉或者正在刑事司法程序中的案件不能提起自

---

① 福尔,海因. 欧盟为保护生态动刑:欧盟各国环境刑事执法报告[M]. 徐平,张浩,何茂桥,译. 北京:中央编译出版社,2009:10-11.

诉。已经存在针对该行为刑事自诉的,不能提起新的自诉,但新的自诉人可以作为共同自诉人参加诉讼。

2.自诉权的行使应在行政执法行为之后

若该侵害行为正在环境行政执法程序中,则自诉人的起诉不被受理或者在诉讼中被告人以此抗辩的,案件应中止审理,待行政执法程序终结后再决定是否受理或者继续审理。若案件被环境行政执法机关移送公安机关立案侦查,则需进一步等待是否提起公诉的决定。

3.需建立自诉转公诉制度

"自诉转公诉是指对法律规定被害人享有自诉权的案件,由于某种原因致使自诉机制出现障碍,自诉没有启动或者启动后无法继续推进时,公安或检察机关在一定条件下对案件提起公诉或接管诉讼,从而使案件由自诉转为公诉,按照公诉程序进行处理的一种诉讼制度。"①这种制度在英国、德国等国家都有明确规定,并运转良好,其本意有二:

一是为了公益,如《德国刑事诉讼法典》第 367 条规定,对于八类特定自诉案件,检察院认为符合公共利益时,有权提起公诉。英国《1985 年犯罪起诉法》第 3 条规定,检察机关对于任何个人或公共部门提起的自诉案件,均可依职权参加并随时接管,只要他们认为案件的重要性和难度表明由他们提起诉讼或接管追诉是适当的。②

二是为了监督刑事公诉权,由自诉引发强制起诉制度。《德国刑事诉讼法典》第 377 条规定,法院认为应当由检察官接管追诉时,向他移送案卷,检察官可以在判决发生法律效力前的任何程序阶段以明确

---

① 兰跃军.自诉转公诉问题思考[J].中国刑事法杂志,2008(6):3-12.
② 兰跃军.自诉转公诉问题思考[J].中国刑事法杂志,2008(6):3-12.

的声明接管追诉。[①]

　　而这两个出发点,都是环境犯罪自诉追求的目标。

四、环境犯罪的附条件不起诉制度

　　环境侵害行为入刑的初衷是什么? 与所有刑法所禁止之行为一样,刑罚的存在绝不仅仅是(甚至在今天已经主要不是)为了惩罚,刑罚的目的毫无疑问主要是预防犯罪。我们之所以将严重的环境侵害行为入刑,其出发点也是预防和减少此类犯罪的发生。环境侵害行为一旦发生,对生态环境造成的损害实际上是再严厉的刑罚也难以恢复的。因此,环境犯罪的追诉决不能以打击为目标,"使'污染者闻风丧胆'的环境法绝不是一部良法"[②]。生态破坏的恢复是环境司法需要考量的重要因素之一。

(一)恢复性司法理念在环境司法中的兴起

　　恢复性司法是 20 世纪后期在西方萌芽并发展起来的一种刑事司法理念,是在对刑罚的目的和作用进行反思的基础上产生的司法理念,其核心要旨在于:犯罪已然破坏了社会秩序和人与人之间的关系,那么司法的功能就不能仅仅是实施刑罚,还应该考虑如何促进犯罪人的再社会化、降低再犯率、修复被破坏的社会关系。这种理念得到了西方大多数国家的响应。2000 年以后,我国理论界开始关注恢复性司法,并在实务部门开展应用。恢复性司法在西方最初被适用于未成

---

　　① 德国刑事诉讼法典[M].李昌珂,译.北京:中国政法大学出版社,1995:138.
　　② 柯坚.环境法的生态实践理性原理[M].北京:中国社会科学出版社,2012:4.

年人犯罪、社会化的刑罚执行方式、刑事和解等,后来各国发现环境犯罪的领域更加符合恢复性司法追求的目标,于是巴西、荷兰、法国、加拿大、美国、俄罗斯等国都在环境犯罪的有关立法和司法中贯彻了恢复性司法的理念。在"美国诉卡迪尼尔"案中,被告同意接受一年有条件的缓刑,条件是在缓刑期间被告负责把因该公司倾倒约 17 万升磷酸而被毁坏的沼池恢复原状,对雇员进行环境法知识培训。[①] 在"埃克森轮油污案"(美国诉埃克森案)中,埃克森美孚公司因为违反了《清洁水法》《候鸟条约法》和《垃圾处理法》,被刑事起诉,公司先"与阿拉斯加州政府和美国联邦政府达成协议,支付了近 10 亿美元用于野生动物栖息地重建等环境恢复计划;然后又支付了超过 20 亿美元的清理费,向 1 万多名渔民和土地所有人支付了 5.07 亿美元的经济赔偿。后来,埃克森美孚公司被法院处以 1.25 亿美元的罚金,其中一部分用于北美湿地保护基金,保护阿拉斯加地区的生态资源;另外一部分由埃克森美孚公司和运送原油的航运公司连带支付,专门用于修复石油泄漏破坏的环境"[②]。

我国一些地方也开始逐步探索带有恢复性司法性质的刑事责任承担方式,主要是在判处刑罚的同时要求被告人承担恢复与修复环境的责任。由此产生了一个新的概念——环境修复性司法,"它是指通过司法裁判,责令损害生态环境的责任人对损害的生态环境进行有效修复,使生态系统恢复到损害之前水平或者让生态保持平衡"[③]。《人民法院报》同时提到了这样一个案例,"2017 年 8 月 31 日,熊某与王某在湖南省望城区蔡家洲至洪家洲段的湘江水域用电鱼竿非法捕鱼

---

① 付立忠.环境刑法学[M].北京:中国方正出版社,2001:250.
② 靳婷.从英国石油公司墨西哥湾漏油事件看美国环境刑事责任的追究机制[J].中国检察官,2010(12):75-77.
③ 张智全.让修复性司法助力生态环境保护[N].人民法院报,2018-06-08.

17.48 千克。近日,长沙市望城区人民法院一审判决被告人熊某有期徒刑一年,并与被告人王某共同承担破坏渔业生态环境和渔业资源的修复责任,要求其在电鱼水域投放总重量不少于 600 千克的鱼种"①。在福建省,全省法院审理毁林案件适用"补种复绿"的责任方式,发出"补植令""管护令"等 500 余份,责令涉林刑事被告人补种、管护林木面积 4000 余万平方米。② 应该说,这种"修复性司法"是一种刑事责任的承担方式,是在刑罚之外附加了一种环境修复的责任。这种责任方式当然体现了恢复性司法的理念,它的作用如同社区矫正一样,是刑事责任承担方式的变革。但这仍不足够,因为相较于在司法前端贯彻恢复性司法而言,在判决中体现恢复性司法对于被告人恢复性行为的动力是弱很多的。"美国诉卡迪尼尔"案即是典型的前端适用,也就是在辩诉交易时,即将承担恢复环境之责任作为交易条件,为争取缓刑,卡迪尼尔必须接受该条件。这种方式,较之量刑时附加修复责任更为有效。

(二)附条件不起诉制度的作用

"附条件不起诉,是指检察机关对某些符合提起公诉条件的犯罪嫌疑人,综合考量其犯罪情节、主观恶性、公共利益等因素,设置一定的考验期,要求嫌疑人履行一定的义务,若其在考验期内履行相关义务并未出现法定撤销情形,考验期满检察机关将不再对其提起公诉,否则将对其提起公诉的制度。"③附条件不起诉是在德国和日本发展成熟的一项含有恢复性司法意义的制度,在德国称之为"暂时的不予起

---

① 张智全.让修复性司法助力生态环境保护[N].人民法院报,2018-06-08.
② 邓晓东.论生态恢复裁判方式的法制化:以赎刑制度的后现代改造为视角[J].福建师范大学学报(哲学社会科学版),2015(2):8-14,166.
③ 李珣,张武举.未成年人刑事案件附条件不起诉制度的理论和实践[J].重庆工商大学学报(社会科学版),2013(6):99-102.

诉",日本称之为"起诉犹豫"。2012 年《刑事诉讼法》修正后,我国也正式确立了未成年人刑事案件的附条件不起诉制度,适用该制度的犯罪嫌疑人须满足以下实体要件:①是未成年人;②主观上确有悔罪;③只适用于涉嫌《刑法》第二编第四章、第五章、第六章规定的犯罪,可能被判处一年有期徒刑以下刑罚且符合起诉条件的犯罪。不起诉决定的附加条件是未成年犯罪嫌疑人在六个月到一年的考验期内遵守法定义务。适用该制度程序上由检察机关考察未成年犯罪嫌疑人在考验期的表现,并以此决定是否起诉。

　　附条件不起诉制度是起诉便宜主义的一种表现,无论是日本还是德国,在最初确立"起诉犹豫"和"暂时的不予起诉"制度的时候,其出发点都是出于对诉讼经济的考虑,出于提高诉讼效率(益)的目的。日本是因为明治时代,"刑事裁判的运营和监狱的维持所需费用,在财政上是一个沉重的负担,于是就产生了尽量减少囚犯人数的要求和设想"[①]。而德国"应归因于自 20 世纪 60 年代开始出现的犯罪现象的变化。犯罪数量的大幅度增长,大量的普通刑事犯罪(其中有一部分为'轻微犯罪')的出现,在 20 世纪 60 年代就给刑事追究、刑事司法和刑罚的执行加重了很大的负担"[②]。这种制度的实施让人们发现它还有其他一些价值,而这些价值甚至超过了设置的初衷。尤其是该制度通过附加一定的条件促成恢复性司法目标的实现,"使犯有轻罪的人以自己的悔改态度和积极表现重返社会,特别是使其中的青少年犯、偶犯、初犯、过失犯、胁从犯等不至于被贴上罪犯的标签,有利于他们洗心革面,不再犯罪。从这个意义上言之,附条件不起诉有利于被害

---

① 西原春夫.日本刑事法的形成与特色——日本法学家论日本刑事法[M].李海东,等译.北京:法律出版社,东京:成文堂联合出版社,1997:154.

② 阿尔布莱希特.刑事诉讼中的变通政策以及检察官在法庭审理开始前的作用[M]//陈光中,江伟.诉讼法论丛(第 3 卷).北京:法律出版社,1999:204.

人、加害者个人,也有利于公共利益"①。

附条件不起诉制度的最核心要义在于,起诉某些犯罪(大多为轻微犯罪)给社会、被害人带来的"收益"要远远小于不起诉,只要被告人能够履行一定的义务(即赔偿被害人、通过特定的方式补偿社会,并且真诚悔罪、回归社会),那么,鼓励被告人履行特定义务的"收益"更大。因此,附条件不起诉不应仅限于青少年犯罪。我国在建立附条件不起诉制度的时候,采取了非常审慎的态度,为避免任意"出罪",将其限定在最为狭窄的范围之内,即未成年人涉嫌《刑法》第二编第四章、第五章、第六章规定的犯罪且可能判处一年以下有期徒刑,确有悔罪表现的。笔者认为,附条件不起诉制度如在环境犯罪中适用,亦可以实现前述意义。

一个经济主体在其生产、经营活动中涉嫌污染环境的犯罪,我们究竟是选择追究责任人的刑事责任并附加罚金或者附加恢复环境的责任,还是选择在其赔偿了被害人、恢复环境之后不予起诉让其继续合法生产更为合适呢?对于很多违法企业来说,追究刑事责任,往往意味着企业生产经营活动会受到严重影响,甚至破产、倒闭。2014年腾格里沙漠大规模排污案件震惊全国,"2015年4月30日,宁夏中卫市沙坡头区人民法院对宁夏明盛染化有限公司污染环境案作出一审判决,被告单位宁夏明盛染化有限公司犯污染环境罪,被处罚金500万元,公司法定代表人廉某某犯污染环境罪被判处有期徒刑一年六个月,缓刑两年,并处罚金5万元"②。该企业原厂也在案发后被"永久性关停"③。我们需要注意的是,该企业安排的就业岗位有380多个。该案虽已尘埃落定,但在2019年底却继续牵连出更大的案件,腾格里沙

---

① 陈光中,张建伟.附条件不起诉:检察裁量权的新发展[J].人民检察,2006(7):5-9.
② 郝帅.让污染企业破产是终极目的吗?[N].中国企业报,2015-06-29.
③ 余柄光.宁夏明盛染化有限公司原厂被关停[N].新消息报,2014-09-08.

漠因仍然存在非法排污受到中央环保督察组和媒体的关注，这次涉事企业体量更大，是"西部地区最大的造纸企业，工人最多时达到1万多人"①。仔细分析，宁夏明盛染化有限公司污染案件的判罚实际存在较大风险，对一个"国内外规模最大、生产工艺技术和装备最先进、安全环保设施完备的精细化工产品——深蓝还原物（2-氨基-4-乙酰氨基苯甲醚、3-氨基-4-甲氧基乙酰苯胺）的专业生产企业"②（总投资超过4亿元）罚款人民币500万元，对公司法定代表人判处缓刑并处罚金5万元，公司是否会在该判罚后"洗心革面"，投入巨资恢复环境呢？

　　这其实就是附条件不起诉制度应适用于污染环境犯罪的意义所在。对于符合法定条件的污染环境案件，如被告人能够履行赔偿和修复环境的义务，则可以在履行完义务后不起诉，不再追究其刑事责任，那么被告人将更有动力去履行义务以避免刑事追诉，同时也将对企业的正常生产经营的影响降到最低。

（三）污染环境犯罪附条件不起诉的制度设计

1.适用范围

　　显然，并非所有污染环境的犯罪都适用附条件不起诉。在美国，暂缓起诉不适用于以下公司犯罪行为：①造成严重的环境损害或者公共健康影响的行为；②欺诈或者误导的经营行为；③脱离管制体系外

---

　　①　欧阳西子.腾格里沙漠180亩地被污染：5万吨废物隐瞒20年涉事企业已破产[EB/OL].(2019-11-12)[2019-11-25]. https://finance. sina. cn/roll/2019-11/12/doc-iihnzhfy8773896. shtml.

　　②　宁夏明盛染化有限公司.公司简介[EB/OL].(2017-04-02)[2019-11-25]. http://nxmsrh. isitestar. cn/page144.

的经营行为;④重复违法行为。^① 从社会危害性、主观恶性、可改造性等方面出发排除不适用的犯罪行为,这对于我国构建环境犯罪附条件不起诉制度有着很大的借鉴意义。笔者认为,我国的环境犯罪附条件不起诉应排除以下犯罪行为。

(1)严重污染犯罪

若污染环境的行为造成了极其严重的后果,造成重大人员伤亡或者巨额财产损失,或者案件影响巨大,或者对环境造成的污染是不可恢复的或恢复环境的代价超过非法营利所得,则排除适用不起诉。此时,对行为人刑事责任的追究意义已经超出了恢复环境的意义,警示、惩罚的价值更大,这种情形必须严厉追诉。当然,立法也可以简化为以可能的量刑为标准,如责任人可能被判处三年以上有期徒刑的情况排除适用不起诉。

(2)恶意实施污染环境的行为

污染环境犯罪的主观方面一直是刑法学界争论不休的难题,至今也未有统一意见。从西方立法的趋势来看,似乎有"明知山有虎不向虎山行"的趋势:为回避环境犯罪主观方面认定的难题,干脆抛弃主观方面,实施严格责任。若从污染环境行为对人类造成的严重后果来看,这种严格责任似乎也有其道理,也是英国、澳大利亚、美国、新加坡等国的立法例。但对于附条件不起诉而言,主观方面则是不可忽视的因素。若单纯看《刑法》第三百三十八条规定,"违反国家规定,排放、倾倒或者处置有放射性的废物、含传染病病原体的废物、有毒物质或者其他有害物质,严重污染环境的,处三年以下有期徒刑或者拘役,并

———

① David M. Uhlmann. Environmental crime comes of age: The evolution of criminal enforcement in the environmental regulatory scheme[J]. Utah Law Review,2009(4):1223-1252. 转引自邓可祝.威慑下的合作:公司环境犯罪附条件不起诉制度[J].南京工业大学学报(社会科学版),2018(3):51-59,67.

处或者单处罚金;情节严重的,处三年以上七年以下有期徒刑,并处罚金",其主观罪责上靠近"严格责任",即无所谓故意或过失,只要违反规定实施了排放行为即构成犯罪。但在量刑上却采取了过失犯罪的体例,"处三年以下有期徒刑或者拘役,并处或者单处罚金;情节严重的,处三年以上七年以下有期徒刑,并处罚金"。这是"我国立法者对所有造成重大事故的过失犯罪所采用的通用立法原则"①。当然,污染环境罪显然不仅是过失犯。按照我国刑法理论对主观方面的描述,主观是一种对危害结果希望或者放任的心理态度,若是希望则是直接故意,若是放任则是间接故意。大部分污染环境的犯罪都是为了追求经济效益或者其他结果,放任了对环境的污染,是一种间接故意。那么污染环境罪是否有直接故意呢? 并不排除存在这种情况,比如为泄愤故意倾倒废水造成环境污染。也有观点将此种行为定性为投放危险物质,实践中也确实有以此定罪的案例。"1988 年曹某承包了江苏省张家港市港口乡泗安村一家濒临倒闭的村办小厂——向阳化工厂,为了牟取暴利,曹某故意派人向当地水体中广泛抛扔含剧毒化学物品氰,后曹某被法院以投毒罪判处死缓。"②实际是将其按照想象竞合犯的理论对待。诚然,对于直接故意倾倒有毒有害的物质达到危害公共安全程度的行为以投放危险物质认定是可以的,但直接故意污染环境却未必能够达到危害公共安全的程度。因此,并不能排除直接故意污染环境的行为按污染环境罪论处的情况。对于此种犯罪,由于其行为的恶意而不应适用附条件不起诉。

(3)非法经营行为

在我国,污染环境犯罪是作为"妨害社会管理秩序罪"来看待的,即立法上以其行为破坏了国家环境管理秩序为主要客体,破坏生态法

---

① 张绍谦.论重大环境污染事故罪主观方面的两个基本问题[J].中州学刊,2009(3):106-109.
② 张绍谦.论重大环境污染事故罪主观方面的两个基本问题[J].中州学刊,2009(3):106-109.

益则被放在其次。其目的或在告知社会,生产经营活动凡涉可能污染环境的,都必须纳入国家环境监管体系。那么,明知未取得环境许可仍然生产经营的行为可视为自始即有逃避监管、污染环境的恶意。对于此类行为也不应适用附条件不起诉,以儆效尤。

（4）多次违法或犯罪行为

多次实施环境违法或犯罪行为,曾受环保处罚或者环境犯罪刑事追究,再次实施环境犯罪的,因其主观恶性大,且难以改造,不适用附条件不起诉。在实践中,这种情况并不少见。在中央环保督察中,督察组前脚刚走,一些污染企业马上就继续肆意违法排污,这已经不是通过"回头看"这样的行政督察手段能够解决的了,必须依法追究其刑事责任。

2. 条件

环境犯罪附条件不起诉之条件有三：一是与被害人达成和解；二是在一定期限内恢复环境；三是在一定期限内进行环保整改。环境犯罪若导致公民或其他主体的人身或财产损害,必然应该先积极赔偿被害人,达成并履行赔偿协议,取得被害人的谅解,这是环境犯罪行为人对被害人应当承担的责任。对于环境犯罪的另外一方"被害人"——公共环境——而言,恢复环境自是题中应有之义,这也是笔者主张环境犯罪附条件不起诉制度的主要考量因素。检察机关应会同环保机关确定恢复环境的期限及检验标准,满足该条件方可不起诉。对于环境无法修复或者需要较长时间恢复的,不适用附条件不起诉。环境犯罪司法,惩罚不是目的,把行为人罚得倾家荡产、罚破产并不是初衷,恢复环境、整改达标的,仍然可以继续生产。因此,按照环境保护标准对生产、经营行为进行整改,也是条件之一。此外,鉴于《刑事诉讼法》对未成年人的附条件不起诉限于可能判处一年有期徒刑以下刑罚的轻罪,环境犯罪适用附条件不起诉的案件也不能超出该刑期范围。

3.考察

未成年人犯罪案件附条件不起诉的考察主体是检察机关,因检察机关是起诉的决定机关,且亦有能力进行考察。但对于环境犯罪而言,行为人是否实现了期限内恢复环境,则是一个检察机关不易考察的问题。这种考察,必须引入环境保护机关和环境司法鉴定机构,由环境保护机关负责考察行为人是否按照环境保护的标准对生产、经营行为进行改造;环境司法鉴定机构负责检测环境是否恢复。只有取得了环保机关的检查通过和鉴定部门的环境修复鉴定,检察机关才能适用不起诉。

五、环境犯罪中的选择性起诉

(一)环境犯罪选择性追诉的存在可能

假设某县有上百家电镀厂,为节约成本,牟取暴利,这些电镀厂都将重金属严重超标的废水通过暗管向地下排放,造成该县土壤、河流大面积污染。经媒体曝光后,该县环保、公安联合执法,县环保局对所有企业进行了处罚,将其中六家企业以涉嫌污染环境罪移送公安机关立案侦查。若百余家企业违法排污,全部涉嫌犯罪,但只有六家企业被刑事追诉,其余罚款了事。你会觉得不公平吗? 也许不会,因为行政机关和司法机关在决定追诉与否的问题上,享有一定的自由裁量权。在我国,尽管这种自由裁量权已经被限定在非常狭窄的范围内,但适用并不狭窄。在很多情况下,这种裁量权已经远远超出了"犯罪情节轻微"的限制,很多案件情节严重也会被裁量成不追诉。因为,客观上影响追诉决定的因素很多,比如前科、犯罪动机、社会危害性、刑事政策、诉讼经济等。当然,这也并不是非常严重的问题,在英美等奉行起诉裁量主义的国家,追诉裁量权大到几乎不受限制。① 出于正当目的的追诉裁量是无可厚非的,也是刑罚个别化的题中应有之义。但是,如果追诉裁量的出发点是恶意的,那就是违背法治精神的,不能容忍的。如前文的例子,如果百余家企业的超标排污行为,只有这六家后果严重,构成犯罪,应予追诉,其余企业情节轻微,依刑法尚不构成犯罪,那么依法只追诉六家,并无不当之处,这正是罪刑法定原则的要求。但是,如果所有企业都构成犯罪,只追诉其中六家,那就大有疑问了。我们必须追问其余企业为何免予刑事追诉? 假设有的企业是因为向执法人员行贿,有的企业是因为与执法人员有种种关系(利益关系甚或其他利害关系),那么显然有人应当为此承担刑事责任——行贿、受贿、徇私枉法、滥用职权等。凡是牵涉执法人员个人利害、职务廉洁性、职权滥用的,都可以以刑罚规范之。当然,这也很难,涉及谁来举报、谁来发现、谁有线索等难题,这姑且不去讨论,也总算有办法可循。但是,仅仅用刑事实体法,是否解决了所有问题呢? 答案是否定的。假设百余家企业都构成犯罪,刑事追诉的六家全部是外地企业,其余没有被追诉的都是本地企业,其中并无徇私枉法等牵涉个人犯罪的情形,那是否公平呢? 再假设,百余家企业都涉嫌犯罪,独独追诉六家,是因为这六家的排污被媒体曝光,其余未被媒体关注,那是否公平呢? 又假设,这六家企业的负责人要么是曾经的"上访专业户",要么曾经举报过某领导,要么曾经对政府提起过行政诉讼,总之都曾经做过不利于管理机关或其领导的事,而其余企业负责人则都无此种"不良记录",那又是否公平呢?

---

① 斯黛丽,弗兰卡.美国刑事法院诉讼程序[M].陈卫东,徐美君,译.北京:中国人民大学出版社,2002:274.

显然,上述假设的情况对于被处罚的六家企业是不公平的。理论上,凡是存在自由裁量的地方,就会存在被滥用的可能,如果自由裁量的领域与利益关系紧密,这种可能性就会变大;如果制度对自由裁量权的监督不力,这种可能性就会进一步加大。环境领域的犯罪就是属于这样一个领域。这一点,我们可以从环境犯罪打击的现实状况予以佐证。为了打击环境犯罪的行为,我国1997年在《刑法》中增设"破坏环境资源保护罪"专节;2011年在《刑法修正案(八)》中对"重大环境污染事故罪"进行了修订。有研究者根据国家环境统计年度公报进行统计,发现自1997年《刑法》设立"破坏环境资源保护罪"专节至2010年,我国每年的环境污染刑事案件生效判决都处于个位数。[①] 直至2014年5月,《检察日报》仍然用"破冰"这样的词来形容查办破坏环境资源犯罪的现状。[②] 很显然,这与我们的直观感受是不一致的。如果情况真的如此,那么1997年《刑法》修订就有问题,一个罕见的危害行为怎么能够被规定为犯罪呢? 所以,一定存在大量应予追诉而未追诉的环境污染案件,从反面来说,那些被追诉的个案一定是被"选择"出来进行追诉的。"选择"有错吗? 刑事追诉不就是一个选择的过程吗? 其危害性在哪里,危害又有多大,司法该如何调处呢? 这是本书要致力解决的问题。

(二)环境犯罪选择性追诉的危害

诚然,刑事追诉本就是一个选择的程序,将应受惩罚者、有价值受惩罚者"选择"出来进行追诉,施以刑罚。但是,选择的出发点,即选择的目的应该是善的,而不能是恶意的。传统理论认为,法律仅仅能调

---

① 焦艳鹏.生态文明视野下生态法益的刑事法律保护[J].法学评论,2013(3):90-97.

② 徐日丹.查办破坏环境资源犯罪,检察机关破冰前行[N].检察日报,2014-05-08.

整法律关系主体的外在行为而不能规范内心世界,此乃法律或者法治之本身的局限性。因为目的、动机是隐形的,不像外部的行为那样具有直观、外化的特征,所以判断起来比较困难。在法治的初级阶段,为了避免操作困难,法律对此保持沉默。但是,随着公共权力与个人私权利的区分、公法与私法的分野,以及公权力被滥用的现象增多,加之公权力自由裁量权的扩张,对那些在主观上、深层次驱动公权力运行的因素进行目的性的规范,便成为法律管辖之范围。现代公法理论认为,公法与私法不同,它强调权力主体行使公权力的目的和动机的正当性。英国行政法权威韦德曾经评论道:"公共权力机关的权力在根本上不同于私人权力,一个人可以订立遗嘱按照自己的意愿处理自己的财产,只要保证了被赡养和被抚养人的权利就行,他的遗嘱可以是出于恶意或报复心理,但在法律上,这并不影响他行使他的权利。同样,一个人有绝对的权力允许他喜欢的人使用其土地,赦免债务人,或在法律允许时驱逐房客,不考虑其动机。但一个公共权力机关就不能做其中的任何事情,它只能合理地、诚实地行事,只能为了公共利益的合法目的行事。"①公权力行使的目的,在法治发达到一定的程度时,逐渐进入法律的视野。在公法理论上,这种对公权力尤其是政府权力运行的目的、动机、主观考虑因素进行规范的原则,被称为合目的性原则或者合理性原则。因此,作为国家公权力行为的刑事追诉,其目的必须是善意的,出于恶意的目的而进行的追诉属于对权力的滥用,必须受到规范。恶意的追诉,危害性巨大,笔者尝试通过对前文案例的分析阐述之。

对于第一种情况:百余家企业都够罪,只追诉外地六家,本地企业不追诉。这是一种歧视性追诉,保护本地企业,歧视外地企业,同等情

---

① 韦德.行政法[M].楚建,译.北京:中国大百科全书出版社,1997:69.

形不给予同等对待,违反法治之平等保护精神。依现代刑罚论,行为是国家实施刑事处罚的主要出发点,即刑事追诉的主要出发点是某人做了什么,而不是他是谁。依现代各国普遍认可的法之基本原则,法律面前人人平等,凡实施应受刑法处罚之行为的人,只要主体适格都应予以追诉。若实施相同行为的数人,有的受到刑事追诉,有的没有受到刑事追诉,那么我们就会认为这种追诉是不平等。而如果这种选择的出发点是因为追诉者的偏好(即歧视),那么这种追诉就是恶的,就需要受到规范。

对于第二种情况:百余家企业都够罪,只追诉六家被媒体曝光的企业,其余不追诉。这是一种追诉目的的不正当联结,考虑了其他不相关因素。对一个行为是否提起刑事追诉,只应考虑与定罪处罚相关的因素,比如犯罪构成、是否有可裁量的情节等,而不应考虑与定罪处罚不相关的因素,比如舆情。如果刑事追诉裁量考虑的是不相关因素,实际上就是对罪刑法定原则的直接违背。当然,第一种情况所说的歧视性追诉也是一种考虑不相关因素的追诉,笔者之所以将其单独提出,是因为歧视性追诉的目的是恶意的,是对某一群体基于歧视的不平等对待;而考虑其他不相关因素的目的并不是恶意的,当然也不是善意的,是一种"不得不"的状态。

对于第三种情况:百余家企业都够罪,只追诉其中六家,是因为这六家都曾经对政府不利。这是一种报复,在西方被称为"报复性追诉"(vindictive prosecution)。如果说歧视性追诉的出发点是"谁"犯了罪,考虑其他不相关因素的出发点是"发生了什么",那么报复性追诉的出发点就是"曾经做过什么"。刑事追诉针对的是本次行为,是这次做了什么,而非以前做过什么(当然,刑法明确规定的情形除外,比如连续犯、惯犯)。如果本次追诉考虑的是行为人曾经对追诉者(或者对追诉有实际影响者)做过的不利行为,比如上访、举报、行政诉讼,那就是一种报复。

歧视性追诉、考虑其他不相关因素、报复性追诉,是环境犯罪选择性追诉的三种主要样态,这三种追诉的目的各异,但共同之处在于,追诉目的都不正当,都非善意。当前,受我们所处法治阶段的限制,我国刑事诉讼理论界只关注到对"出于正当目的而使用不正当手段"(比如为破获犯罪而刑讯)的规制,尚未关注到"出于不正当目的而使用正当手段"的问题。实际上,后者的危害更为严重,它是对公权力正当性源头的污染,是对国家正当性、合法性的侵蚀。

(三)环境犯罪选择性追诉的抗辩必要性及域外经验

1. 建立环境犯罪选择性追诉抗辩的必要性——仅实体法尚不足以规范

无论是歧视、考虑了不相关因素还是打击报复,从性质上看都是一种滥用职权,滥用了法律赋予刑事追诉者的自由裁量权。那么,刑事实体法是否可以或者足够对其进行规范了呢? 检视 1997 年修订的《刑法》就会发现,用滥用职权定罪予以规范存在相当大的困难。最为困难之处在于,何为"滥用职权",《刑法》第三百九十七条对罪状的描述直接使用了"滥用职权",将本该明确的犯罪构成模糊化。刑法学界对此很快出现了巨大的分歧,直至 1999 年最高人民检察院发布《关于人民检察院直接受理立案侦查案件立案标准的规定(试行)》,对滥用职权罪做出明确规定:"滥用职权罪是指国家机关工作人员超越职权,违法决定、处理其无权决定、处理的事项,或者违反规定处理公务,致使公共财产、国家和人民利益遭受重大损失的行为。"对比规定,我们前文所列的三种情形,都只能勉强被归类为"违反规定处理公务"。然而,违反什么规定? 从《宪法》到各种法律、法规,并无任何一条规定"不得恶意行使自由裁量权"。其一,实际上被刑事追诉的这些公司、个人也都确实涉嫌犯罪,所有的追诉行为在程序上、实体上都毫无可指责之处。其二,我国刑法对滥用职权犯罪惩罚的是个人,并无单位犯罪。前述种种,作出裁量的都是刑事追诉机关,大多与个人利益无涉。现行《刑法》也并非绝对无所作为,若确实能够证明追诉机关工作人员为牟取不正当利益而实施以上行为的,部分情形可依枉法追诉罪定罪处罚,即徇私枉法、徇情枉法。但这也存在一个法律逻辑上的问题,即任何一种惩罚针对的都是某一行为本身,都"只能作为对不法的犯罪行为的反应而存在"[①],而不能本来为了惩罚某一行为却转而惩罚犯罪人实施的另外一个行为。这样的惩罚逻辑,实际上是否定了行为对于犯罪成立的决定性意义,其出发点不是某人实施了某犯罪行为,只是为了惩罚某特定的人,并不在乎他究竟实施了哪个犯罪。《刑法》的存在意义之一在于告诉人们哪些行为是禁止实施的,行为人实施了《刑法》所禁止的犯罪行为即会受到惩罚。枉法追诉罪惩罚的应是徇私或徇情的不追诉行为,而不是出于某种不正当目的的追诉行为,并不能禁止公权力的不正当目的。因此,仅凭刑事实体法实际上是不足以规范选择性追诉的,程序上确立选择性追诉抗辩是必然的。

2. 域外的解决思路——通过司法审查

公权力应出于正当目的而为,这是一个不证自明的基本常识,是任何一个法治国家都需要秉承的基本原则。出于不正当目的的刑事追诉是对追诉裁量权的滥用。世界各国普遍通过司法审查对此进行控制。需要特别说明的是,在大多数西方国家,包括刑事侦查、公诉在内的刑事追诉行为都被归类为行政行为,因此,对所有行政裁量权的司法控制也适用于追诉裁量权。各国司法对行政自由裁量权审查的具体标准不尽相同,但无一例外都包括了不正当的目的。如英国的标

---

① 陈兴良.刑法哲学[M].北京:中国政法大学出版社,1992:292.

准是:不符合法律规定的目的、不相关的考虑、不合理的决定①;美国的标准是:不正当的目的,错误的和不相干的原因,错误的法律或事实依据,遗忘了其他有关事项,不作为和迟延,背离了既定的判例和习惯②;日本的标准为:重大事实误认、违反目的和动机、违反平等原则、违反比例原则、程序滥用③。各国对追诉裁量的司法审查有两个途径:一是通过在审前建立预审制度以及类似的起诉审查制度(如日本的检察审查委员会制度),对起诉进行审查以决定是否公诉;二是在刑事审判过程中提起司法审查之诉讼,通过"审判之中的审判"的程序性裁判机制来进行审查。④ 前者主要针对证据是否充分问题进行审查,比如美国的预审听证和大陪审团主要"用以对检察官没有充分证据而提出指控的权力进行制约"⑤,其目的是确保"检察证据在决定起诉时是正当的"⑥。因此,对追诉裁量行为的目的性审查主要是通过第二个途径进行。需要特别说明的是,绝大多数国家对追诉裁量权的司法审查的主要目的是控制"不起诉",即各国普遍更担心追诉机关滥用裁量权放纵犯罪,而不是"滥诉"。比如日本的检察审查会制度主要出发点就是为"控告人、举报人、申请人等可以对检察官处分是否恰当进行商讨,并可以考虑采取向检察审查会提出审查申请这样的进一步措施"⑦,该制度往往被认为是对被害人进行救济的最后手段。⑧ 缘何各国更重视控制不起诉,而较少关注"滥诉"? 原因比较复杂,容再文探究,在此不赘

① 王名扬.英国行政法[M].北京:中国政法大学出版社,1989:173-174.
② 施瓦茨.行政法[M].徐炳,译.北京:群众出版社,1986:569-571.
③ 盐野宏.行政法[M].杨建顺,译.北京:法律出版社,1999:98-99.
④ 陈瑞华.程序性制裁理论[M].北京:中国法制出版社,2005:352.
⑤ 斯黛丽,弗兰卡.美国刑事法院诉讼程序[M].陈卫东,徐美君,译.北京:中国人民大学出版社,2009:230.
⑥ 斯黛丽,弗兰卡.美国刑事法院诉讼程序[M].陈卫东,徐美君,译.北京:中国人民大学出版社,2009:387.
⑦ 松尾浩也.刑事诉讼法(上)[M].丁相顺,译.北京:中国人民大学出版社,2005:142.
⑧ 丁相顺.日本检察审查会制度的理念、实施与改革[J].国家检察官学院学报,2005(3):154-160.

述。探讨在域外追诉裁量司法审查实践中,对"滥诉"的司法审查有明确的指向和切实努力的是美国。美国在刑事审判过程中建立基于宪法的两种抗辩实现审查:选择性追诉抗辩(selective prosecution claim)和报复性追诉抗辩(vindictive prosecution claim)。所谓选择性追诉是指追诉者基于某种"恶意"或者偏见,有选择地对某个特定的对象进行追诉的行为。① 如前文所举案例第一种和第二种情况,只追诉外地企业或者被媒体曝光的企业。所谓报复性追诉是指追诉者为报复被追诉者的合法、正义行为,而对该主体的其他非法行为进行追诉的行为。如第三种情况,只追诉曾经对政府不利的企业。在美国建立的抗辩中,被追诉者可在刑事审判中向法官提出选择性追诉或报复性追诉抗辩,若法官认定选择性追诉或报复性追诉成立,则抗辩成立,追诉行为会被认定违宪而被撤销。认定违宪的依据,对于选择性追诉乃基于违反联邦宪法之平等保护条款;对于报复性追诉则基于违反联邦宪法之正当程序条款。②

(四)环境犯罪选择性追诉规制的司法审查现实困扰

依权力制衡的基本逻辑,由中立的司法机构对"滥诉"进行公正之偏私似乎是最佳解决途径,然而司法审查亦存在诸多困扰。

第一,目的性审查本身在域外的实施障碍重重。无论是选择性追诉抗辩还是报复性追诉抗辩,抗辩申请人面临的最大的难题都在于如何证明追诉存在"选择性"或者"报复性"这一恶意目的,即法院将证明追诉机关恶意追诉的举证责任分配给了申请人。这对于申请人而言几乎是不可能实现的任务,有可能存在证据的追诉材料都掌握在检察

---

① 赵旭光,李红枫.美国选择性起诉抗辩的证明困境及原因[J].证据科学,2012(5):545-556.
② 德雷斯勒,迈克尔斯.美国刑事诉讼法精解(第二卷.刑事审判)[M].魏晓娜,译.北京:北京大学出版社,2009:119-121.

官手中,如果要申请证据披露则必须证明存在选择性或者报复性目的,这本身即是证据披露所需要解决的问题。① 实际上,这些技术上的抗辩障碍都只是表现,背后的原因在于美国的司法并不愿意过深地介入对追诉裁量权的控制。检察官拥有自由的权力来决定是否侦查、是否同意豁免或接受辩诉交易,以及决定是否起诉、以何罪名起诉、什么时候起诉、在何处起诉。法院担心建立一个对起诉决定的正式(日常)审查程序会给本已不堪重负的执法系统施加更大的压力。② 美国司法机关的这种倾向与日本几乎如出一辙,面对审判中辩护人提出的起诉具有镇压的意图和不平等的主张,法院给出了两种反应:完全不予采纳或者虽在理论上认可但以缺乏事实前提为由不予采纳。③ 这就造成了在美国和日本,关于"滥诉"的司法审查名存实亡,"滥诉"抗辩成功的判例极其罕见。

第二,司法审查在我国基础薄弱。一方面,刑事追诉目的正当性审查欠缺必要的法律依据。司法是否可以审查刑事追诉行为的目的性以及审查的依据何在是司法审查首先要解决的问题。在那些明确赋予司法目的性审查的国家,其依据大多是宪法。如前文所述,美国的依据是联邦宪法之"正当法律程序"条款和"平等保护"条款。英国则通过宪法判例明确,"如果议会授予一项权力给政府部门为某一许可的目的行使,那么当权力被该部门诚实行使为了其主要目的时才是有效的。如果该目的不是主要目的而是从属于不被法律认可的某些其他目的,那么该部门就超出了权力行使范围,其行为就是无效的"④。在大陆法系的法国和德国,行政法院都有对包括侦查、起诉在内的行

---

① 赵旭光.美国刑事诉讼中基于种族歧视的追诉[J].河北法学,2013(2):101-108.
② United States v. Redondo-Lemos, 955 F.2d 1296, 1299 (9th Cir. 1992).
③ 松尾浩也.刑事诉讼法(上)[M].丁相顺,译.北京:中国人民大学出版社,2005:175.
④ 童建华.英国违宪审查[M].北京:中国政法大学出版社,2011:211.

政裁量行为进行合目的性审查的权力。① 此外,在德国,相对人还可以以宪法权利受到侵犯为由向联邦宪法法院提起宪法诉愿的权利,并且在现实中也出现了针对选择性行政行为而提起的宪法诉愿。② 在我国,不仅宪法诉讼尚未建立,而且《行政诉讼法》一直将包括侦查、公诉在内的刑事司法行为排除在外,这些行为的可诉性问题也还没有得到解决。至于目的性审查,虽然行政法学者多有论述,但目前在行政诉讼中并未明确确立,因为《行政诉讼法》第六条表述得非常清楚,行政案件乃是"对行政行为是否合法进行审查",亦即非合目的性行为只有明确违法的情况下方可诉。

另一方面,《刑事诉讼法》及其他法律中"判中判"的程序性审查机制并未成功构建。如前文,由于单独针对刑事司法行为的诉讼在我国尚不存在,学者们转而寻求变通式的"判中判"来解决可诉性问题。所谓"判中判"是指法庭在审判被告人刑事责任问题的过程中,遇有控辩双方提出某一程序性申请或争议的场合,暂时停止原已启动的刑事审判程序,而专门就有关程序性事项加以审理和裁判的程序。③ 此种特别程序具有不同于本来之诉讼的特点,其原被告可能完全发生了转换,其证据和举证规则、庭审程序与旨在解决实体事实问题之原诉亦有着根本不同。因此,必须在《刑事诉讼法》中加以明确、细致的规定,否则即会出现适用中无所适从甚至被异化的危险。2010 年最高人民法院、最高人民检察院、公安部、国家安全部、司法部印发的《关于办理死刑案件审查判断证据若干问题的规定》和《关于办理刑事案件排除非法证据若干问题的规定》以及 2012 年《刑事诉讼法》修正所确立的

---

① 章剑生.现代行政法基本理论[M].北京:法律出版社,2008:22.
② 汤葆青.论德国的人权司法保障——基于向联邦宪法法院提起的宪法诉愿[J].学术交流,2015(2):48-52.
③ 陈瑞华.程序性制裁理论[M].北京:中国法制出版社,2005:346.

关于非法证据排除的规定,被学者们认为是一种程序性裁判机制①,但这种规定既不能中止实体审理程序,也对实体的审理结果几乎毫无影响②,同时在审理时机、裁决时机等关键性程序问题上含混不清③,造成非法证据排除规则的实践冷清,几近成为一条"死"规则④。因此这种尝试几乎已经被宣告是失败的。

(五)中国的解决之道——根本之策与变通之道

无论是选择性追诉还是报复性追诉,其根本都是宪法问题,"法律面前人人平等",任何组织和个人只要涉嫌违法犯罪,都应平等地受到法律惩罚,绝不能因民族、种族、性别、地域、行为、利益等因素而被区别对待,如果出现了前文提到的那种环境领域的选择性追诉现象,即违反了"人人平等"的宪法原则,应认定相关追诉违宪而无效且可撤销。那么,解决问题的根本之策就在于在体制上建立违宪审查制度,实现宪法的可诉。当然,仅宪法可诉仍然不够,刑事侦查与公诉的可诉性也是无法绕开的题目。刑事侦查与公诉行为在行政诉讼中的可诉,几乎已是各国的通例。现代社会的权力救济以司法救济为核心,而司法救济则以行为的可诉性为前提。⑤ 一个法治国家,应不存在不受司法审查之公权力,应该不存在不可诉之公权力行为。因此,在行政诉讼中建立对侦查行为、公诉行为的审查机制时,审查的依据应为是否合乎法律的正当目的(而不仅仅是违法),若对裁判不服可依据"人人平等"条款提起违宪审查之诉(这有赖于宪法法院的建立),此为根本之策。当然,这些问题,学者们研究有年,但立法上、体制上至今仍未有破冰之举,足见

① 陈瑞华.非法证据排除规则的中国模式[J].中国法学,2010(6):33-47.
② 左卫民."热"与"冷":非法证据排除规则适用的实证研究[J].法商研究,2015(3):151-160.
③ 王树茂.非法证据排除规则的司法适用辨析[J].政治与法律,2015(7):151-161.
④ 左卫民."热"与"冷":非法证据排除规则适用的实证研究[J].法商研究,2015(3):151-160.
⑤ 王天林.论侦查行为的可诉性[J].政法论坛,2013(4):59-68.

难度之大、牵涉之广。那么，我们亦可以变通，徐徐解决。

变通之道仍然有赖于"判中判"的完善，如前文所述，在刑事诉讼中以"非法证据排除规则"为标志，已经有了"判中判"的实践，但仍然存在很多问题。"判中判"实际上是在诉讼中实现对刑事追诉行为的司法审查，那么未来的"判中判"势必不能仅仅局限于对"非法取证"这一个行为之审查，任何刑事追诉机关的公权力行为都应纳入审查，其机制即为程序性抗辩。所谓程序性抗辩，即指当事人非因实体性事项，而因程序性事项的违法提出的抗辩，抗辩成立则法院以裁定认定程序违法，进而导致程序无效。以美国为例，何种事项可以提起抗辩以及抗辩的理由和裁判标准等问题，都是通过判例形成，比如本书所涉及之"报复性起诉抗辩""选择性起诉抗辩"。我国的程序性抗辩可通过发布司法解释的方式建立，实际上"非法证据排除"即是最高人民法院、最高人民检察院通过司法解释确立的一种抗辩。因此，通过司法解释建立我国的"选择性追诉抗辩"应当是第一步。接下来的任务就是解决目前"非法证据排除判中判"存在的问题。如前文所述，学者对"非法证据排除规则"的中国问题已经进行了梳理，在笔者看来，核心的问题是需要解决"判中判"的诉讼特征，即"判中判"应当作为一个正常的程序性违法事项的相对独立的审理程序来对待，而不应被设计成为混同在案件审理程序中的一个特别部分。目前的"判中判"是欠缺诉讼本质特征的，最明显的欠缺就是缺乏救济途径。当事人及其辩护人、诉讼代理人提出非法证据排除的申请之后，对人民法院的整个审查过程和最终的调查结论，全无救济手段。《刑事诉讼法》及相关司法解释对这种"判中判"并未确立一种正式的诉讼程序，因此也并无相应的裁判文书（只将其称为调查结论），也没有独立的上诉途径。这就导致了法官冷漠对待"判中判"，甚至"不希望被告方提出非法证据排除申请"①,同时也导致二审程序的审理仍旧程序、实体混成一团。那么,在设计包含所有程序性违法事项审查的"判中判"程序时,就必须将其相对独立的诉讼特征体现出来,赋予申请人以救济的权利。"判中判"缺乏诉讼的特征之另外一个核心问题在于其不能独立于案件审理程序,依《刑事诉讼法》及相关司法解释,非法证据排除在庭审中提出,根据具体情况,可以在当事人及其辩护人、诉讼代理人提出排除非法证据的申请后进行,也可以在法庭调查结束前一并进行,这就导致了实体审理与程序审理混为一谈,要知道程序事项的审理结论是可能导致实体审理的依据无效的,那么这种混同就极不合理了。

因此,在程序性裁判程序中应明确规定:第一,程序性事项审查一旦受理,案件的实体审理程序即宣告中止,等待程序性裁判作出后再进行;第二,法院应以裁定的方式作出程序性裁判,该裁定可以上诉,在上诉审理期间,案件实体审理程序中止。

(六)结语——回到环境犯罪追诉

虽然目的性审查在任何一个国家都客观存在诸多障碍,但也并不能因此拒绝进行相关努力,如果说人类社会法治的进程就是要克服一个又一个障碍从而实现对公权力滥用的预防和规制的话,那么非合目的的权力滥用是这个伟大进程必须征服的。选择性追诉的存在源于刑事追诉自由裁量,因此,理论上所有的刑事追诉领域都存在这种现象,但环境犯罪领域可能尤为严重,因为环境犯罪领域牵涉利益纠葛复杂(尤其是地方政府的经济发展利益),很多案件并没有明确的受害人,同时又涉及复杂的生物、化学等专业问题,追诉裁量被滥用的可能性更大。为了解决地方的掣肘,环境保护部于 2016 年初启动了省级

---

① 左卫民.“热”与“冷”:非法证据排除规则适用的实证研究[J].法商研究,2015(3):151-160.

以下环保机构检测监察执法垂直管理的试点和推动,从诉讼外对环境执法行政裁量权的滥用进行制约。在程序内实现对环境犯罪刑事追诉裁量权的规制就更为迫切了,若本书设计的程序性审查程序能够建立,那么前文案例中三种情况下被追诉之企业即可在刑事审判程序中提出抗辩,若抗辩成立,则追诉即被撤销。在这种机制下,"法律面前人人平等"原则才能够得到贯彻,中国的市场经济才能更加健康。

六、环境单位犯罪的补充起诉机制

(一)环境犯罪的单位犯罪问题

根据《刑法》第三十条规定,"公司、企业、事业单位、机关、团体实施的危害社会的行为,法律规定为单位犯罪的,应当负刑事责任"。即无论刑法理论上如何定义和认定单位犯罪,在《刑法》中,只要具体罪名里规定了单位犯罪就可以追究单位的刑事责任。根据《刑法》第三百四十六条规定,《刑法》第三百三十八条至第三百四十五条规定的所有"破坏环境资源罪",都可以由单位构成。关于单位环境犯罪的研究,主要集中于刑法立法方面的研究,如是否应该引入资格刑[1]、刑罚的种类配置[2]、刑事责任主体[3]等。核心观点也非常明确:现在的环境单位刑事责任体系对单位无法构成实质上的震慑,犯罪成本太低,犯罪收益太大。这些研究成果指出了我国单位环境犯罪刑法立法上的

---

[1]　曾粤兴,周兆进.环境犯罪单位资格刑立法探析[J].科技与法律,2015(2):306-320.

[2]　王蕴哲,翟子羽.环境犯罪的刑罚配置与完善[J].人民论坛,2013(5):122-123.

[3]　陈洪兵.环境犯罪主体处罚范围的厘定——以中立帮助行为理论为视角[J].湖南大学学报(社会科学版),2017(6):146-154.

问题,对我国环境犯罪的刑法规制具有重大的意义。笔者的研究试图从另外一个角度对环境单位犯罪刑事责任追究提出思路。众所周知,刑罚的作用并不在于它有多严苛,而很大程度上在于它的无可逃避性,再重的刑罚如果不能让应受惩罚的人都受到处罚也毫无意义。对于环境单位犯罪而言,让每一个破坏、污染环境的责任人都受到刑事处罚,没有人会通过某些渠道逃避惩罚,才会让《刑法》真正在生态环境治理中发挥作用。

如前文所述,由于环境犯罪牵涉利益广泛,刑事追诉本身难度就很大,但是即便在这些少数被追诉的环境犯罪中,还存在一个现象:自然人犯罪的比例大大高于单位犯罪。表 4-1 是研究者统计的 2012—2018 年全国污染环境犯罪主体情况。

表 4-1　2012—2018 年全国污染环境犯罪主体类别统计

类别	件数/件	占比/%
自然人犯罪	4284	94.22%
法人犯罪	263	5.78%

资料来源:焦艳鹏.我国污染环境犯罪刑法惩治全景透视[J].环境保护,2019(6):41-50.

数据显示,我国环境犯罪仍然以自然人犯罪为主,其比例接近95%。这与我国刑法对单位犯罪以"类人化"理解,要求必须是单位意志或者意识的反映或者是单位意志支配下实施的[①]有关。单位犯罪主观方面要件给司法带来了证明上的困难,实际上大多数基于单位利益实施的犯罪,本身却很少是单位领导集体决策、集体意志的体现,即便是,也不会留下集体决策的痕迹和证据。这一点在环境犯罪中表现得尤为明显。环境犯罪牵涉巨大的经济利益,一旦犯罪被发现,以经济

---

① 何秉松.刑法教科书[M].北京:中国法制出版社,1997:152.

利益诱惑单位职工以自然人犯罪抵罪,从而为单位出罪的情况并不少见。研究也表明,"通过研读这一时期的判决书发现,实践中有相当数量涉嫌污染环境犯罪的自然人实质上是在法人单位(即便是小型企业)工作的,污染环境的行为也并非完全没有企业意志,但出于侦办方便或地方保护等原因,相当部分污染环境罪是作为自然人犯罪进行处理的"[①]。在我国,环境单位犯罪的刑事责任方式很单一,就是罚金,且罚金数额也不会很高。紫金矿业重大水污染案件,9100m³ 污水泄入汀江,刑事被告单位紫金山铜矿罚金人民币也就 3000 万元,这对于紫金矿业这种在 H 股和 A 股上市、国内矿业行业前三、资产规模和销售收入超过 1000 亿元、"全球有色金属企业第 10 位、全球黄金企业第 1 位、2018 年《财富》'中国 500 强'排名第 82 位"[②]的巨无霸企业来说,根本无关痛痒。当然,对于企业而言,一分钱也是真金白银,动辄几百万元的罚金他们也未必愿意出。与之相对应的是我国环境犯罪对自然人的处罚量刑较轻,对自然人的法定刑大多数都在有期徒刑三年或者五年以下,情节严重才会处以五年或者七年以上有期徒刑。紫金矿业案件的五名被告人,二人被判处有期徒刑三年,一人判处三年六个月,二人缓刑。据学者统计,2012—2018 年全国污染环境犯罪被告人的量刑情况,刑期在六个月到二年的占比 90.52%,其中六个月到一年的占比 54.50%。[③] 本书关注的焦点在于,如何避免环境犯罪中单位犯罪出罪的问题。实际上,对单位中几个自然人的刑事处罚对环境治理并没有太大的价值,环境污染防治的刑事手段必须让生产经营者感到畏惧,不敢触碰红线。关于单位犯罪出罪的问题,我国司法、环境行

---

①　焦艳鹏.我国污染环境犯罪刑法惩治全景透视[J].环境保护,2019(6):41-50.

②　紫金矿业.公司简介[EB/OL].(2019-03-02)[2019-07-06].https://www.zjky.cn/about/about_us.htm.

③　焦艳鹏.我国污染环境犯罪刑法惩治全景透视[J].环境保护,2019(6):41-50.

政机关于 2019 年初出台了相关规定。

(二)关于环境犯罪中"补充起诉"的规定

1. 有关规定

2019 年 2 月,最高人民法院、最高人民检察院、公安部、司法部、生态环境部联合印发《关于办理环境污染刑事案件有关问题座谈会纪要》(以下简称《2019 年纪要》),规定"对于应当认定为单位犯罪的环境污染犯罪案件,公安机关未作为单位犯罪移送审查起诉的,人民检察院应当退回公安机关补充侦查。对于应当认定为单位犯罪的环境污染犯罪案件,人民检察院只作为自然人犯罪起诉的,人民法院应当建议人民检察院对犯罪单位补充起诉"。根据《最高人民法院关于适用〈中华人民共和国刑事诉讼法〉的解释》第三百四十条规定,人民法院建议人民检察院按照单位犯罪追加起诉的案件,"人民检察院仍以自然人犯罪起诉的,人民法院应当依法审理,按照单位犯罪中的直接负责的主管人员或者其他直接责任人员追究刑事责任,并援引《刑法》第二编关于追究单位犯罪中直接负责的主管人员和其他直接责任人员刑事责任的条款"。

2. 环境犯罪补充起诉解决的问题

在环境犯罪追诉的司法实践中,存在追究自然人犯罪多,追究单位犯罪少,单位犯罪认定难的问题。为了解决这个问题,《2019 年纪要》专门提出了补充起诉机制在环境犯罪审判中的适用。[①] 那么,《2019 年纪要》的相关规定究竟能否有效解决这个问题呢?《2019 年纪要》的"补充起诉"规定,实际上是将单位环境犯罪的监督权赋予了

---

① 周加海,喻海松.《关于办理环境污染刑事案件有关问题座谈会纪要》的理解与适用[J]. 人民司法,2019(16):27-33.

人民检察院和人民法院,即人民检察院在审查起诉过程中应当审查单位是否涉嫌犯罪,如果应该追究单位的刑事责任,则应当"退补",人民法院在审理过程中发现的,应当建议检察机关补充起诉。该规定出发点良好,但存在操作和理论层面的问题。

在操作层面,检察机关如何判断应该追究单位刑事责任? 单位环境犯罪追诉少的根源并不仅仅是公安机关不移送,主观方面证明难是公安、检察机关面临的共同难题,即便是"退补""补充起诉"也解决不了。在理论层面,由审判机关建议退回补充侦查,有悖于"控审分离"的原则。法院作为中立的审判机关,不应该承担控诉的职能,由法院建议补充起诉无异于法院自己起诉自己审判,"自己做自己的法官"。

3. 解决问题的大胆设想——单位环境犯罪成立要件的变化及举证责任改革

环境犯罪追诉的梗阻在于主观方面的证明难度,因此近年来越来越多的学者开始主张"严格责任",在单位环境犯罪中主张"严格责任"似乎更有道理,与自然人犯罪相比正当性更强。这当然不失为一种解决思路。但笔者认为,"严格责任"最大的正当性问题在于其理由"立证困难",难道因为取证、举证困难就可以不取证、不举证,干脆取消该犯罪要件吗? 这显然是站不住的。笔者认为,应该首先修改单位犯罪的构成要件,主观当然应有过错,因为主观上有过错、客观上有行为已然是我国刑法的成熟理论,对单位而言亦是如此,若所有该监管之行为都已实施,所有法律规定的措施都已经采取,仍然发生了环境污染事件,那就不应该追究刑事责任。笔者认为,该主观要件不应是"明知自己的行为会发生危害环境的结果,而希望或者放任这种结果发生的心理状态",而应该是"明知自己的环境管理存在问题,未尽管理之职责或者放任监管的漏洞存在"。笔者的这种意见,实际上是认同单位环境犯罪的认定不再局限于其行为是否符合某个犯罪的犯罪构成要件,而是是否"采取了必要的措施从选任、监督等方面防止单位成员因其职责、业务行为而危害社会"①。即从事涉环境污染的生产经营单位,应尽环境监管之职责,若未尽职责导致单位成员实施破坏生态环境的行为造成严重后果,单位应当为此承担刑事责任。

由于环境监管的专业复杂性,若某单位职工涉嫌污染环境犯罪,则应推定所在单位未尽监管职责,即笔者主张,污染环境犯罪应同时起诉单位和直接责任人,除非单位能够证明其对责任人的环境监管已经尽责,否则即需承担刑事责任。这是一种"连坐"制度,或许在刑法理论上存在问题,但在污染环境这一特殊领域,不妨打破常规适用。对单位而言,如果平时确实按照规定履行了法定的监管职责,那就不需要承担刑事责任,这对于单位是一种督促。我们也不必过于担心是否会造成刑罚的泛滥,因为单位本就应该履行监管职责,如果单位平日严格遵守生态环境保护的法律法规、诚实生产,是不会陷入污染环境的犯罪的。

七、环境犯罪中的"认罪认罚从宽"

党的十八届四中全会后,按照部署,自 2016 年开始"认罪认罚从宽"的试点。经过两年试点后,2018 年,该制度被正式纳入《刑事诉讼法》,在第十五条规定,"犯罪嫌疑人、被告人自愿如实供述自己的罪行,承认指控的犯罪事实,愿意接受处罚的,可以依法从宽处理"。为确保认罪认罚从宽制度的正确有效实施,2019 年 10 月,最高人民法院、最高人民检察院、公安部、国家安全部、司法部发布了《关于适用认

---

① 王志远.环境犯罪视野下我国单位犯罪理念批判[J].当代法学,2010(5):74-79.

罪认罚从宽制度的指导意见》（以下简称《认罪认罚指导意见》），认罪认罚从宽制度开始全面完善。

认罪认罚从宽制度是"宽严相济"政策在新形势下的完善和发展[①]，也是构建繁简分流机制促进司法效率的体现。"认罪认罚从宽"意义非凡，它承载了"公正为本、效率优先"的价值取向、现代司法的宽容精神、司法资源的优化配置[②]的重大使命，同时也具有缓解案件压力、被告人服判改过、促使侦查思路转换等外在价值[③]。对于环境犯罪，"认罪认罚从宽"有着特殊重要的意义。

(一)"认罪认罚从宽"对于环境犯罪的意义

1."认罪认罚从宽"的非对抗性有利于环境恢复

传统的刑事诉讼是一种对抗式的格局，控辩双方针锋相对，在侦查、起诉、审判各个阶段，对事实、证据与量刑等环节展开激烈的"攻防"。这种对抗性是刑事诉讼与生俱来的，在学者们看来也有利于实现正义和对嫌疑人、被告人的权利保障。但这种对抗往往需要耗费大量的司法资源，同时也在刑事追诉对象和国家之间造成了对立的局面，甚至加深了被告人与被害人的仇恨。犯罪得到了惩罚，但是对社会却未必达到了预期的效果，由于犯罪人对立情绪的存在，他们未必会积极加入社会秩序的恢复以及对被害人的补偿。"认罪认罚从宽"在一定程度上改变了这种局面，它是一种"合意式"的非对抗的诉讼格局，被告人认罪认罚，检察机关从轻求刑。其中的"认罚"是指犯罪嫌疑人、被告人真诚悔罪，愿意接受处罚。对于环境犯罪而言，这种悔罪

---

① 陈光中,马康.认罪认罚从宽制度若干重要问题探讨[J].法学,2016(8):3-11.
② 陈卫东.认罪认罚从宽制度研究[J].中国法学,2016(2):48-64.
③ 魏晓娜.完善认罪认罚从宽制度:中国语境下的关键词展开[J].法学研究,2016(4):79-98.

接受处罚具有更为重要的意义,被告人接受处罚,愿意支付罚金,环境修复的费用就有了着落。免得如对抗式诉讼下,被告人千方百计隐匿、转移财产,躲避罚金的执行。

2."认罪认罚从宽"的效率性有利于犯罪的追诉

如前所述,较之普通刑事犯罪,环境犯罪的高科技性、隐蔽性更强,案件证据收集难度更大。认罪认罚从宽制度的"认罪"即在很大程度上缓解了这些压力。尽管我国的"认罪认罚从宽"与西方的"辩诉交易"不同,是建立在"证据裁判"的基础之上。《认罪认罚指导意见》第三条规定,"应当以事实为根据,以法律为准绳,严格按照证据裁判要求,全面收集、固定、审查和认定证据。坚持法定证明标准,侦查终结、提起公诉、作出有罪裁判应当做到犯罪事实清楚,证据确实、充分,防止因犯罪嫌疑人、被告人认罪而降低证据要求和证明标准。对犯罪嫌疑人、被告人认罪认罚,但证据不足,不能认定其有罪的,依法作出撤销案件、不起诉决定或者宣告无罪"。即我国的认罪认罚从宽制度不能以嫌疑人、被告人认罪而免于对证据的全面收集,不能以被告人认罪为理由直接认定犯罪。但我国的认罪认罚从宽制度贯穿刑事诉讼全过程,适用于侦查、起诉、审判各个阶段。[①] 这就意味着在侦查阶段,嫌疑人的认罪能够帮助侦查机关收集证据,这对于环境犯罪侦查的作用是巨大的。

(二)环境犯罪适用"认罪认罚从宽"的问题——环境犯罪的"认罚"

"认罪认罚从宽"从制度设计初期便不是专门针对某一类犯罪的,而是适用于所有犯罪,但从文本表述来看,主要还是针对侵犯人身、财

---

① 见《认罪认罚指导意见》第五条。

产权利类的案件。《认罪认罚指导意见》第七条明确规定，"'认罚'考察的重点是犯罪嫌疑人、被告人的悔罪态度和悔罪表现，应当结合退赃退赔、赔偿损失、赔礼道歉等因素来考量"。退赃退赔、赔偿损失、赔礼道歉是典型的侵权类犯罪与被害人达成和解的表述，其中能够援引到环境犯罪的实际只有赔偿损失。但这对于环境犯罪还不足够，甚至远远不够，因为环境犯罪侵害的不仅仅是具体的被害人的权益，更是对全人类、全社会利益的侵害。

（三）关于环境犯罪"认罚"的内容扩展

《认罪认罚指导意见》对"认罚"的考察除退赃退赔、赔偿损失、赔礼道歉以外，增加了一个"等"因素。那么这个"等"包括哪些呢？笔者认为，在环境犯罪中，除赔偿损失、缴纳罚金以外，还应该包括对环境的修复承诺。环境犯罪追诉的目标主要不是为了惩罚，如果能够在实施刑罚的同时解决环境修复问题，其价值和社会效果就会更好。

八、环境犯罪起诉的重要作用与起诉目的正当性

在刑事追诉及与之相关的环节（执法、侦查、起诉、审判）中，起诉是最不被关注的环节。被关注和研究最多的是"两法衔接"，这可能是因为我国的环境犯罪追诉尚处于起步阶段，还来不及关注起诉，也可能与我国环境犯罪追诉的瓶颈主要在"移交"环节有关。但刑事起诉实际是能够反映环境犯罪追诉状况的最为核心的环节，它是侦查与审判的衔接，由于起诉裁量权的存在，起诉的权力往往被视为是贯彻刑事政策最为核心的权力。刑事起诉环境如此不受重视，乃至人们还没有关注到环境犯罪的刑事自诉问题。刑事自诉制度设立的初衷有二：

一是为了节约司法资源,让轻微的刑事犯罪的受害人有诉权选择,而没有必要都提起公诉;二是为了监督刑事追诉裁量权,让本来应该公诉而没有公诉的案件被害人有救济的机会。这两点在环境犯罪的起诉中都非常有意义。环境犯罪是具有很强的隐蔽性的犯罪,环境犯罪的证据可能掌握在深受其害的居民手里。环保监察来就停走就开,这是污染企业应对的常态,但是环保监察会走、居民不会走,最好的收集证据的主体其实恰恰是受害者。从这个角度讲,赋予环境侵害案件的被害人以刑事自诉权,可以在一定程度上解决追诉困难的问题。同时,赋予被害人自诉权,显而易见也可以监督"起诉放水"的地方保护主义。这是本章解决的第一个问题。

本章关注的第二个问题是恢复性司法理念在环境犯罪起诉环节的运用。相对于普通刑事犯罪,环境犯罪更需要恢复性司法,因为被犯罪破坏的生态环境需要恢复,而这种恢复绝对不是通过罚款所得以及委托第三方恢复能够解决好的。如前所述,真正的环境专家是环境侵害者自己,与其花钱请不如他的专家来恢复环境,不如给他机会让其恢复环境。因此,笔者主张环境犯罪的起诉中也应该引入附条件不起诉,所附条件即是生态环境的修复。环境犯罪并不是主观恶性极大的犯罪,将生产者罚得"倾家荡产"并不是我们的初衷。与之相类似的制度还有2018年被纳入《刑事诉讼法》的认罪认罚从宽制度,环境犯罪的嫌疑人如果"认罪认罚"而保有其恢复环境和解决环境损害技术继续生产,对经济社会发展会更有益。

本章还关注了一个我国学术界和司法实务部门更少关注的领域——刑事起诉的目的正当性。严格的"起诉法定"是不存在"选择"的,因为不存在起诉裁量权。但是,真正奉行严格起诉法定的国家是不存在的,各国的犯罪起诉或多或少都存在裁量。裁量本身就是一种"选择",那么选择的依据就很重要。如果所有相同情况的都不起诉或者都起诉,那说明刑事政策在引导起诉裁量权。问题就在于相同情况有的起诉有的不起诉,正当性何在呢? 本质上这是一种歧视性司法,是对法律公平的一种侵犯。这种情况在我国环境犯罪的追诉中是客观存在的,我们最常见的情况是:媒体曝光的污染企业就会被严格起诉,环保督察重点查的企业就会被严格对待。这是一种严重的不公平、不平等。西方国家针对此发展出了"选择性起诉抗辩",这是一种宪法抗辩,若认为该追诉行为违反宪法之平等保护原则则可提出抗辩,一旦抗辩成立,刑事起诉会被认定违宪而被撤销。客观而言,这种抗辩是一种违宪审查,在我国这还是一个只在讨论层面的问题,需要我们在刑事诉讼程序中继续建立和完善如同"非法证据排除程序"一样的"判中判",实现程序性的审查。

"补充起诉"是《2019年纪要》针对我国环境犯罪很多案件只起诉自然人不起诉单位的情况做出的规定。由于巨大的经济利益诱惑和相对较轻的刑罚,环境犯罪的单位犯罪主体通过找一个自然人"替罪羊"来应对刑事追诉的情况,如果这种情况蔓延下去,就会导致环境犯罪追诉名存实亡,单位将不会再惧怕刑事追诉。因此,完善环境犯罪的"补充起诉"制度是非常必要的。

第五章 环境犯罪的审判机制

一、环境犯罪审判的实践样本之不足

在笔者检索的所有期刊论文中,并没有任何一篇文章专门研究环境犯罪的审判。这或许与我国环境犯罪的数量本身就不多有关系,截至 2018 年,全国起诉的污染环境罪数量也不过 6000 余件,平均到每个省份也就 200 件左右,每个地市 10—20 件。由于样本不足,也很难发现问题和总结审判经验,环境犯罪专门化审判队伍的建设就显得必要性不足了。学者们意识到问题的症结目前主要还是在刑事司法系统之前,只有解决了环境犯罪追诉的数量问题才能有基础探讨审判问题。研究得少并不意味着没有研究的必要性和价值,因为环境犯罪的审判同样呈现出与普通刑事犯罪不一样的特点,这些特点给环境犯罪的审判带来了许多难点。这是本章致力于解决的问题。

二、环境犯罪的审判机制——环境审判专门化

在 21 世纪初期(2007 年)以前,我国的环境案件(含民事、行政、刑事案件)审判完全由法院的普通法庭进行审理,并无专门化审判之说。这是因为自 20 世纪 70 年代我国开始关注环境治理问题之后,在相当长的时期内,我国生态环境治理是以政府的行政治理为主。我国环境治理在 20 世纪 70 年代的开始阶段即由中央政府主导,由国务院主持召开全国环境保护会议,并且建立了国务院环境保护领导小组这种非常典型的"权威治理体制"。[①] 这种治理模式的制度逻辑是以中央权威为核心、以地方政府的逐级任务分包和灵活变通为运行机制。[②] 我国的环境治理正是表现出这种政府管制型权威治理的典型特点,几乎所有的环境治理政策和措施都是由政府主导推行和执行,而环境治理的结果又反过来成为对各级政府考核的主要指标之一。[③] 这就导致司法长期徘徊在环境治理之外,环境司法案件的供给不足以支撑专门化的环境审判。据统计,2002—2011 年,全国受理各类刑事、民事、行政环境一审案件 118779 件,仅占全部案件总数的 0.2%,其中破坏环境资源保护刑事案件 81761 件,占同期受理刑事一审案件总数的 1.16%。[④] 需要注意的是,在"破坏环境资源保护罪"的个罪中,污染环境罪每年占比极少(见表 5-1)。

---

① 曹正汉.中国上下分治的治理体制及其稳定机制[J].社会学研究,2011(1):1-40,243.
② 周雪光.权威体制与有效治理:当代中国国家治理的制度逻辑[J].开放时代,2011(10):67-85.
③ 赵旭光."运动式"环境治理的困境及法治转型[J].山东社会科学,2017(8):169-174.
④ 袁春湘.2002 年—2011 年全国法院审理环境案件的情况分析[J].法制资讯,2012(12):19-23.

表 5-1　2003—2014 年全国法院审理环境犯罪情况

年份	破坏环境资源保护罪数量/件	污染环境罪数量/件
2003	6092	3
2004	5592	6
2005	6313	13
2006	7982	7
2007	9157	2
2008	10204	11
2009	10767	18
2010	9985	19
2011	11743	26
2012	13208	32
2013	13210	104
2014	15709	988

资料来源:最高人民法院 2002—2015 年工作报告

对于污染环境罪而言,2015 年是个分水岭,当年污染环境罪的一审案件数量呈现"井喷"之势,全年共判决一审刑事案件 1322 件。[1] 2016 年受理 2072 件,审结 1847 件。同时环境民事、行政案件也开始爆炸式增长,2016 年受理环境民事案件 90769 件,行政案件 35177 件。[2] 2017 年受理环境刑事案件 21241 件,民事 207552 件,行政 134791 件。[3] 2018 年全国法院共受理环境刑事案件 26481 件,民事案件 192008 件,行政案件 42235 件。可以看出,2014 年以后,环境三大诉讼受理案件数量连年攀升且增幅很大,其中原因即最高人民法院于

---

① 王起晨. 2015 年法院受理污染环境犯罪案件现"井喷"[N]. 法制日报,2016-09-09.
② 新华社. 全国法院 2016 年审结环境资源刑事案件近 2 万件[EB/OL]. (2017-06-22)[2018-07-07]. http://www. xinhuanet. com/politics/2017-06/22/c_1121192290. htm.
③ 李晗. 2017 年全国法院共受理环境资源一审案件 36 万余件[EB/OL]. (2018-06-04)[2019-09-22]. http://baijiahao. baidu. com/s? id=1602342022629676511&wfr=spider&for=pc.

2014 年 7 月 3 日成立了环境资源审判庭专司环境审判工作。

(一)案件管辖

2015 年,第一次全国法院环境资源审判工作会议召开,最高人民法院明确提出推进环境审判专门化工作要求,以环境审判机构、环境审判机制、环境审判程序、环境审判理论和环境审判团队"五位一体"的环境司法专门化发展迅速[①],全国各省(区、市)人民法院先后设立了环境资源专门审判机构,尽管称呼有所不同(环境保护法庭、生态保护法庭、环境案件审判庭),但都是以环境资源案件为专业审判对象的专业审判机构。这些环境审判专业化机构在案件的管辖上呈现出一定的差异,大致可以分为三类:一是"二合一"模式,即环境民事案件、环境行政案件由环境专业审判机构审理,刑事案件交由刑庭审理,执行案件由执行机构负责,如广西、贵州、青海、河南等地;二是"三合一"模式,即环境民事案件、环境行政案件、环境刑事案件都由环境专业审判机构审理,执行案件交由执行机构负责,如江苏、福建、河北、云南、四川等地;三是"三加一"模式,即环境民事案件、环境行政案件、环境刑事案件、环境案件执行都由环境专业审判机构管辖,如山东兰陵、重庆万州等地。

(二)地域管辖

2015 年,最高人民法院发布《关于全面深化人民法院改革的意见——人民法院第四个五年改革纲要(2014—2018)》(法发〔2015〕3号),其中主要任务第一条即是"建立与行政区划适当分离的司法管辖制度","以科学、精简、高效和有利于实现司法公正为原则,探索设立

---

① 张忠民.环境司法专门化发展的实证检视:以环境审判机构和环境审判机制为中心[J].中国法学,2016(6):177-196.

跨行政区划法院,构建普通类型案件在行政区划法院受理、特殊类型案件在跨行政区划法院受理的诉讼格局"。这种打破行政区划的司法管辖制度对于打击环境资源案件的地方保护有着特殊的意义。多地开始实行在生态环境案件中跨区管辖,由于该项改革的复杂性,地域跨区管辖大多数都是在省内实施,根据跨区管辖的案件标准不同可以分为两类:一种是根据生态环境要素的自然属性划分管辖区域。这主要是针对河流的流域,将主要河流的流域作为司法地域管辖的依据。如海南省五大河流域流经市县环境资源刑事案件,以河流入海口所属行政区划为标准,由五家人民法院跨行政区域集中管辖①;贵州省根据主要河流的流域范围,将全省划分为四个生态司法保护板块,由四个中级人民法院、五个基层人民法院集中管辖环境保护案件②。这种打破行政区划管辖的大胆探索,"有利于避免出现跨区域环境污染分段治理、各自为政、治标不治本等问题,有利于避免地方保护主义,提升法院抗行政干预的能力,使法院敢于受理一些在当地影响比较大的案件"③。另一种是根据审理便利跨区域集中管辖,典型的如北京市第四中级人民法院集中管辖所有北京市辖区内的环境污染案件。

　　跨省级行政区域的审判管辖探索目前只有京、津、冀地区开展。2016 年 9 月 22 日,京津冀法院环境资源审判工作联席会议上,京津冀三地高级人民法院共同签署了《北京、天津、河北法院环境资源审判协作框架协议》,要求"认真执行协作框架协议中的协作事项,加快建设专门审判机构,统一案件受理范围,实施案件归口审理,探索跨行政区

---

　　① 凌楠.海南五大河流域环境资源案实行跨区提级集中管辖[EB/OL].(2017-01-13)[2017-12-02].http://www.hi.chinanews.com/hnnew/2017-01-13/431909.html.

　　② 彭波,张洋,徐隽.用法治守护绿水青山[EB/OL].(2018-06-06)[2023-02-02].http://env.people.com.cn/n1/2018/0606/c1010-30038342.html.

　　③ 彭波,张洋,徐隽.用法治守护绿水青山[EB/OL].(2018-06-06)[2023-02-02].http://env.people.com.cn/n1/2018/0606/c1010-30038342.html.

划集中管辖,加强立案审判执行协作"①。由于跨区管辖难度太大,目前该项工作尚未进入实质性推进阶段。

(三)级别管辖

鉴于环境案件审判的专业性、复杂性以及打破地方保护的必要性,一些省(区、市)的法院将(全部或者部分)环境案件(尤其是环境犯罪案件)提高审级以确保审判公正。海南省将部分市县的环境资源刑事一审案件提级由中级人民法院管辖,"由海口市中级人民法院提级集中管辖南渡江流域(含上游的松涛水库)澄迈县、定安县的环境资源刑事一审案件、管辖海口市辖区二审环境资源刑事案件,具体由海口市中级人民法院环境资源审判庭审理。由海南省第一中级人民法院提级集中管辖万泉河流域(含上游的牛路岭水库)琼中黎族苗族自治县、屯昌县、万宁市、琼海市及周边的文昌市五个市县的环境资源刑事一审案件,具体由海南省第一中级人民法院环境资源审判庭审理。由海南省第二中级人民法院提级集中管辖昌化江流域(含上游的石碌水库、大广坝水库)乐东黎族自治县、昌江黎族自治县、东方市及周边的儋州市、临高县、洋浦经济开发区五个市县、一个经济开发区的环境资源一审案件,并跨行政区域提级集中管辖鹦哥岭、霸王岭两大国家级自然保护区范围内的环境资源刑事一审案件,上述案件具体由海南省第二中级人民法院环境资源审判庭审理。由三亚市中级人民法院提级集中管辖宁远河流域(含上游的大隆水库)保亭黎族苗族自治县、三亚市及周边的五指山市三个市县的环境资源刑事一审案件,具体由三亚市中级人民法院环境资源审判庭审理"②。

---

① 曹永学.京津冀法院签署环境资源审判协作框架协议[N].河北法制报,2016-09-23.
② 凌楠.海南五大河流域环境资源案实行跨区提级集中管辖[EB/OL].(2017-01-13)[2017-12-02].http://www.hi.chinanews.com/hnnew/2017-01-13/431909.html.

(四)审判运行机制

针对环境案件审判的特殊性,各地法院创新实行了很多有针对性的审判运行机制,主要有以下几种。

1. 专业化培训和专家陪审员组成的合议庭

环境犯罪多涉及化学、物理等专业知识,我国的法官绝大多数出身文科,在审理环境案件时短板明显,甚至连基本的化学符号也不认识,这种审判不仅难度大,更会对司法公正造成不良影响。针对这种情况,最高人民法院以及地方各级法院采取了三种措施:一是开展培训,如广州市各级法院针对环境审判中经常涉及的大气、水、土地、噪声等污染专业知识加强培训[①],上海市金山区人民法院环境资源审判庭建立长效的环境资源审判业务知识学习研讨制度[②]。二是创新合议庭构成,增加掌握环境专业知识的陪审员组成合议庭。上海市崇明区法院探索"1+X+Y"的合议庭组成模式,安排案件对口条线的资深法官担任合议庭成员,选择具有环保专业知识背景的人民陪审员参与庭审,提升合议庭的专业水平。[③] 三是建立专家咨询制度。上海市崇明区法院成立了上海首个环境资源审判咨询专家库,聘请八名全国环境资源法学领域的知名专家为该院环境资源审判提供专业咨询意见,推动环境资源审判能级的提升。[④] 江苏省高级人民法院也设立了环境司法保护专家库,聘请知名专家作为环境保护专家(以专家证人、人民陪

---

① 吕忠梅,刘长兴.环境司法专门化与专业化创新发展:2017—2018 年度观察[J].中国应用法学,2019(2):1-35.

② 罗书臻.为了水更绿山更青——最高法三巡巡回区环境资源审判工作纪实[N].人民法院报,2018-04-19.

③ 巨云鹏.第六届崇明世界级生态岛司法研讨会举行[EB/OL].(2022-11-26)[2023-01-03]. https://baijiahao.baidu.com/s? id=1749578797482299713&wfr=spider&for=pc.

④ 巨云鹏.第六届崇明世界级生态岛司法研讨会举行[EB/OL].(2022-11-26)[2023-01-03]. https://baijiahao.baidu.com/s? id=1749578797482299713&wfr=spider&for=pc.

审员等形式参与诉讼）。

2.加强环境司法能动

司法能动与司法克制是西方司法的两个取向,司法能动强调司法活动不必拘泥于先例或者成文法的字面含义,而应该积极回应社会现实和社会演变的新趋势,司法克制则与之相反。从本质上讲,司法能动关注的是法官的自由裁量权与先例和立法本意之间的关系,是司法权与立法权的关系,即司法是否可以突破立法而创设法律。司法能动主义是西方面对越来越多的新型法律问题而自然提出的要求,尤其在经济社会领域、生态环境领域,这种要求非常强烈,如果司法不能及时和积极地回应社会对于公平和正义的要求,而总是墨守成规,就会成为社会迅速发展的阻碍。我国关于司法能动的官方主张出现在 2009年,时任最高人民法院院长的王胜俊在江苏调研时指出,坚持司法能动是对我国司法发展方向所做的适度调校,是人民法院进行司法实践活动的必然要求。王胜俊认为,我国的司法能动应是服务型司法、主动型司法、高效型司法。法院的司法审判应当围绕着经济社会的稳定和发展、人民权益的保障,通过政策考量、形势分析、利益衡平、沟通协调等方式,主动回应社会司法需求,高效地解决矛盾纠纷,更好地服务党和国家大局,推进社会经济稳步发展。[①] 相对于传统的部门法领域,环境法领域的纠纷在我国更为多元和新型,且对公民生存与发展影响较大,对司法能动有更高的要求。从西方国家来看,环境能动司法也逐渐成为一种潮流和趋势。

鉴于我国的成文法传统,我国环境司法能动尚处于尝试期,还没有形成一个稳定、可推广的机制。这种能动司法呈现以下几个特点:

---

① 江苏省高级人民法院司法改革办公室.能动司法制度构建初探[J].法律适用,2010(Z1):28-31.

一是我国的能动司法并没有突破法律的框架。所有的环境司法能动都是在遵守现行法律、法规的基础上进行的,能动司法的作用体现在司法政策的表达上。例如为了实现司法效果,环境司法更倾向于调解;再如为了表达司法对环境问题的关注和对执法部门的督促,环境司法更多地会发出司法建议或者司法意见书。[①] 二是我国的能动司法实践大多数出现在环境民事诉讼、行政诉讼以及公益诉讼中,较少涉足环境刑事诉讼。这可能与我国环境纠纷多为环境损害与赔偿、补偿有关,当然也应该与环境犯罪刑事追诉困难有关。

(五)我国环境刑事司法专门化存在的问题——环境司法刑事审判专业化较弱

我国传统普通法院,设置有民事、刑事、经济、行政等案件的专业审判庭,每个审判庭审理的案件在法律性质上专属而单一,法官专注于某一类案件的审理,逐渐变成某一领域的专业法官。环境问题的发生往往是由多种原因所致,同一个环境违法行为,可能因为环境行政机关的行政不作为、可能涉及多个不特定主体盘根错节的环境民事利益关系,可能违反刑事法律规定,构成环境刑事犯罪等不同方面。[②] 就环境侵权责任一个层面看,环境侵权责任也并非单一的民法领域的问题,在侵权主体认定、责任构成和法律责任上,常常牵涉复杂侵权主体认定以及民事责任、行政责任和刑事责任叠加和区分适用问题。[③] 这在理论界被认为是环境审判"三合一"(不包括"四合一","四合一"是为了解决环境司法执行问题)的根本原因。笔者认为,这虽然是原因,

---

① 方印.人民法院环境司法能动论纲[J].甘肃政法学院学报,2015(4):79-95.

② 黄秀蓉,钭晓东.论环境司法的"三审合一"模式[J].法制与社会发展,2016(4):103-117.

③ 张新宝,庄超.扩张与强化:环境侵权责任的综合适用[J].中国社会科学,2014(3):125-141,207.

但应该不是最根本的原因。因为环境问题并不比现代社会其他领域的问题更复杂,所有行政执法领域都可能既牵涉行政也牵涉刑事和民事。同时,环境问题本身的知识专门化也并没有足够特殊的理由,如食品、药品领域的问题也涉及专业知识。引发环境司法专业化的最主要理由只能是,国家对于生态环境的重视程度超出对其他领域问题治理的重视程度。环境司法专门化的逻辑,一是专业案件需要专业司法;二是环境司法的专业化能够彰显国家对生态环境问题的高度重视;三是环境司法的专业化能够促进环境问题进入司法领域。环境审判的"三合一"实际隐含了一个不争的事实,即环境案件的数量少到不足以单独设置刑事、民事、行政环境法庭。

也许是由于环境法庭的"三合一",学界对环境司法专门化的研究也呈现出三种诉讼混同的样态。或许这只是在环境司法专门化起步阶段的一种表现吧!毕竟三大诉讼在诉讼目的、诉讼价值、诉讼程序、权利保障、证据制度(尤其是证明标准)等方面差异巨大,由一个法庭审理三类案件,实际是有难度的。

(六)我国环境刑事司法专门化的思路

实际上,环境刑事审判专门化偏弱的根源在于环境犯罪案件"审判供给"不足,环境犯罪的案件数量并不足以支撑专门的环境刑事审判体系。笔者 2019 年 7 月在东北某省会城市的一个城区调研,该区法院从未审理过环境犯罪的案件,环境审判庭的法官全部都是民庭调过来的法官。没有刑事案件,自然不需要专门的刑事法官。为解决这个问题,笔者建议,环境刑事案件应该提级审判,即环境刑事案件最低应该在中级人民法院一审。这样既避免了案件供给的不足,也解决了地方掣肘的问题,同时也避免了对专业审判力量的资源浪费。

三、环境犯罪审判中严格责任的引入与完善

（一）环境犯罪审判中可以并且应当引入严格责任

要讨论环境犯罪审判中严格责任的完善，首先我们要确定，该责任形式是可以并且应当被引入环境犯罪的。

严格责任在英美国家首先实践，后被大陆法系引入，并且很谨慎地以是否允许被告人提出合理的辩解而区分为绝对严格责任和相对严格责任。严格责任是指只要行为人实施了造成危害结果的行为，不论其是否有罪过，均应当追究刑事责任。[①] 有部分学者认为，虽然严格责任引入环境犯罪的初衷是通过把部分举证责任转移给污染企业，促使污染企业注意自身行为，但严格责任适用于刑法时，由于不看行为主体是否有主观过错，属于客观归罪，违背了刑法中的"主客观相统一原则"，而且刑法中也无明确关于严格责任的规定，因而不应适用。[②] 学者们反对的实际上是绝对严格责任，即不论行为人主观是否有罪过，只要行为造成了一定的后果就构成犯罪，这显然违反了"主客观相统一原则"。但我们所讨论的是当事人可以提出抗辩的相对严格责任，是合理，并且可以被引入的。

1. 环境犯罪审判中可以引入严格责任

第一，严格责任虽然属于客观归责，但并不是完全的一边倒式分配证明责任。我们建议引入的是相对严格责任，行为人的危害行为、

---

① 周兆进.我国环境犯罪适用严格责任研究[D].昆明：昆明理工大学，2015.

② 李雪玮.我国环境犯罪引入"严格责任"探析[J].法制与社会，2019(7)：16-17,53.

危害结果等客观方面构成要件的证明责任仍然由公诉机关承担。行为人可以行使辩护权进行反向证明,没有违背"主客观相统一原则"。而且,这种证明责任的分配可以很大程度上减少公诉机关在举证时的困难,也符合刑法中以最小的支出获取最大的社会收益的"谦抑性原则"。

第二,巨额财产来源不明罪为严格责任的引入提供了范例。《刑法》第三百九十五条规定,国家工作人员的财产、支出明显超过合法收入,差额巨大的,可以责令该国家工作人员说明来源,不能说明来源的,差额部分以非法所得论,处五年以下有期徒刑或者拘役;差额特别巨大的,处五年以上十年以下有期徒刑。

巨额财产来源不明罪的财产来源证明责任落在国家工作人员身上,如不能证明来源,即为有罪,表面上看属于客观归罪。其实这样并不难理解,巨额财产的来源可能很广,渠道也多样,可能是贪污、赌博,也可能是非法吸收公众存款,还可能是机遇和时代红利下的合法收入。如果全由检察机关举证证明财产的来源不合法,收集到的证据很难完全吻合全部财产金额,证明难度很大。而合法收入的来源较为单一,比较容易证明,此时把证明责任转移给国家工作人员,既容易让国家工作人员自证清白,也降低了检察机关收集证据的难度,有利于实现实质正义,也节省了司法资源,符合刑法谦抑性原则。基于环境犯罪的复杂性和因果关系链条形成难的性质,笔者认为两者有异曲同工之妙。巨额财产来源不明罪可以为此提供良好的范例。

第三,严格责任的引入并没有完全剥夺个人权利、造成明显不平等的情形。

环境犯罪之所以入刑,就是因为它不仅是民事上的污染赔偿问题,而且涉及环境权的社会公共利益。将部分证明责任转移到行为人身上,有利于解决检察机关证明困难的问题,能够更好地维护社会利益。就行为人而言,引入的是相对严格责任,行为人的危害行为、危害结果等客观方面构成要件仍然由公诉机关承担证明责任。行为人也可以行使辩护权进行反向证明,所以并没有完全剥夺个人权利、造成明显不平等,通体上还是实现了平衡。

2. 环境犯罪审判中应当引入严格责任

第一,相对严格责任制度本身是一种"最不坏的选择"。

在环境污染犯罪中引入相对严格责任,能够在一定程度上解决当前环境污染犯罪多发、司法资源匮乏以及司法效率低下等问题,符合"宽严相济"刑事政策和刑法基本原理。它设立的初衷就是解决证明责任困难的问题以更好地保护环境,后来逐渐被多个国家引入和借鉴。日本对于严格责任的引入是将它作为特别法来适用。法国是将其散见于特别法立法中,通常限于非犯罪领域,在刑法中无严格责任的规定,但在司法实践中会例外适用。暂且先不论严格责任是否应列入刑事法律规范,至少相对严格责任对于环境犯罪这种证明困难而又侵害重要法益的犯罪而言是合理的,是一种"最不坏的选择"。

第二,相对严格责任引入环境犯罪审判是适合我国国情的,并且它能满足我们目前环境犯罪审判发案难、证明难的急迫需求。

如前所述,我国环境犯罪的基本特征是行为手段的隐蔽性、行为方式的专业性、因果关系复杂性、结果发生迟缓性、后果难以弥补性。环境犯罪是复杂的,是需要技术性手段的,是难以发现实质真相的,是难以界定责任的。引入相对严格责任,适当分配证明责任,既减少了证明难度,有利于实现实质正义,也更方便审判活动的开展,提高效率,节省司法资源。

(二)引入相对严格责任相关配套制度的完善

本质上,严格责任是对主观方面的一种忽略,与犯罪构成四要件学说存在一定的冲突。严格责任在环境犯罪案件中的引入，是考虑到环境犯罪认定困难的实际情况做出的一种以效果为导向的安排。因此，严格责任的适用必须限定在特定的范围，避免出现扩张适用，也要避免出现客观归罪。"主客观相统一原则"是《刑法》适用的基本原则。相对严格责任是对绝对严格责任的一种修正，它并不是不考虑主观方面，而是将主观方面的证明责任交给了被告人，换言之，相对严格责任是一种法律适用的推定，即只要检察机关能够证明客观方面，被告人如果不能证明主观无故意或过失，即推定其具有主观过错。为避免出现客观归罪，在引入相对严格责任时，必须完善相应的配套制度。

1. 严格责任的法定化

相对严格责任的引入必须坚持"罪刑法定原则"，必须在《刑法》中明确规定适用严格责任的罪名限定为环境犯罪，充分发挥法律规范的指引作用。过错责任为主的归责方式要求判定是否承担刑事责任必须考察行为人的主观心理状态。相对严格责任不仅只能适用于部分罪名，而且相对严格责任并不是否定主观过错，并不是例外情形，只是过错的证明责任规则发生了变化。在环境犯罪中引入相对严格责任的目的一是解决证明难度大的问题，二是增强企业的环保意识，以责任带动意识。

2. 明确严格责任仅限于单位犯罪

严格责任适用的范围应该明确仅对单位犯罪适用，自然人被排除在外。因为自然人危害性小，主观过错易于判断。有学者提出，相对严格责任的适用主体也可以包括自然人[1]，可能是考虑到目前自然人环境犯罪也逐渐复杂化的问题。以污染环境罪为例，很多环境犯罪主

---

[1]　贺丹丹.论单位环境犯罪刑事责任的实现——以紫金矿业水污染为例[J].中国环境管理干部学院学报,2016(5):17-20.

体不只是单位,还包括自然人。污染环境罪的犯罪方式很多,不仅包括企业排污,也包括一些自然人虽属于单位,但个人犯罪私自倾倒有害污染物①,还包括多人共同犯罪协商以倾倒废物牟利②。这些犯罪形式危害性未必小。尤其是田永林等人一案,成立了南京托特清洁有限公司,专门靠私自排污获利,与普通企业排污的性质完全不同。

但仅因为自然人环境污染犯罪逐渐复杂化,就要当把相对严格责任也适用于此吗?我们再回顾一下适用相对严格责任的初衷:解决主观过错举证难、因果关系难证明的问题。无论是单个人犯罪还是多人团伙犯罪,本质上与其他犯罪并无不同,主观方面究竟是故意还是过失,都比单位环境犯罪好证明得多。一个普通工业化单位,正常情况下都需要排放污水废水,罪与非罪的区别只是对污水废水的排放有没有超出国家规定的限度。所以主观方面很重要,检察机关证明困难,就由单位自身来举证,是为了程序衔接更顺畅。自然人环境犯罪适用普通的过错责任即可。

3.明确严格责任适用的程度

严格责任将部分证明责任转移给被告,被告要承担更多的责任,更容易归罪,所以对严格责任的适用必须严格加以限制。单位环境犯罪中适用相对严格责任需要符合三个要件:一是单位行为违反了法律法规;二是单位违法行为造成了重大的人员伤亡、财产损失或是严重的环境污染生态破坏;三是客观上检察机关对单位实施的违法行为的主观过错举证困难,但允许单位提出抗辩理由。只有同时满足上述三个条件,才可以适用严格责任,不至于矫枉过正。

---

① 参见海南省高级人民法院(2019)琼刑终 79 号刑事裁定书。
② 参见江苏省南京市中级人民法院(2019)苏 01 刑终 613 号刑事裁定书。

四、环境犯罪审判中因果关系的确定

因果关系是刑事法律责任体系中的关键,环境犯罪的因果关系即是行为人实施的行为与环境污染或损害之间的联系。环境犯罪危害结果的不确定性、潜在性以及原因与结果的双重复杂性导致因果关系的认定非常困难。环境犯罪因果关系确定的难度主要体现在以下几个方面。

第一,科学与技术的困难。环境犯罪因果关系往往牵涉复杂的多学科以及多学科交叉知识和技术,牵涉化学、生物、物理、医学、土壤、大气、水体等多个学科门类和具体学科,需要利用各种科学检测仪器和手段,并且要采取严格遵循科学要求的数据、证据提取和分析方法。

第二,复杂、交叉多因性。环境损害不仅表现为多因一果,即数个不同主体共同导致同一污染,原因难以探究,还表现为多因的复杂性,表现可归纳为以下两种情况:一是单一排放与其他排放混同产生不同于单一排放的污染;二是单一排放与不同环境因素混同产生不同于单一排放的污染。在审判中,如被告提出对因果关系的抗辩是非常难反驳的。有很多问题,在科学上都尚且存在认定难度或者依据现有科技水平根本无法认定,那么在因果关系上就更难了。

第三,时间的持续性和结果的累积性。在环境治理实践中,真正的大面积严重污染事故其实并不常见,常见的是缓慢排放、累积污染。比如噪声污染、电磁污染、轻微持续性排污等,持续时间长,损害行为与结果之间存在很多介入因素,损害结果在短期显现不出来,时间长了又很难确定因果关系。

第四,因果关系的长链条性。环境是一种复杂的生态系统,人位于食物链的顶端,环境污染会通过漫长的食物链最终影响人的身体健康,这是早已被科学证明了的。而且这种通过食物链传递的污染会逐级累积,最终传递到顶端,对人体的危害是巨大的。比如,工业排放、垃圾渗漏通过降水和河流的汇集,最终在江河湖海中进行污染物的累积,目前能够发现的主要是镉、铅等重金属通过鱼、虾、蟹、贝等逐步积累,最终传递到人的身体。"中国预防医学科学院修瑞琴教授对某地海水和当地渔民头发中汞的浓度测试发现:鱼对汞有很强的积蓄能力。长期食用鱼、贝类,使人体蓄积更大浓度的汞,并以甲基汞形式毒害人体(食鱼量与人发中汞含量有正相关关系)。众所周知的日本'水俣病'就是汞中毒引起的病症。其主要表现为:甲基汞使人的中枢神经系统中毒,脑脊髓发生病变,导致病人精神紊乱,四肢瘫痪,眼瞎耳聋,直到悲惨地死亡。"①

传统的因果关系证明通常采用的是经验法则、逻辑推理等方法,环境犯罪因果关系的证明当然也需要这些方法。但由于前述环境犯罪的特点,传统证明方法有很多时候力所不逮。此时,司法需要尝试专门用来解决环境犯罪因果关系的特有的证明方法,由此各国产生了许多特别方法。总结起来,主要有以下几种学说。

(一)西方因果关系理论学说

1.条件说

条件说的主要观点为:只要符合此条件关系的因素,皆是导致结果的成因。这也是我国确定因果关系学说的源头,但也正是这种观点的不足导致我国司法实践中确定环境犯罪因果关系的困境。条件说的优点在于简单明了,也被广泛运用于考量普通刑事犯罪中的因果关

---

① 刘兆明,赵爱华,张心声.食物链的污染对人体的危害[J].山东生物医学工程,2001(2):52-54.

系。但是环境犯罪是具有特殊性的，结果发生迟缓，并且行为手段隐蔽。譬如一条河流被污染，这条河流的上游和下游均有企业排污或者有附近小区居民的生活废水排放，将这三个行为都不含比例、统一认为是刑法上危害结果的原因显然是不合理的。根据条件说很难将危害结果归责于其中一个企业（企业会主张还有其他因素的介入，所以不负主要责任），一刀切的条件说无法使真正的可归责者承担责任，也无法实现保护环境、以责任带动提高企业环境保护意识的效果。

2. 原因说

原因说的主要观点为：在导致结果发生的众多条件中，根据一定准则进行筛选，只有这些筛选出的条件才是导致结果发生的原因。至于采用何种标准进行筛选，又产生了必要条件说、优势条件说、最后条件说、合法则的条件说、最先原因说、决定的条件说等不同主张的争论。笔者认为，原因说是对条件说的进一步优化；条件说不含比例地认为所有条件都可以成为危害结果的成因，可操作性很差。后产生的必要条件说、优势条件说、最后条件说、合法则的条件说、最先原因说、决定的条件说都在强调产生危害结果的原因的比例，以便确定应当对谁归责。相较于一刀切的条件说，原因说已有了长足进步。

3. 相当因果关系说

相当因果关系说的主要观点为：以"社会生活经验"作为判断因果关系的标准，即如果根据社会上普遍认可的一般生活经验认为具有某种行为一般会引起某种结果的相当因果关系，就认定两者之间存在刑法上的因果关系。在相当性的判断标准上又存在主观说、客观说、折中说等不同观点的争论。笔者认为，相当因果关系具有一定层面上的借鉴意义。它与疫学因果关系（下文将展开介绍）配套使用更能发挥它的作用。环境犯罪行为方式具有专业性，确定因果关系可能需要一些自然科学技术。但是不能要求我们的法官或受害者去深入理解这种专业性的因果关系的推导。确立了归责主体后,以普遍认可的"一般生活经验"也能认定行为与结果之间有因果关系。也就是说,即使是不懂环境犯罪专业知识的公众也能够理解并认同这种因果关系。判决结果能被公众理解,判决结果就更具有公信力,被理解程度更高。

4.客观归责理论

客观归责理论的主要观点为:在认定刑事责任的归属时,唯有法律不允许行为导致的危险,并且此种危险在法律规定的犯罪构成要件中成为现实时,法律才能将这种损害后果的责任承担加之于行为人。这里的关键词为"危险"和"成为现实"。

5.英美法系的事实因果关系与法律因果关系

英美法系的因果关系理论分为事实因果关系和法律因果关系两个层次。第一层次运用条件说来判定;第二层次则是在第一层次的基础上,利用一定准则对第一层次划定的条件进行筛选。至于筛选的准则为何,又有近因说、功能说、预见说等多种观点之争。

笔者认为,这两种层次在实质上是与大陆法系从条件说到对条件说进一步补正的原因说的发展过程是契合的,都是先一刀切,而后增加筛选条件使判决结果更有说服力。

6.间接反证理论

间接反证法是与直接证明法相对应的一种证明方法,是指在主要事实存在与否不明的时候,由不负举证责任的当事人负反证其事实不存在的证明责任。《最高人民法院关于民事诉讼证据的若干规定》《中华人民共和国固体废物污染环境防治法》《水污染防治法》等已经规定了这种证明方法。间接反证理论,指当主要案情真假难辨时,原告的举证责任发生转移,由原本不承担举证责任的被告当事人承担证明主体事实不存在的责任。该理论具有如下特点：其一，属推定理论；其二，受害者只需提供间接证据；其三，加害方需承担反证责任。

笔者认为此种理论可以在一定程度上为我国确定环境犯罪因果关系提供借鉴。此处从该理论的三个特点分别来分析它的可被借鉴性。

第一，属于推定理论。其实刑法上的危害行为与危害结果都离不开推定的过程，只是推定的这个过程要遵守"无罪推定原则"等程序规则。譬如，甲被杀害，公安机关通过线索、杀人动机等将乙和丙列为调查对象，此时就要收集更确切的证据，来确定谁是真正的犯罪嫌疑人，如果对于乙和丙的证据都不足以认定为有罪，存疑，就只能将乙和丙无罪释放。因为刑法研究的都是过去发生的事，没办法把杀人场景重现，只能通过线索、公安机关侦查的经验来顺藤摸瓜，往前倒推，又通过严谨的证据链来证明被告有罪。刑法涉及犯罪嫌疑人人身自由，真正的犯罪嫌疑人也会尽力隐瞒真相，所以刑法中确定因果关系总会经历一个这样推定的过程。

第二，受害者只需提供间接证据。这一部分听起来很抽象，但是却和现实联系很密切。间接证据与直接证据相对，是指不能单独直接证明，而需要与其他证据结合起来才能证明案件主要事实的证据，单独一个间接证据不能直接证明案件的主要事实，它只有同其他证据结合起来才能查明主要事实。间接证据具有依赖性、关联性，间接证据对案件主要事实的证明方法是推断，同时间接证据具有排他性。此种学说中间接证据的提供主体为"受害者"。放到具体的环境犯罪案例中，譬如河流被污染了，不仅影响河流下游自来水厂的水源，也影响农田的灌溉。让社会公众提供企业污染河流的证据难度很高，并且一般这种情况下，居民们都是先与企业协商，企业仍然大量排污才引起了检察机关的注意，对环境的严重破坏使检察机关不得不提起刑事诉讼。所以,要对受害者的证明能力给予一定的宽容,因为环境犯罪的特殊性,这种宽容是为了更好地实现实质正义,是应当被允许的。

第三,加害方需承担反证责任。这是间接反证理论的核心,指当主要案情真假难辨时,原告的举证责任发生转移,由原本不承担举证责任的被告当事人承担证明主体事实不存在的责任。这其实与环境犯罪研究的另一个点"严格责任的引入"是相通的。严格责任本来是民法上的概念,后来被学者们主张引入刑法环境犯罪以解决证明难的问题。严格责任是指对于特殊情形,可以将举证责任倒置,以更好地克服程序中举证的困难。

这里的前提是"主要案情真假难辨",在确切的司法实践中,因果关系先由控诉方进行举证,若案情真假不明,则举证责任倒置,由被告方来承担举证责任,证明不存在刑法上的因果关系,主体事实不存在。

笔者认为,严格责任和间接反证理论是可以被引入的,但需要一种更明确的范围标尺,什么情况下属于"真假难辨",如何实现举证责任的转移与衔接都应当注意。

但是也有学者指出,"间接反证理论"具有违反"禁止强迫自证其罪原则"的嫌疑。[①] 把间接反证理论运用在法庭辩论的过程中模拟一下:检察机关对甲公司的排污行为和河流的污染结果的因果关系进行举证证明,被害方中的当地居民等也可以提出间接证据,但是环境关系的因果关系很复杂,不能实现结果与行为之间的高度盖然性,案情变得真伪不明,这时如果被告不能证明自己的行为与结果之间没有因果关系,不能证明自己是无辜的,那么就认定被告有罪。这里让被告证明因果关系的行为表面上就属于"自证其罪"。

但笔者认为,也许确实有"自证其罪"之嫌,但间接反证理论也是

---

① 苏璟雯.环境犯罪中传统因果关系理论的适用困境及解决路径[J].辽宁公安司法管理干部学院学报,2019(4):84-88.

事出有因,只要把握好这个度,就是合理的。一方面,"自证其罪"的行为在某些情况下适用是合理的,并且已有先例。在《刑法》巨额财产来源不明罪中就有体现,由国家工作人员证明巨额财产来源合法的证明难度远低于检察机关证明巨额财产来源不合法,如此规定举证责任倒置既能降低证明难度,提高效率,也能更方便无辜的国家机关工作人员自证清白。另一方面,环境犯罪十分特殊,行为手段隐蔽性、行为方式专业性、因果关系复杂性、结果发生迟缓性、后果难以弥补性是它的基本特征,并且2015年颁布的《刑法修正案(九)》将环境犯罪由结果犯扩大到危险犯,也足见我国对于环境治理的重视程度。现今环境犯罪的案件极少,原因就是证明责任问题没有得到解决。引入间接反证理论仍处于起步阶段,能很大程度解决证明难,无法给造成环境污染的企业定罪的问题,只要我们在把这种理论用于实践的时候,把握好这个尺度,利大于弊,并且把这种理论与疫学因果关系结合使用,就能较大限度地减少可能给被告方带来的"禁止强迫自证其罪"的不利。

7.疫学因果关系理论

疫学因果关系最初是从日本传来的。日本是一个环保发展十分先进的国家,也是疫学因果关系最初的发源地。疫学因果关系经历了推定原则→推定原则＋疫学上的判断法则→疫学因果关系的过程。

在环境犯罪的因果关系上,"推定原则"是由日本的《公害犯罪制裁法》首先创立的。该法第5条规定,如果某人在企业、事业单位里伴随生产活动而排放了危害人体健康的物质,而且仅仅由于该排放量就足以达到对公众的身体甚至生命产生危害的程度,并且在因这种排放所产生的这种危害受影响的范围内是由同一种物质给公众的身体乃至生命带来危害时,即可推定这种危害就是由于该人所排放的物质造成的。但是推定原则自由裁量空间大,适用于刑法时有损害实质公正的嫌疑,并且环境犯罪具有行为手段隐蔽和结果发生迟缓的特征,开始污染到被发现之间的时间较长,很难去查证。这时日本提出引入流行病学上的判断法则与推定原则共同使用,"流行病学"就是"疫学"。作为医学分支学科的疫学中的判断法则后来被用于刑法的环境犯罪因果关系认定,成为如今的疫学因果关系。

疫学因果关系理论是指某种导致环境损害的因素和环境损害结果之间虽然在科学上得不到确切的合法证明,但从大量的统计观察入手,可以发现两者间存在的关系存在高度的盖然性时,就可以肯定这种因素和环境损害结果之间存在因果关系。疫学因果关系理论以统计学为基础,具有科学性。同时疫学因果关系理论要求的"盖然性"标准大幅降低了环境犯罪因果关系的证明难度,有利于打击环境犯罪,实现动用刑事手段保护环境的目的。但该理论也有显著缺陷:一方面,运用疫学因果关系理论可以证明存在环境犯罪的事实因果关系,但是污染行为是如何作用并引起危害结果的产生,这一发展过程的科学机理是不能确定的。所以,疫学因果关系理论并不能确定地排除一切合理怀疑。另一方面,疫学因果关系理论缺乏确定的自然科学因果法则。德国学者考夫曼认为,在无法确定自然的科学法则时,不能肯定刑法上的因果关系。[①] 我国学者黎宏认为,在原因和结果之间引起关系的科学机理不明确的场合仍认可条件关系成立,违反了在存疑情况下,应尽可能保护被告人利益的"疑罪从轻"原则。[②]

笔者认为,病理学领域的疫学判断与刑法环境犯罪因果关系的结合是十分可取的。疫学判断中的"人为流行"是环境犯罪中犯罪主体的客观方面,危害行为与危害结果之间的关系共通,也排除了由不可抗力造成环境污染的情形。病理学领域的疫学也是对人为行为产生

---

① 苏璟雯.环境犯罪中传统因果关系理论的适用困境及解决路径[J].辽宁公安司法管理干部学院学报,2019(4):84-88.

② 黎宏.刑法因果关系论考察[J].清华法学,2022(3):112-130.

的损害人体健康的判断方法,与环境犯罪有共通之处。疫学是研究疾病的流行、群体发病的原因与特征以及预防对策的医学分支学科。疫学与临床医学以诊断、治疗单个患者为目的,它以多数群体为对象,通过调查疾病的发生状态,探讨该疾病的存在原因、扩散过程及预防方法。通过它的目的、对象、调查方式我们可以看到,它也是一种推断,而且这种推断已经在临床医学中使用。在疫学判断中,一般只要符合以下四个条件,就可以肯定某种因子与疾病之间具有因果关系:①该因子是在发病的一定时期之前起作用的因子;②该因子的作用程度越显著,患病率越高;③该因子的分布消长与疫学观察记载的流行特征并不矛盾;④该因子作为原因起作用,与生物学并不矛盾。这些判断条件细密合理。环境犯罪因具有因果关系复杂性,普通的司法鉴定机关在确定因果关系时往往无从下手。当受害者均为群体时,疫学对于流行病的判断对我们环境犯罪因果关系的判断有很大的借鉴意义。

(二)我国因果关系理论

《刑法》关于因果关系理论存在必然因果关系说和偶然因果关系说的争论。必然因果关系说强调行为导致结果发生的必然性,其对刑事归责的界定起到了不恰当的限制作用,对于介入因素的作用也无法认定;偶然因果关系理论则考虑了介入因素存在的可能性和作用,但对于如何认定介入因素并无统一的标准,缺乏实际上的可操作性。[①]由此可知,目前我国的因果关系理论还处于比较初级的空白阶段。必然因果关系很难适用于环境犯罪的复杂情况。因为一条河流的污染,可能是由很多种原因共同造成的,我们只强调行为与结果发生之间的

[①] 韩武斌.环境犯罪中疫学因果关系理论的定位厘清[J].湖南广播电视大学学报,2018(4):47-54.

必然性,既不符合实际情况,也很容易被推翻。譬如,实施污染行为的企业在举证的时候,只要证明自己的行为与结果没有必然关系,行为不是一定就会产生这种危害结果,再给出一些数据的分析,很容易就可以推翻必然性。偶然因果关系在必然因果关系的基础上增加了对介入因素的考虑,是一种进步,但是这种介入因素究竟应当如何认定,与原先的因素之间的关联性是什么,如何分配他们之间的比例,都没有一个统一的标准。所以这两种学说一个很容易被推翻,一个没有明确操作标准,都不具有操作性。

(三)域外因果关系理论的引入

通过对西方因果关系理论的梳理,我们能够得到如下启发:一是在环境犯罪中,不能简单地利用条件来判定因果关系,还需要增加一些筛选条件。以"社会生活经验"来判断因果关系能增强可理解性。二是遇到复杂的环境犯罪,我们可以把事实与法律分开,法律层面可以在事实层面上多加一层筛选条件(类似于英美法系的陪审团制度,陪审团只参与认定事实,不参与适用法律)。对于我国目前关于环境犯罪可操作性不强的必然因果关系说和偶然因果关系说而言,适当引入一些域外理论与新学说有利于我们更好地完善因果关系的证明过程。

1."高度盖然性"与"推定"

通过分析这些学说,尤其是疫学因果关系,我们可以发现"高度盖然性"这个词经常出现。它是与"推定"并行的,间接反证理论即为推定理论。高度盖然性的含义是根据事物发展的概率进行判断的一种认识方法,是人们对事物的认识达不到逻辑必然性条件时不得不采用的一种认识手段。它属于逻辑学,它与法律的交叉主要体现在民事诉讼法方面。最高人民法院公布的《关于民事诉讼证据的若干规定》对高度盖然性的证明标准进行定义。"推定"是一种方法,在刑法普通的犯罪类型中常常由公安机关用"倒查逻辑"来"推定"行为人的危害行为与危害结果之间的因果关系。虽然刑法逻辑严密,对于证据要求最为严格,疑罪从无,但也不必要看到"高度盖然性"和"推定"这类含糊的词汇就避之不及。

首先,我们要明确一个前提,"高度盖然性"和"推定"都只是在环境犯罪的因果关系中使用的,而这种使用的原因就在于环境犯罪的特殊性。什么是环境犯罪?以最典型的污染环境罪为例,《刑法》第三百三十八条规定:违反国家规定,排放、倾倒或者处置有放射性的废物、含传染病病原体的废物、有毒物质或者其他有害物质,严重污染环境的,处三年以下有期徒刑或者拘役,并处或者单处罚金;情节严重的,处三年以上七年以下有期徒刑,并处罚金。污染环境罪的主体既可以是单位也可以是个人。以单位为例,一条河流的上游有 A 企业排污,中游有小区居民排放生活废水,下游的自来水厂水源被污染了,造成了财产的巨大损失,甚至有人因此受伤。我们通过自然科学技术(疫学因果关系是通过统计学确定高度盖然性的)或者以"一般社会生活经验"来看,都认为是 A 企业的排污行为造成了这种严重后果。小区居民的生活废水在这里是一种介入因素,并不是主要原因,也不足以构成刑法意义上的因果关系。"高度盖然性"与"推定"是为了更好地在环境犯罪错综复杂的原因寻找真正的因果关系。

2.可被引入的学说

可被引入的学说包括:相当因果关系说、疫学因果关系说、间接反证因果关系说。

以上三种学说在前文对它们进行介绍的时候已经阐述了它们的优点和可行性。相当因果关系说通过"一般社会生活经验"来判断因果关系,增强了判断结果的可接受性。疫学因果关系说通过统计学和高度盖然性的方法,能更有力地分析出真正的可被归责人。间接反证因果关系说与严格责任共同使用,能有效降低证明的难度,使程序运转更加顺畅。

3. 三种学说的具体适用

这三种学说在具体引入的时候,要根据它们各自的特征划分使用。

相当因果关系说运用的"社会生活经验"主要是针对认定事实层面,运用法律规范的时候仍然需要有法律专业知识的人来判断。

疫学因果关系这种统计学的方法主要适用于受害者是群体的情况。当受害者是个体时,因果关系很好证明,所以不使用这种方法。

间接反证因果关系说与严格责任有共同之处,但在适用时要明确范围,即达到什么样的程度才可以被算作"案情真伪不明"。

(四)环境犯罪因果关系认定难题的解决思路

因果关系的认定在所有案件中都是一个难题,如庞德所言,"关于因果关系的认定和证明在司法实践中是一个难以摆脱的困境,截至目前,并没有相关的因果关系证明理论和检测依据能够把这种直接性展示出来并获得学者和实务工作者的认可,进而可以在司法实践中得到推广和应用"[①]。因果关系是犯罪构成要件中不可缺少的一环,我国刑法理论中的必然因果关系和偶然因果关系理论在环境犯罪因果关系认定中是无效的,在审判中也很难实践,其主要原因在于环境损害的介入因素太多、太复杂,甚至损害行为与损害结果之间是否存在因果关系在科学技术上都无法解决。梳理各国关于因果关系及其确定的

---

① Roscoe Pound. Causation[J]. The Yale Law Journal,1957(1):1-18.

理论,笔者认为每一种方法都有其合理之处,但单纯任何一种方法都无法解决所有问题。因果关系虽然是刑法上的犯罪构成要件,但最终还是要在刑事司法中予以确认。只要有行为或者只要有结果即追究刑事责任的方法,虽然简便易于实施,但有违罪责刑相适应的原则,因果关系还需要在刑事审判中通过证据链条予以证明。

1.关于因果关系学说的使用

在环境犯罪因果关系流程中,可以如下配套使用这三种学说:①疫学因果关系说可适用于受害者为群体的案件。受害者为群体的,在调查事实过程中使用疫学因果关系说,通过统计学和高度盖然性的方法确定责任的比例,结合其他证据推定真正的可被归责人。②在法庭调查过程中,使用间接反证因果关系说与严格责任,在案件真伪不明的情况下,举证责任倒置,降低证明难度,使程序运转起来,确定可被归责人。③相当因果关系既可以适用于法官对事实的认定,也可以作为参考判决效力的方法。在认定事实时,人民法院由司法鉴定中心进行技术层面的分析,在此基础上,法官以"社会生活经验"来判断因果关系,将环境犯罪的行为方式的专业性造成的难度尽量降低。也可以通过判断结果的可被理解性为预测判决效力提供参考,毕竟刑法的目的之一就是指引与教化。

2.环境犯罪因果关系的认定必须全面实施鉴定人出庭与专家辅佐人制度

尽管有学者主张对环境犯罪因果关系的认定仍然要以逻辑推理和经验法则为基本方法[①],但笔者认为,环境犯罪中的因果关系不同于普通犯罪,司法裁判者并非科学专业人士,并不能依据逻辑和经验判定因果关系是否存在,仍应依赖科学技术手段。即某损害行为是否能

---

① 杨继文.污染环境犯罪因果关系证明实证分析[J].法商研究,2020(2):126-140.

够造成刑法上的后果,要依靠司法鉴定和科学验证,环境损害司法鉴定的主要内容之一便是判定环境损害行为与环境损害结果之间的因果关系。[①] 但与我们要警惕"科学证据"一样,环境损害司法鉴定的专业性极强,且需要综合运用不同专业领域的专业知识,不同的鉴定部门如果采取不同的鉴定标准,就可能得出不同的鉴定意见。因此,司法裁判需要环境损害司法鉴定,但是不能不经判断直接采信,否则即成了"鉴定审判",非常危险。对鉴定意见的采信需要通过鉴定人出庭和专家辅佐人出庭的方式帮助法官运用逻辑推理进行判断。鉴定人出庭说明鉴定程序以及鉴定意见的依据,如被告人对此有异议则应准许其申请专家辅佐人出庭针对鉴定意见提出自己的意见。《刑事诉讼法》目前对鉴定人是否出庭做出了弹性规定,即"公诉人、当事人或者辩护人、诉讼代理人对鉴定意见有异议,人民法院认为鉴定人有必要出庭的,鉴定人应当出庭作证"[②],也并未确立专家辅佐人制度。笔者认为,有必要在环境犯罪审判中确立鉴定人出庭和专家辅佐人制度,只要刑事诉讼专门机关和当事人对鉴定意见有异议即应强制鉴定人出庭接受质证;建立环境犯罪专家证人制度,允许当事人聘请专家辅佐人,针对专业问题提出意见。亦有学者提出"专家证人"的提法[③],但笔者认为,专家仅就某些专业问题提供知识上的帮助,并非为证明某事项而提供证言,其"证言"取得也不符合《刑事诉讼法》的取证规定,因此不具备证人资格。专家运用自己的科学知识为当事人提供帮助,以专家辅佐人称呼更为合适,并且其提供的意见也并非刑事证据,专家辅佐人的意见只是为法庭审判提供参考。鉴定人出庭接受质证,与

---

① 李清,文国云. 检视与破局:生态环境损害司法鉴定评估制度研究——基于全国 19 个环境民事公益诉讼典型案件的实证分析[J]. 中国司法鉴定,2019(6):1-9.

② 见《刑事诉讼法》第一百九十二条。

③ 谢伟. 我国环境诉讼的专家证人制度构建[J]. 政治与法律,2016(10):28-37.

专家辅佐人就鉴定意见进行辩论,将因果关系的科学逻辑以言词的形式呈现给法官,由法官运用自己的逻辑推理和经验法则进行判定,这样可以最大限度地实现因果关系确定的公正。

五、环境犯罪审判中的损害评估与司法鉴定

刑事司法鉴定,是在刑事诉讼中,由公安司法机关指派或者聘请拥有科学技术或者专门知识的鉴定人对刑事诉讼中的专门性问题进行鉴别和判断并提供鉴定意见的活动。为加强对鉴定人和鉴定机构的管理,2015 年修正的《全国人民代表大会常务委员会关于司法鉴定管理问题的决定》规定了三类鉴定:法医类、物证类、声像资料类。另外,根据诉讼需要由国务院司法行政部门商最高人民法院、最高人民检察院也可以确定其他鉴定事项。我们可以看到,环境司法鉴定纳入三类鉴定不仅勉强,而且非常困难,因为我国传统针对普通刑事犯罪设置的法医、物证类鉴定机构是没有能力进行环境司法鉴定的。针对这个问题,2011 年环境保护部《关于开展环境污染损害鉴定评估工作的若干意见》明确,决意推进环境污染损害鉴定工作。2015 年,最高人民法院、最高人民检察院和司法部联合印发《关于将环境损害司法鉴定纳入统一登记管理范围的通知》(以下简称《环境鉴定统一管理的通知》);司法部、环境保护部联合印发了《关于规范环境损害司法鉴定管理工作的通知》(以下简称《规范环境鉴定工作的通知》),就环境损害司法鉴定实行统一登记管理和规范管理环境损害司法鉴定工作做出明确规定。这两个通知将环境损害鉴定纳入了《全国人民代表大会常务委员会关于司法鉴定管理问题的决定》的司法鉴定。前文侦查一章已述及,目前该项工作进展缓慢。《规范环境鉴定工作的通知》明

确,"环境损害司法鉴定是指在诉讼活动中鉴定人运用环境科学的技术或者专门知识,采用监测、检测、现场勘察、实验模拟或者综合分析等技术方法,对环境污染或者生态破坏诉讼涉及的专门性问题进行鉴别和判断并提供鉴定意见的活动。环境诉讼中需要解决的专门性问题包括:确定污染物的性质;确定生态环境遭受损害的性质、范围和程度;评定因果关系;评定污染治理与运行成本以及防止损害扩大、修复生态环境的措施或方案等"。

前文已述,我国环境损害鉴定(含司法鉴定)体制和机制正处在建设期,很多问题尚没有理顺。2015年,司法部、环境保护部发布《规范环境鉴定工作的通知》正式开启了环境鉴定建设。2014年和2016年,环境保护部分别发布了两批环境损害鉴定评估推荐机构名录,但并未明确这些鉴定机构的作用(实际对于司法鉴定,环境保护部也无权规定)。2019年司法部、生态环境部印发了《环境损害司法鉴定执业分类规定》,对环境损害司法鉴定机构的业务范围和鉴定人执业类别进行了分类。梳理这些规定,我们能得出以下结论。

第一,我国环境损害司法鉴定的顶层设计工作已经完成,但具体鉴定体制和机制建设尚未开展;第二,环境损害鉴定评估推荐机构名录并非法定司法鉴定机构;第三,环境损害司法鉴定机构的设置和资格审核由各省级司法行政机关负责,之前已经审核登记的需要重新审核登记,但重新审核期间可继续进行鉴定业务。那么,在规范的环境损害司法鉴定体系建成之前,环境刑事司法鉴定还可能存在一些问题。

(一)鉴定资质问题

1.鉴定资格认定过渡期安排的问题

法定的司法鉴定机构还在建设,但是刑事司法却已经先行,那么已经和正在发生的环境犯罪案件的鉴定怎么处理？当然，司法部做出了过渡性的安排，已经登记的环境损害司法鉴定机构虽然要重新登记，但在这期间仍旧可以继续进行鉴定工作。但这会给人一种误会，就是这些在之前取得资格登记的机构在重新审核登记中一定会被重新认定。其实这也未必，因为之前司法部并没有统一的认定标准，按照现在的标准，以前通过省级司法行政机关审核的现在不一定会通过。当然，根据法不溯及既往的原则，在重新审核认定之前已经进行的司法鉴定应该在司法裁判中认定其作为鉴定意见的证据资格。但是在审核期间接受委托或者指派进行的鉴定，若该机构经过重新审核认定未能取得鉴定资格，该鉴定事项如何处理？

2. 环境行政执法阶段的鉴定与司法鉴定的衔接问题

环境损害鉴定评估推荐机构针对的是行政执法鉴定和民事损害鉴定两种鉴定，前者作为环境行政执法机关的执法依据，后者作为民事环境侵权之诉的依据。这些鉴定机构不属于法定的司法鉴定机构，那么，这种鉴定在刑事审判中应该如何对待？《最高人民法院、最高人民检察院关于办理环境污染刑事案件适用法律若干问题的解释》第十六条规定，"对案件所涉的环境污染专门性问题难以确定的，依据鉴定机构出具的鉴定意见，或者国务院环境保护主管部门、公安部门指定的机构出具的报告，结合其他证据作出认定"。根据以上规定，非法定司法鉴定机构做出的检验报告不是鉴定意见，不属于法定的证据种类。但实际上与鉴定意见的作用是一样的，甚至应当与其他法定证据一样举证、接受质证，检验人与鉴定人一样需要出庭，经人民法院通知，检验人拒不出庭作证的，检验报告不得作为定罪量刑的参考。当然，也有学者指出，检验报告不是鉴定意见，也发挥不了鉴定意见的作用,只能起到"参考"作用。① 但笔者认为,鉴定意见在审判中的作用也是审判参考,其之所以被称为"意见"而不是以前的"结论",就是因为它只是为了帮助司法在进行裁判的时候确定某些法官由于知识和技术的缺陷无法独立判断的专门性问题。真正的问题在于,检验报告实质上在刑事诉讼中被作为证据看待,但在证据的取得中却存在瑕疵,因为它既没有按照《刑事诉讼法》规定的取证规范进行,也不是在刑事案件正式立案之后取得的,属于不符合法定程序取得的证据。这样的证据是否具有证据资格是存在很大争论的,在前文我们已经进行了详细的论述,在此不再赘述。最高人民法院、最高人民检察院实际是清楚检验报告在法理上的瑕疵的,因此通过司法解释认可的方式试图解决这个问题。对于除检验报告以外的其他在执法中收集的数据,《最高人民法院、最高人民检察院关于办理环境污染刑事案件适用法律若干问题的解释》第十四条规定,"环境保护主管部门及其所属监测机构在行政执法过程中收集的监测数据,在刑事诉讼中可以作为证据使用。公安机关单独或者会同环境保护主管部门,提取污染物样品进行检测获取的数据,在刑事诉讼中可以作为证据使用"。

但这样的做法在法理上解释得通吗?学术界关于证据的基本特征争论了很多年,尽管有很多学者并不主张证据必须具有合法性,但《刑事诉讼法》的立法实际明确了证据必须收集主体合法、收集程序合法、证据的形式合法。只有法定的主体收集的证据才具有证据资格,在刑事诉讼中只有法定授权的刑事司法专门机关才有收集犯罪证据的权力。刑事证据的取得必须符合《刑事诉讼法》规定的取证程序,否则即为非法证据。刑事证据必须符合法律规定的证据种类,否则不能作为证据。这些都不是通过司法解释将某种不符合上述特征的证据

---

① 陈嘉一,胡佳.环境污染刑事案件鉴定和检验的现实困境与对策[J].西昌学院学报(社会科学版),2019(3):65-71.

强硬地规定为证据就能解决的。

(二)鉴定能力问题

相较于普通刑事犯罪,环境犯罪的审判对于司法鉴定的依赖性更强,司法鉴定机构承担的专门性鉴定的范围也更广。不仅要确定污染物的性质、损害的性质范围和程度,而且要评定因果关系、评定污染治理与运行成本以及防止损害扩大、修复生态环境的措施或方案等[①],这对环境司法鉴定机构提出了更高的要求。通常,普通刑事案件的司法鉴定主要是对伤害等级、物证性质或者属性等进行鉴定,涉及的因果关系也比较单一(如伤害是否由某特定作案工具造成),评定预后标准更不是鉴定事项。但这些在环境损害司法鉴定中却是常规事项。环境司法鉴定要对环境损害的损害结果的性质和程度进行鉴定,对污染物进行鉴定,同时要将两者结合,提出是否存在因果关系的意见。除此之外,还要对将来的修复提出方案,进行评估,这已经超出了科学技术的范围,因为必定要涉及经济管理领域的专业性问题。对于环境司法鉴定机构是否能够拥有这些能力,笔者表示非常担忧。

(三)解决思路:过渡与未来

我国环境治理起步虽然不晚,但迁延日久,环境治理体系的建立和完善也就是在最近几年。可以说,仓促起步,骤然提速,环境司法鉴定体系未能跟上也是可以理解的,并且也是客观事实。在过渡期,最高人民法院、最高人民检察院以司法解释的形式暂时确认检验报告的证据能力,司法部在过渡期承认已有环境司法鉴定机构的资格,这都是应然的做法。但应明确这只是过渡期,并且最高人民法院、最高人

---

① 见《环境损害司法鉴定执业分类规定》第三条。

民检察院与司法部要做好过渡期司法鉴定的细致安排。针对重新审核期内接受的司法鉴定业务,若在未出具鉴定意见之前,该机构最终未能取得审核注册,那么它的鉴定事项就应该终止,转而由其他有鉴定资格的机构进行鉴定,之前已经做出的鉴定意见应连同鉴定材料一同转交。这当然会涉及鉴定费用以及时间拖延问题。对于费用,司法机关在指派或者聘请该鉴定机构时应对该问题做出明确安排。对于时间,这是司法公正应该付出的成本,并不能成为问题。在环境司法鉴定体系建立以后,仍然有很多问题需要特别关注。

1. 法定鉴定机构能力不足的应对

对于环境犯罪所涉及的众多领域而言,并没有哪个鉴定机构能够涵盖所有事项。当然,各环境司法鉴定机构可以根据他们的鉴定领域只确定一个或几个鉴定领域或事项。根据司法部、生态环境部的《环境损害司法鉴定执业分类规定》,环境损害司法鉴定涉及污染物性质鉴定、地表水与沉积物环境损害鉴定、空气污染环境损害鉴定、土壤与地下水环境损害鉴定、近岸海洋与海岸带环境损害鉴定、生态系统环境损害鉴定、其他环境损害鉴定等七大领域 47 个分领域或项目。据报道,截至 2018 年 12 月底,全国经过省级司法行政机关审核登记的环境损害司法鉴定机构已有 103 家,鉴定人 1900 余人。[①] 看起来好像是不小的数字,但实际上无论机构还是人员都是远远不足的。并且在某些领域也存在鉴定能力不足的问题。为应对这种不足,司法部办公厅在《关于进一步做好环境损害司法鉴定管理有关工作的通知》中采取了两项措施:

第一,引入专家顾问团队。要求各省组建环境损害司法鉴定专家

---

① 张子扬. 中国环境损害司法鉴定机构突破 100 家[EB/OL]. (2019-01-15)[2019-06-02]. https://baijiahao.baidu.com/s? id=1622725343860956624&wfr=spider&for=pc.

顾问团队,为机构提供专业指导和服务,提升鉴定能力和质量。第二,实施强制鉴定受理和联合鉴定。即凡涉及环境污染刑事案件定罪量刑的核心或关键专门性问题,只要办案机关委托且事项在机构执业范围内的,必须接受委托鉴定,如果技术上有难度且难以解决的,可以联合其他有相关鉴定能力的鉴定机构和专家联合参与鉴定。这些举措都具有针对性,是充分考虑现实情况而做出的规定。长远来看,笔者建议环境司法鉴定的机构范围可以进一步扩张。除专业性鉴定机构以外,可以准许科研院所设立单项鉴定机构,相关科研院所研究力量较强,但缺点是主要业务精力不在鉴定业务上,笔者认为可以合理利用科研院所的科研资源,允许他们挂靠司法鉴定机构,接受鉴定业务培训,接受鉴定机构的管理。由此可以增强环境司法鉴定的力量和能力。

2.鉴定人出庭作证问题

对于某特定环境损害事项,谁的认知水平最高? 其实并不是鉴定机构,鉴定机构只是熟悉该领域的专业知识,对于生产经营是外行。环境损害科学问题的专家恰恰是环境犯罪的主体,这体现了前文提到的知识的垄断性。环境犯罪刑事案件在法庭上对鉴定意见提出异议的一定较普通刑事案件多,环境污染主体更具优势。因此,笔者建议:第一,环境犯罪的案件鉴定人应该全部出庭,鉴定人不出庭的案件延期审理,确保鉴定意见能够得到质证,这对于环境犯罪审判的公正是非常重要的。第二,环境犯罪的案件审理应逐步建立成熟的"污点证人"制度,知悉环境犯罪的一般是内部责任人,司法上应该建立"污点证人"的证言豁免权。出于担心对实体正义的冲击,尽管学术界呼吁多年,"污点证人"制度并没有在我国确立。但是环境犯罪是较为特殊的领域,它不像恶性刑事案件、集团类刑事案件那样影响面广、公众接受困难,在环境犯罪领域试行"污点证人"制度是可行的。

六、环境犯罪审判程序中的几个特殊问题

　　尽管环境犯罪也是刑事犯罪，也应该遵守《刑事诉讼法》的规定进行审理，但环境犯罪有不同于普通刑事犯罪的一些特点，这就导致对环境犯罪的审判与普通刑事犯罪相比有需要特别关注的地方。其中既有刑事立法的问题，也有司法的问题，因与审判直接相关，故在这里一并提出。

（一）关于环境犯罪的追诉和量刑标准

　　鉴于《刑法》关于污染环境犯罪的入罪标准规定过于笼统，《最高人民法院、最高人民检察院关于办理环境污染刑事案件适用法律若干问题的解释》对各罪的入刑和量刑标准做了规定。该解释改变了 2006 年《最高人民法院关于审理环境污染刑事案件具体应用法律若干问题的解释》主要从环境污染行为造成的损害后果方面入手进行规范的标准，增加了行为标准，但仍然吸收了 2006 年关于财产和人身损害的标准。

　　1. 以人身、财产损失为计算依据忽视了公共利益的问题

　　我们可以看到，该解释仍然延续了普通犯罪的追诉和量刑思路，以经济损失或者人身伤亡为基本标准。但环境犯罪区别于普通刑事犯罪，普通刑事犯罪所造成的经济损失或者人身伤亡是可以量化的，但环境犯罪除了可量化部分，还存在不可量化部分，后者其实才是其之所以被称为环境犯罪而不归类为侵犯人身权利、财产权利犯罪的本质特征。如果把环境犯罪侵害的利益分为两部分的话，即"人身或财

产损害＋公共利益",则该解释的标准只针对"人身或财产损害"而忽视了更为重要的"公共利益"。换个角度,环境犯罪造成的经济损失只有直接经济损失可以量化计算,间接损失是无法计算的。比如,倾倒工业废水造成经济损失 20 万元的,导致基本农田三亩基本功能丧失或者遭受永久性损害的,依照该解释不属于造成"公私财产遭受重大损失"的情况,但这种行为给公共利益造成的损害却是永久无法修复的。

2.入罪和量刑标准过高的问题

或许是因为环境犯罪大多并非直接故意犯罪,多是出于经济利益而放任了对环境的损害,主观恶性没有直接故意犯罪那么大,又或许是因为环境犯罪多没有直接的被害人,因此并没有被害人要求惩罚犯罪的压力,《刑法》对环境犯罪的处罚较其他普通犯罪轻,该解释更提高了入罪和量刑的门槛。本书将污染环境违法所得或致使公私财产损失 31 万元与盗窃了 31 万元进行对比,根据《最高人民法院、最高人民检察院关于办理盗窃刑事案件适用法律若干问题的解释》,盗窃 31 万元的应认定为"数额特别巨大",依《刑法》应"处十年以上有期徒刑或者无期徒刑,并处罚金或者没收财产"。相同的数额,污染环境罪中被认定为"严重污染环境"的,应"处三年以下有期徒刑或者拘役,并处或者单处罚金"。上文提到过,环境犯罪的客体其实是复杂的"财产利益＋公共利益",现在单单比较财产利益就远远轻于单一的侵犯财产类犯罪,等于公共利益这个客体已经忽略不计了。而侵犯财产类犯罪再加上侵犯其他客体会怎样? 如盗窃罪若再侵犯了人身权利或者公用设施马上就会转化成更重的犯罪;盗窃罪如果侵犯了特殊对象,会让刑罚变得更加严重(如盗窃金融机构)。但是这个道理放到环境犯罪这儿却不是这样,除了人身、财产利益,其他的被忽略掉了。

3. 标准不可量化的问题

环境犯罪的经济损失和人身损害,有的可以量化,但大多数都是无法量化的。能够量化的一般都是单次、突发事故,如紫金矿业的溃坝导致废水外流。但大多数环境损害的案件都是"细水长流""润物细无声",如各地查处的挖暗井排污案件,污染主体直接将工业废水排入深层地下,进入地下水层。这种损害如何量化? 多个行为主体都向一条河里排污,怎么计算每个主体造成的损失? 前文提到的"癌症村"案件中,因果关系都难以确定,又如何确定人身损害呢?

为了弥补无法量化的缺陷,《最高人民法院、最高人民检察院关于办理环境污染刑事案件适用法律若干问题的解释》增加罗列了大量行为要素,如"在饮用水水源保护区、自然保护地核心保护区等依法确定的重点保护区域排放、倾倒、处置有放射性的废物、含传染病病原体的废物、有毒物质的;非法排放、倾倒、处置危险废物三吨以上的;排放、倾倒、处置含铅、汞、镉、铬、砷、铊、锑的污染物,超过国家或者地方污染物排放标准三倍以上的;排放、倾倒、处置含镍、铜、锌、银、钒、锰、钴的污染物,超过国家或者地方污染物排放标准十倍以上的"。这是我国立法(广义的立法,包含司法解释)的惯例,即采取列举式试图穷尽一切可能。但是实践中的新问题层出不穷,列举式很难穷尽。在笔者看来,虽然我国是成文法国家,但也并不禁止法官在法律规定下的自由裁量。对于什么是"严重污染环境"完全可以交由法官根据经验法则进行裁量。法官并不是机械适用法律的机器,并不需要甚至不应该拿到案件就放到量刑卡尺里看符合哪个标准。最高人民法院可以通过发布指导性案例的方式来引导各地司法,实现法律适用的尺度统一。

(二)关于案件的管辖

不同于普通刑事犯罪,环境犯罪的案件往往牵涉多地,犯罪行为地、犯罪结果发生地往往各自牵连多个区域,这些区域有的时候根本无法分清。那么按照普通刑事犯罪由犯罪地管辖为主、居住地管辖为辅的原则就很难操作。最为典型的就是流域污染,牵涉地域众多,管辖不明。鉴于此,最高人民法院、最高人民检察院、公安部、司法部、生态环境部于 2019 年印发的《2019 年纪要》提到"'环境污染行为发生地'包括环境污染行为的实施地以及预备地、开始地、途经地、结束地以及排放、倾倒污染物的车船停靠地、始发地、途经地、到达地等地点;环境污染行为有连续、持续或者继续状态的,相关地方都属于环境污染行为发生地。'环境污染结果发生地'包括污染物排放地、倾倒地、堆放地、污染发生地等"。即这些地方的公安机关都有侦查权,相应地,所在地的人民检察院和人民法院有起诉权和审判权。

《2019 年纪要》明确解释了什么是犯罪行为地和犯罪结果地,但并没有从根本上解决管辖问题。尽管其中提到由最初受理案件的公安机关管辖,管辖不明的由共同的上级机关指定管辖,但这只是对早已经立法确认的管辖权争议解决进行了重申。环境犯罪的案件中管辖权争夺的情况并不多见,多见的是管辖权推诿,也就是"谁都可以管谁都不管"的情况。因此,环境犯罪这种涉多地的刑事案件,管辖权应该明确,而不应该是"谁管都行"。

笔者建议,环境犯罪案件的管辖应明确居住地管辖,即由环境犯罪实施主体的住所地或生产经营地管辖,住所地与生产经营地不在一处的,由生产经营地管辖。环境污染行为的本质就是生产、经营行为,无论污染发生在什么地方、损害发生在什么地方,都是围绕着生产经营进行的。由生产经营地的公安机关进行侦查、人民法院进行审判,符合侦查、诉讼便利的原则,并且能够让当地生产经营者引以为戒。环境犯罪不同于普通刑事犯罪那样会让直接的被害人产生"仇恨"的心理,因此并不需要过多考虑在犯罪行为地或者结果地进行审判能够起到更好的社会抚慰的效果。同时,由生产经营地管辖有利于案件的执行。

(三)关于环境犯罪审判的庭前会议

2012 年《刑事诉讼法》修正确立了"庭前会议"制度,这是我国庭前程序的重大改革。"庭前会议"制度建立以后,很长一段时间,司法机关和辩护律师等诉讼参与主体都感到无所适从,实践中"庭前会议"也很少适用。因为刑事诉讼不同于民事诉讼,庭前排除非争点庭审集中于分歧进行审理在刑事诉讼贯彻实事求是、全面审理的精神下变得没有那么必要。有鉴于此,最高人民法院发布了《人民法院办理刑事案件庭前会议规程(试行)》,明确了"庭前会议"的目标是"确保法庭集中持续审理,提高庭审质量和效率"。按照这种思路,"庭前会议"解决的事项应该是可能会导致庭审中断、延期审理的情形。因此,该规程明确规定了必须召开"庭前会议"的事项——非法证据排除,其余事项都是人民法院可以召开庭前会议。当然,我们不讨论"非法证据排除"这个必要项有没有可能让"庭前会议"活起来。单就"可以"召开庭前会议来讲,仍然避免不了"庭前会议"沦为摆设的局面。

但"庭前会议"对于环境犯罪的审判非常有意义,主要体现在两个方面:

第一,环境犯罪的证据专业性较强,且多由行政机关移交,容易产生证据的争议。环境犯罪的证据是否申请重新鉴定,是否提出新的证据,这些事项较之其他普通犯罪更多。相对于普通刑事犯罪,环境犯罪对言辞类证据的依赖性较弱,而对实物类证据的依赖性较强,对物证鉴定的要求较高。因此,产生鉴定意见异议的情况较多。另外,环境犯罪的案件很多都是从行政机关移送刑事司法的,如前文所述,行政机关的取证规范与刑事诉讼的要求不同,这也会产生证据证明能力的分歧。这些都需要在庭前会议上解决,而不能在庭审中动辄即因为证据问题延期审理。

第二,环境犯罪的案件牵涉面较广,涉及民事赔偿的情况较多。一个环境污染的案件,往往牵涉数十、数百的被害人,有的事先知情参与诉讼,有的不知情没有参与诉讼。这就需要在庭前会议上明确附带民事诉讼的争点,明确附带民事诉讼的当事人。

因此,笔者建议应该明确规定环境犯罪的案件必须召开"庭前会议"。环境犯罪案件"庭前会议"解决的问题有两个:一是关于证据问题,是否申请重新鉴定、是否提出新的证据、是否对证据的资格问题提出异议,这些事项应该在庭前解决,鉴定人应该出席庭前会议,并对鉴定事项接受控辩双方问询;二是关于附带民事诉讼问题,庭前会议之前法院应该向社会发布公告,通知案件的利益关涉方参加,避免在庭审中不断增加诉讼参与人。

七、环境犯罪审判与司法鉴定的难题

环境犯罪的审判是环境司法专门化的一环,由于环境犯罪的特殊性,建立专门的环境司法审判系统是各国的普遍做法和经验。我国自21世纪初,尤其是在2015年第一次全国法院环境资源审判工作会议召开后,各地纷纷设立专业化、专门化的环境审判机构。但鉴于环境犯罪的案件数量偏少,我国的环境专业化审判力量主要集中于环境民事、行政及公益诉讼,对环境犯罪的专门化审判几乎没有建立起来。

与环境犯罪侦查一样,环境审判专业性法官的队伍人才匮乏是突出问题,从最高人民法院到地方各级人民法院尝试了很多办法,如专业化培训、专家陪审员等。笔者从体制上提出了一种解决思路,即配套前文提到的环境犯罪侦查体制改革,打破行政区划设置环境审判法院,对环境犯罪的案件提级审理。

在环境犯罪审判中,法官通常会面临三大难题,即主观方面的确定、因果关系的确定和司法鉴定。在刑事审判前,控辩双方各说各话,到了司法审判,就必须给出明确的审判结论。就主观方面的认定而言,似乎环境犯罪严格责任的引入已经成为一种趋势。但这种理论存在法理上的正当性问题,由于主观方面确证困难就抛弃主客观相统一的定罪标准似乎难以说通。因此笔者并不主张绝对的严格责任,而是考虑相对严格责任,这种制度安排并没有卸掉追诉机关的证明责任,同时将适用范围严格限定在单位犯罪中。即单位只要证明其对涉环境的生产、经营事项已经尽了勤勉、严格、合法、合规的管理义务,就可以免除证明责任。对因果关系的证明也是环境犯罪审判中的难题,国内外提出了各种林立的学说试图从学理上予以解决,笔者认为,可以针对不同主体和不同阶段采纳不同的学说:受害者若为个人则适用条件说,若为群体则适用疫学因果关系;在法庭调查中,可适用间接反证因果关系说;法官认定事实的方法则可以适用相当因果关系及经验法则。

与环境侵害、环境评估、环境影响性评价等鉴定事务相比,环境司法鉴定还处于一个起步阶段,甚至对立案环境损害司法鉴定业务的分类也是 2019 年才规定的。司法鉴定机构和体系还在紧锣密鼓地建设,但是环境司法却已然先行。因此,司法部也做出了过渡性的制度安排,但其中仍然存在欠周全的地方,主要是以前认定的鉴定机构在过渡期仍然接受鉴定业务,对未能取得鉴定资格的处理问题,规定必须明确解决。当然,即便是法定的司法鉴定机构也存在鉴定能力不足的问题,因为环境领域实在太专业、分类太细了。司法部办公厅《关于进一步做好环境损害司法鉴定管理有关工作的通知》要求只要委托即要受理,能力不足可以联合鉴定。但这其实并不能从根本上解决问题,因此笔者主张利用科研院所的力量,允许他们挂靠司法鉴定机构执业,增强环境司法鉴定的力量和能力。此外,鉴于环境犯罪案件的复杂性,对于环境司法鉴定应强制鉴定人必须出庭接受询问。

除了以上问题,笔者还关注到了环境犯罪审判中的几个细微问题,如在环境犯罪的追诉和量刑标准方面,以人身、财产损失为计算依据忽视了公共利益;入罪和量刑标准过高,与其他侵财类和侵犯人身权的犯罪相比,显得罪责刑不相称;损害标准具有不可量化性,笔者提出应赋予法官一定的裁量权,由法官根据经验法则来确定。在案件管辖方面,相关司法解释其实只解决了管辖权争夺问题,并没有解决环境犯罪案件中常见的管辖权推诿问题,笔者提出由环境犯罪实施主体的住所地或生产经营地管辖,住所地与生产经营地不在一处的,由生产经营地管辖的建议。此外,笔者认为环境犯罪案件审理程序中,"庭前会议"非常重要,在庭前会议上应当解决证据问题、鉴定异议问题、附带民事诉讼参加人和诉讼请求问题。

总而言之,环境犯罪审判的研究还处于非常粗浅的阶段,环境犯罪案件数量不多,专业化建设的难度很大,这更需要我们从环境犯罪的自身特点出发去思考解决问题的办法。

第六章　政策对环境犯罪追诉机制的影响

一、政策的作用

　　无论在哪个国家,法律都不是唯一的社会规范。"时代是进化的,而法律是保守的"①,如萨维尼所说,"法律自制定公布之时,即逐渐与时代脱节"②。虽然立法者根据社会生活的变化可以修改法律,但修法是程序性极强的立法活动,其过程漫长而复杂。即便有敏感的立法者也无敏锐的立法者。③ 尤其在中国这样的成文法国家,成文法为了追求稳定性,一经制定就不能朝令夕改。虽然立法者在立法时,试图进行前瞻性的预测,并融于立法,但一方面预测不一定准确,另一方面预测是基于立法时的背景进行,也存在局限性。④ "社会的需要和社会的

---

①　朱采真. 现代法学通论[M]. 上海:世界书局,1953:81.
②　徐国栋. 民法基本原则解释——成文法局限性之克服[M]. 北京:中国政法大学出版社,2001:181.
③　徐国栋. 民法基本原则解释——成文法局限性之克服[M]. 北京:中国政法大学出版社,2001:181.
④　王宏卫. 检察机关环境公益诉讼之适格证明及几个制度建议[J]. 环境资源法论丛,2013(1):124-140.

意见常常是或多或少地走在法律的前面,我们可能非常接近地弥合它们之间的缺口,但永远存在的趋向是把这缺口打开来。因为法律是稳定的,而我们谈到的社会是前进的。"①我们可以通过很多途径解决法律的滞后性问题,比如法律解释,而更为直接和迅速的是政策。所谓政策,一般是指某一利益集团为了获取特定利益,实现特定政治、经济、社会目的,根据当时情况而制定的规则。② 从过程上看,一方面,政策的制定和实施都是为了特定利益或目的,其所改变的是现有的利益格局;另一方面,只有实际上能持续实施,或者理论上存在持续实施可能的政策制定主体所制定的规则或行动方案,才能被称为政策。③ 政策不是法律,但执政党的政策和国家的政策不仅会通过国家的立法进入法律,还通过执法、司法活动影响着法律的执行。回顾我国生态环境刑事治理的历史,也反映了党和国家的政策对生态环境治理影响的变迁。

　　1997 年《刑法》关于"破坏环境资源保护罪"的立法,表明我国确立了较为严格的环境刑事政策,但 1997—2010 年,我国同期的环境政策则在一定程度上表现为"经济发展优先、适度保护环境",两者之间存在一定的紧张关系,污染环境领域存在刑事判决阙如现象也就不足为怪了。④

---

① 梅因.古代法[M].沈景一,译.北京:商务印书馆,1997:15.
② 葛洪义.法理学[M].北京:中国政法大学出版社,2002:117.
③ 李龙,朱程斌.建国 70 年以来党的政策和法的关系[J].甘肃政法学院学报,2019(4):1-10.
④ 焦艳鹏.我国环境污染刑事判决阙如的成因与反思——基于相关资料的统计分析[J].法学,2013(6):74-83.

二、政策如何影响环境犯罪刑事追诉

　　政策一词在《辞海》中的解释是：国家、政党为实现一定历史时期的路线和任务而规定的行动准则。很显然，这是一种宏观的、最高层面的政策，是一国在一定时期的最高行动准则。在国家、执政党政策指引下，各领域、行业、地区制定和实施相应的政策。宏观政策、环境政策、刑事政策是影响环境犯罪刑事政策的主要上位政策。环境刑事政策是刑事政策与环境政策相交叉、竞合的具有双重属性对策，既有刑事政策的一般特点，又有环境政策的精神内容[①]，是国家运用刑事手段保护环境的方略[②]。

　　政策进入司法、影响裁判，这是世界各国司法共同的现象。政策进入司法，于我国而言是公安司法机关落实党和国家政策的体现，也是"司法参与公共治理的重要表现之一"[③]。"公共政策进入裁判过程已成为约定俗成的做法。"[④]实际上，政策进入司法不仅仅体现在司法裁判过程中，对于环境犯罪刑事追诉而言，在前端的立法程序，前置的行政裁量程序，以及进入刑事诉讼的立案、侦查、起诉程序，政策都在发挥着重要的作用。

---

　　① 马克昌.中国刑事政策学[M].武汉：武汉大学出版社，1992：5.
　　② 蒋兰香.试论我国环境刑事政策[J].中南林业科技大学学报（社会科学版），2008(3)：20-24，31.
　　③ 方乐.司法参与公共治理的方式、风险与规避——以公共政策司法为例[J].浙江社会科学，2018(1)：35-48.
　　④ 宋亚辉.公共政策如何进入裁判过程——以最高人民法院的司法解释为例[J].法商研究，2009(6)：111-121.

(一)政策对环境犯罪追诉立法的影响

20世纪末,西方发达国家先后进入了后工业化时代,面对工业化过程中带来的严重污染,各国兴起了环境刑法思潮,损害环境行为(有国家称为"公害罪")入刑成为普遍立法例。与此同时,随着我国经济高速发展,粗放型经济带来的生态环境破坏也愈发严重。1997年修订《刑法》,在"妨碍社会管理秩序罪"一章中,增设第六节"破坏环境资源保护罪",其中第三百三十八条即为"重大环境污染事故罪"。由于当时的国家政策导向仍然以经济发展为中心,环境治理方面表现为有限管控的政策取向,在环境刑事立法上也体现出"环境管制"的特征,将"重大环境污染事故罪"放在"妨碍社会管理秩序罪"一章本身就表明了这一点。另外,这种立法也表明,当时立法对环境法益的看法停留在社会秩序层面,而不是生态法益(这也是环境政策的法益,有学者认为这种情况是"环境政策与刑事政策的二元化"[①])。与之相对应,该罪将公私财产损失或者人身伤亡的严重后果作为入罪标准,表明了立法仍然持有传统法益的立场。进入21世纪,我国开始加强对环境问题的关注,"可持续发展""科学发展观"等宏观政策,也推动了环境刑事立法的发展。2011年《刑法修正案(八)》取消了"重大环境污染事故罪",代之以"污染环境罪"。相信随着中国进入新时代,随着生态环境进入国家顶层政策层面,环境刑事立法将会越来越周密,对环境治理的作用也会越来越大。

---

① 焦艳鹏.论生态文明建设中刑法与环境法的协调[J].重庆大学学报(社会科学版),2016(3):136-141.

(二)政策对环境行政执法的影响

由于环境刑事追诉往往以环境行政执法为前置程序,政策对执法的影响即会传导到刑事追诉中,其突出表现在环境行政自由裁量中。所谓行政自由裁量,是法律、法规赋予行政机关在行政管理中依据立法目的和公正合理的原则自行判断行为的条件、自行选择行为的方式和自由作出行政决定的权力。① 我国的环境治理模式具有"政府管制型权威治理"的典型特点:几乎所有的环境治理政策和措施都是由政府主导推行和执行,而环境治理的结果又反过来成为对各级政府考核的主要指标之一,在出现重大环境问题时对政府监管主体进行严厉的责任追究。"谁负责,谁担责",环境治理的责任主体在政府,这是非常明确的。并且,这种政府主导模式和责任考核机制是由法律明确规定的,《环境保护法》第六条明确规定,"地方各级人民政府应当对本行政区域的环境质量负责"。第二十六条规定,"国家实行环境保护目标责任制和考核评价制度。县级以上人民政府应当将环境保护目标完成情况纳入对本级人民政府负有环境保护监督管理职责的部门及其负责人和下级人民政府及其负责人的考核内容,作为对其考核评价的重要依据。考核结果应当向社会公开"。在这种治理方式下,我国的环境行政执法以"威慑式执法"为特征,即通过执法主体对相对人施加外部压力,使其对已经发生或将要发生的后果产生恐惧进而守法或改正违法行为。② 2014年修订后的《环境保护法》增加了行政执法措施的强度,大大提高了环境违法成本。这在给环境行政执法机关赋予强大的行政执行权的同时,也实际上给予了他们较大的行政裁量权。政策

---

① 姜明安.论行政自由裁量权及其法律控制[J].法学研究,1993(1):44-50.
② 丁霖.论生态环境治理体系现代化与环境行政互动式执法[J].政治与法律,2020(5):105-115.

就是通过对行政裁量的影响进入行政执法的。

有学者认为,行政机关在执法过程中,行政法律、法规中存在一些不确定的法律概念,因而必须对这些概念进行行政理解和解释,从而掺杂了大量政策因素。① 这确实是政策影响行政执法的原因之一,但行政与政策之间的相似性和现代国家对行政效率的追求促使行政机关实施政策裁量应是其本质原因。"政策虽不是法律,但它构成了行政执法人员理解行政法律规范的社会背景与具体情境。"②因此,行政执法中存在政策考量因素,这不仅正当而且必要。在对环境刑事追诉影响的语境下,我们需要研究的是涉嫌犯罪移送刑事司法的相关因素与不相关因素。无论是《环境保护法》《刑事诉讼法》还是相关政策性文件,都规定了环境行政执法机关在执法过程中发现有犯罪,即应移送公安机关立案侦查。那么,决定是否移送的相关因素即是:是否有犯罪发生。但"是否有犯罪发生"是《刑事诉讼法》对刑事立案的标准,要在接到报案、举报、控告以及行政机关的移送后,公安机关经过"初查"③才能最后确定。经过"初查"的案件,有证据证明有犯罪发生并且需要追究刑事责任的,则案件正式立案,进入侦查程序。由此可见,环境行政执法机关并不能,也没有能力判断是否有犯罪发生,而只能判断"怀疑有犯罪发生"。如果将这个机制作为一个证明的流程来看,应该如下所示:环境行政机关疑有犯罪(只需有证据证明有犯罪发生)→公安机关初查(有证据证明有犯罪发生且需要追究刑事责任,相关证据查证属实的)→立案侦查。

对于环境行政机关而言,在行政执法过程中收集的证据需要能够

---

① 黄琳.隐藏在行政解释背后的政策裁量:概念、定位与功能[J].河北法学,2020(1):80-94.
② 郑春燕.行政裁量中的政策考量——以"运动式"执法为例[J].法商研究,2008(2):62-67.
③ "初查"并没有规定在《刑事诉讼法》中,但却是侦查机关在立案阶段的实质性活动,因为此阶段尚不能称为侦查。

证明有犯罪发生,而不须查证其确属犯罪证据。他们要考虑的是已经收集的证据能否证明污染环境行为已满足污染环境罪个罪的构成要件,若满足要件,则必须移送公安机关。这是环境行政执法机关在是否移送中必须考虑的因素。

如前文所述,在实践中大量存在"以罚代刑"、该移送不移送的情况,严格来说,这属于违法裁量、无权裁量。这种情况说明,环境行政执法机关在决定移送过程中考虑了不相关的因素。在严厉的督察之下,一些地方仍然存在大量"敷衍整改、表面整改、假装整改"的情况。中央生态环境保护督察组在通报中指出,一些地方重发展、轻保护的观念还没有根本扭转,有的甚至要求保护为发展让路。①这些不相关的因素不仅影响环境行政执法机关决定是否移送,而且影响公安机关在立案程序中决定是否立案。

(三)政策对环境犯罪刑事起诉裁量权的影响

首先,在我国的司法实践中,存在保护产业发展的检察政策。这种检察政策几乎出现在我国经济发展的每一个重大调整时点。如2004年8月,最高人民检察院印发《关于充分发挥检察职能,为振兴东北地区等老工业基地服务的意见》,2016年3月发布《最高人民检察院关于充分发挥检察职能依法保障和促进非公有制经济健康发展的意见》。这些指导性的政策文件,本身并不具有强制约束力,是一种软性规范②,并不依靠国家强制力保障实施,而是依靠检察人员在具体案件中自觉、自愿实施。作为《宪法》赋予法律监督权的检察机关,以检察

---

① 生态环境部.中央第二生态环境保护督察组向福建省反馈督察情况[EB/OL].(2020-05-08)[2021-06-08]. https://www.mee.gov.cn/xxgk2018/xxgk/xxgk15/202005/t20200508 _ 778183.html.

② 黄茂钦,李楠.保护产业发展检察政策的法治进路[J].人民检察,2019(12):23-26.

政策回应社会关切、优化营商环境、加强企业平等保护、推动良性政商关系,是无可厚非的,也是其职责所在。但是,这在实际上给检察人员运用检察政策创造了随意性的空间,可能会出现选择性适用问题。以落实检察机关保护产业发展政策为由,保护涉罪的环境污染企业,就成为可能选项。

其次,政策可以通过不起诉裁量权进入起诉决定。在刑事起诉方面,我国以起诉法定为主,兼有不起诉裁量余地的起诉制度。近些年推行捕诉合一、检察提前介入侦查等改革措施,使法定不起诉、存疑不起诉比例大幅降低,由于不起诉决定的严格审查(需要提交检委会决定),不起诉决定在实践中比例并不高。有学者调研表明,某地有75.63%的检察官在作出不起诉决定过程中需要考量决定成本,并表示"不起诉成本更高、风险更大,符合条件也倾向于起诉"①。在这个调研中,被害人的意见和社会舆论是多数检察官在裁量不起诉时的重要考量因素,而对公共利益则考虑不足。但是,地方经济发展相关政策和地方的刑事司法政策会影响检察官的决定。②

(四)政策对环境犯罪审判的影响

司法裁判的依据是什么?考虑的因素是什么?简单说,法律、事实和证据③是司法裁判的依据,任何裁判都是建立在对事实认定的基础上的,而事实认定依赖证据证明,将法律适用于审理查明的事实,这就是裁判的过程。但在司法过程中,裁判者考虑的因素不仅仅是法律、事实和证据,尽管我们可以说法律是冷漠的,但司法并不是冷冰冰

---

① 苏云,刘东,何娟,等.不起诉裁量权行使的影响因素与发展路径[J].人民检察,2019(8):63-66.
② 苏云,刘东,何娟,等.不起诉裁量权行使的影响因素与发展路径[J].人民检察,2019(8):63-66.
③ 由于研究侧重,本书不对法律事实或者证据材料等涉及事实与证据两个内涵和外延的探讨,所讲的事实即是法律事实,证据即是能够用来认定犯罪的证据。

的。"事实上,法律问题与非法律问题经常是交织在一起的,在疫情防控时期如此,在其他时候也是如此。法官有时不得不扮演公共政策和善良风俗解读者的角色,办案不再也不能只见树木、不见森林,不能就案办案、机械司法,要考虑和回应人民群众的关切,让公平正义的实现过程看得见、摸得着、感受得到。"①这一总结实际上是最高人民法院"两个效果相统一"司法政策的一种表达。"两个效果相统一"是中国司法的一项基本政策,2002 年全国民商事审判工作会议上,时任最高人民法院副院长的李国光首次提出:"衡量人民法院审理民商事案件质量好坏的重要标准,就是看在办案中能否从党和国家大局出发始终坚持法律效果与社会效果的统一。"②2004 年,时任最高人民法院院长的肖扬在耶鲁大学的演讲中提出:"法律不可能成为解决所有纠纷的'灵丹妙药',法律以外的因素如道德、情理也是司法过程中不可忽略的。判决不仅是单纯对法律责任的判断,更重要的,它是一个可能造成一系列社会影响的司法决策。为此,中国司法机构提出了审判的法律效果与社会效果的有机统一问题。"③

"两个效果相统一"的司法政策表现在司法实践中,被学术界归为"结果导向的裁判思维"或者"后果主义审判",即在证成法律裁判时,考量裁判后果并在给定情况下,通过对裁判所导致之效果的期待来调控裁判,根据不同裁判可能对社会造成的影响,选择对社会最有利的裁判,从而将裁判合理化。④ 实际上,司法裁判不仅具有解决个案纠纷的功能,而且担负着社会治理的使命,这已经成为全世界的共识。根据学者们的调研,在影响司法裁判社会效果的法外因素中,公共政策

---

① 倪寿明.疫情的司法应对及其启示[J].人民司法,2020(7):1.
② 李国光.民商审判指导与参考[M].北京:人民法院出版社,2003:23.
③ 肖扬.中国司法:挑战与改革[J].人民司法,2005(1):4-6.
④ 唐娜,王彬.结果导向的裁判思维——基于法官审判经验的实证研究[J].法律适用,2020(4):87-107.

因素占比最重。[①] 由此,国家的经济政策、环境政策、司法政策对环境犯罪追诉都必将产生巨大的影响。可以讲,较之普通刑事案件,环境犯罪的审判对裁判的社会效果考虑的权重会更大。如果说,普通刑事案件的审判主要考虑个案正义,对社会效果的考量因素主要是刑事政策的话,那么对环境犯罪案件的审判则会在个案正义之外更多地考虑国家的环境政策、地方的经济发展与环境政策、国家的刑事司法政策等因素。一言蔽之,环境犯罪审判的法外政策因素对案件裁判的影响更大。那么我们就需要在环境犯罪审判中特别防范出现以下情况。

第一,应防止环境犯罪审判中的工具主义倾向。后果主义很容易导致工具主义,容易将司法审判作为实现某一不相关目标的工具。无论司法承担社会治理功能这个观点多么有市场,司法的本质是为了定纷止争是不能变的。司法不能替代政府去治理社会,司法对社会治理的干预是通过司法裁判确立正确的社会导向,而不是越俎代庖直接成为治理的工具。无论地方政府的经济与环境政策如何,环境犯罪审判的根本性目的就是对环境犯罪案件进行审判,通过惩罚环境侵害者给社会树立生态环境法益不容侵犯的规则,而绝不是保护地方经济发展或者就业。

第二,应防止环境犯罪审判中的政策性司法。"两个效果相统一"并非"两个效果一个样",在法律效果与社会效果中,法律效果是第一位的,社会效果是第二位的。裁判的基本依据永远是事实和法律,只有在坚持法律效果的基础上,才能考虑社会效果,否则即会造成个案千差万别,可能造成个案的不正义。而如果在"两个效果"考量中本末倒置,优先考虑社会效果和政策因素,则无异于用政策替代法律,导致一味追求裁判结果妥当性而忽视正确性的"政策性司法",这无疑是有

---

① 唐娜,王彬.结果导向的裁判思维——基于法官审判经验的实证研究[J].法律适用,2020(4):87-107.

害的。

第三,应防止环境犯罪审判中的"民粹主义司法"①。如果环境司法裁判将公众期待作为最重要的社会效果考量因素,而罔顾法律和事实,那就可能出现司法为民意所绑架的"民粹主义司法"。尤其在自媒体高度发达的今天,由网络的大范围传播带来的舆论审判,对环境犯罪刑事审判影响非常大。环境问题直接关系社会民生,受关注程度高、波及面广、冲击力强,决定了环境突发事件舆情的交互性、易共鸣性、迅速扩散性和变异性等特征②,环境问题正在成为网络舆情关注的焦点,环境污染案件很容易成为社会舆论热点。近些年发生的渤海漏油、大连 PX 项目、曲靖铬渣倾倒、上海松江死猪等案件无一不在案件发生后迅速成为社会热点。在强大的舆论压力下,相应案件的审判势必受到舆情的影响,这是值得我们警惕的地方。

三、经济政策、环境政策、刑事政策与环境犯罪追诉

经济基础决定上层建筑,在国家经济发展的不同阶段,政策的重心侧重不同,与之相对应的环境政策、刑事政策也不同,对环境犯罪的追诉也造成了不同的影响。从我国经济政策与环境政策变迁的角度,可以划分为以下阶段。

(一)以经济建设为中心对生态环境的有限管控阶段

20 世纪 60 年代以来,随着全球环境的持续恶化,环境污染与破坏

---

① 王彬.司法裁决中的后果论思维[J].法律科学(西北政法大学学报),2019(6):15-29.
② 石一辰,张楠,綦健.重大突发环境事件舆情应对策略分析——以常州外国语学校污染事件为例[J].中国报业,2017(22):12-14.

已经逐渐成为全球性问题,环境治理也成为各国国家治理的重要一环。1972 年,我国派出代表团参加了人类环境会议(即联合国第一次环境会议),这次大会让中国认识到了环境问题的严峻性:中国城市的环境问题不比西方国家轻,而在自然生态方面存在的问题远在西方国家之上。[①] 1973 年,国务院召开了第一次全国环境保护会议,由此揭开了中国环境保护事业的序幕。这次会议的主要成果至今看来都振聋发聩:指出环境问题"现在就抓,为时不晚";提出环境保护工作的方针是"全面规划、合理布局、综合利用、化害为利、依靠群众、大家动手、保护环境、造福人民";审议通过了我国第一部环境保护法规性文件——《关于保护和改善环境的若干规定》。[②] 可见,我国的环境治理与环境全球治理几乎是同步开始的。20 世纪 70 年代,对官厅水库污染的治理被认为是我国开始水污染治理的序幕,环境法制建设也开始起步,制定了《环境保护法(试行)》,又陆续出台了《水污染防治法》《中华人民共和国大气污染防治法》《中华人民共和国水土保持法》等。

尽管这一阶段环境治理已经得到了重视,但改革开放初期,党和国家的工作中心是经济建设。因此,这一阶段的环境政策都是在不影响经济发展的大前提下进行,必须服务于国家经济发展的大局。在这种"发展优先""效率优先"的功利主义价值驱动下,中央和地方政府对利益的追求体现出一定的一致性,中央层面制定的环境法律制度呈现低标准、宽口径、软约束的特征,而且这些较低保护程度的法律制度还往往得不到地方政府的有效执行。尽管中央在形式层面进行了环境治理的努力,但在实质层面却失去了价值理性,进而导致这些法律制度形式化。因此,这一阶段环境治理模式的本质特征呈功利性,治理

---

①　曲格平.梦想与期待:中国环境保护的过去与未来[M].北京:中国环境科学出版社,2000:50.

②　中国环境保护行政二十年编委会.中国环境保护行政二十年[M].北京:中国环境科学出版社,1994:7.

边缘化、治理象征化、治理末端化等其他特征都源于此。① 虽然纯粹从理论层面看,经济发展与环境保护并不一定是必然冲突的,但当时的现实国情注定了只能走粗放型经济发展路径。在这种经济政策、产业政策之下,环境治理呈现有限管控的特征,主要通过技术改造来实现对工业污染的有限治理。

1997 年《刑法》修订,在第三百三十八条确立了"重大环境污染事故罪",拉开了我国污染环境入刑的序幕,但环境犯罪追诉的案例非常罕见,与同期环境行政处罚案件数量严重不成比例(见表 6-1)。

表 6-1   1997—2008 环境行政处罚案件与刑事处罚案件数量比对

年份	行政处罚案件数量/件	刑事处罚案件数量/件
1997	29523	0
1998	39754	0
1999	53101	0
2000	55209	0
2001	71089	5
2002	100103	4
2003	92818	1
2004	80079	2
2005	93265	2
2006	92404	4
2007	101325	3
2008	89820	2

由表 6-1 可知,在环境污染入刑后的十余年时间内,每年的刑事处罚数量都是个位数,甚至 1997—2000 年连续四年为 0,与每年数量

---

① 郝就笑,孙瑜晨.走向智慧型治理:环境治理模式的变迁研究[J].南京工业大学学报(社会科学版),2019(5):67-68,112.

不断增加的环境行政处罚案件相比,数量极其悬殊。这除了重大环境污染事故罪构成要件的问题导致"刑法对污染环境行为的规制范围狭窄,法网稀疏"①的原因,还因为在地方保护主义和部门保护主义的影响下,大量本应移送刑事司法的案件被行政处罚了事。

同时期,我国的刑事政策在贯彻"惩办与宽大相结合"的基本刑事政策的基础上,根据社会治安形势需要,在特定时期实施了"严打"政策。1983—2002 年,全国组织开展了三次大规模的"严打"专项斗争,分别是"1989—1987 年全国'严打'斗争""1996—1997 年全国'严打'斗争""2001—2002 年全国'严打'斗争"。② 三个阶段"严打"的重点虽然各有侧重,但都是源于当时恶化的社会治安形势和特定的严重暴力犯罪案件,都以杀人、抢劫、强奸、爆炸、绑架、投毒等严重暴力犯罪和流氓犯罪、拐卖妇女儿童、盗窃、涉枪、涉毒、涉黑等犯罪为主。很显然,这一阶段的刑事政策并没有对污染环境的案件予以关注。需要说明的是,"严打"尽管没有直接影响环境刑事追诉,但"严打"时期所形成的一些做法却一直沿用至今。在笔者看来,至少表现在以下几个方面。

第一,"严打"的"运动式"治理延续了下来。"严打"集中司法资源快速解决问题的方法,往往给人一种高效的印象,这使地方政府更有倾向于选择这种方式,因为"政府能够以相对较低的成本、相对较为顺利地解决急迫面临的问题,而且比起根本性的治本之道来说难度要低得多,是一个十分好用也十分管用的措施"③。同时,由于"严打"时期舆论导向的高度配合,政府和官员能够在严打过程中获得民众的支持与赞誉。这种"运动式"治理在之后的环境治理中被继承了下来,2013

---

① 杨建学,张光君.重大环境污染事故罪的适用困境与理论回应[J].人民检察,2011(19):20-23.
② 贾宇.从"严打"到"宽严相济"[J].国家检察官学院学报,2008(2):150-159.
③ 陈屹立.严打政策的政治经济学分析[J].法制与社会发展,2012(2):87-95.

年起,"环保风暴"催生下的环境刑事追诉开始急剧上升。

第二,"严打"加剧了"重刑主义"。"严打"的"从重从快"会不断提高公众对报应犯罪的期望值。当"严打"迅速见效的时候,就会增加人们对刑事治理手段的期望。这种"重刑主义"的倾向在近年越来越明显,在出现了一些热点案件或治理难点的时候,人们往往会首先想到刑事手段。环境治理是一个公共治理的话题,没有造成重大危害的时候视而不见,出了事故人人喊杀,这是违背法治原则的。无论在什么时候,刑法都要保持其谦抑性,能不动用刑罚的时候就不动用刑罚。环境侵害案件,并不是非得追究侵害者的刑事责任,罚得倾家荡产才有利,只有从如何有利于恢复环境的角度出发才能收到更好的效果。

第三,"严打"加剧了刑事诉讼中的功利主义,而忽视了程序正义。在"严打"中,公、检、法三机关互相配合以"流水线"式的作业模式快速进行刑事追诉,法院以行政审批方式作出裁判,这直接导致《刑事诉讼法》规定的公、检、法三机关"分工负责、互相配合、互相制约"原则在实践中"配合有余"而"制约不足"。最为典型的表现就是环境行政执法机关在执法过程中取得的证据能否在刑事诉讼中适用的问题。尽管根据《刑事诉讼法》规定只有在立案以后才能进行侦查活动,才能够收集犯罪证据,即便是立案阶段取得的证据是否能够使用还存在较大分歧,然而 2012 年《刑事诉讼法》修正时无视这些基本问题,直接规定"行政机关在行政执法和查办案件过程中收集的物证、书证、视听资料、电子数据等证据材料,在刑事诉讼中可以作为证据使用"。这是一种最"省事"的规定,也是一种最为功利的规定。其核心还是,无论程序是否正当,只要证据材料能够证明案件事实就可以使用,完全不考虑程序正义的基本要求和背后的强大理论支撑。

当然,学者们还总结出了很多"严打"的"弊端"或者"后遗症",比如刑事诉讼的权利保障机制失灵[①]、审判机关的职能追诉化、审判程序泛行政化[②]等,这些也会在一定程度上影响环境刑事追诉,但笔者认为相对较弱,就不再展开了。

(二)"可持续发展""科学发展观"下对生态环境的"控制"阶段

2002 年,党的十六大报告指出"生态环境、自然资源和经济社会发展的矛盾日益突出",明确提出全面建设小康社会的目标包括"可持续发展能力不断增强,生态环境得到改善,资源利用效率显著提高,促进人与自然的和谐,推动整个社会走上生产发展、生活富裕、生态良好的文明发展道路"。2007 年,党的十七大报告指出要"深入贯彻落实科学发展观","必须坚持全面协调可持续发展","坚持生产发展、生活富裕、生态良好的文明发展道路,建设资源节约型、环境友好型社会,实现速度和结构质量效益相统一、经济发展与人口资源环境相协调,使人民在良好生态环境中生产生活,实现经济社会永续发展"。党的十七大报告还提出,"建设生态文明,基本形成节约能源资源和保护生态环境的产业结构、增长方式、消费模式。循环经济形成较大规模,可再生能源比重显著上升。主要污染物排放得到有效控制,生态环境质量明显改善。生态文明观念在全社会牢固树立"。可以看到,在这些报告中,生态环境逐渐加大了表述比重。这种政策导向是在前一阶段工业化、城镇化高速发展,而环境污染问题日益严峻的背景下的一种政策修正。开始推动从"发展优先"到"兼顾公平"的价值转向,努力尝试从"工业文明"向"生态文明"的转变。[③]

---

① 陈卫东.刑事诉讼法治四十年:回顾与展望[J].政法论坛,2019(6):18-30.

② 汪海燕.中国刑事审判制度发展七十年[J].政法论坛,2019(6):31-43.

③ 郝就笑,孙瑜晨.走向智慧型治理:环境治理模式的变迁研究[J].南京工业大学学报(社会科学版),2019(5):67-78,112.

这一时期的刑事政策也发生了重大变化。在历经二十多年的"严打"之后,我国明确提出了"宽严相济"的刑事司法政策。"宽严相济"刑事司法政策是对"严打"的"严""重"和打击泛化的一次修正,对环境犯罪刑事追诉的影响主要表现在以下两个方面。

第一,大量刑事司法资源从"严打"暴力犯罪中转移出来,使得环境犯罪追诉数量开始攀升。尤其是 2011 年《刑法修正案(八)》将"重大环境污染事故罪"改为"污染环境罪"后,全国法院审理的污染环境罪案件数量大幅度增加(见表 6-2)。

表 6-2　2011—2014 年全国法院审理污染环境罪情况

年份	污染环境罪数量/件
2011	26
2012	32
2013	104
2014	988

资料来源:最高人民法院 2011—2014 年工作报告。

这既与中央对环境治理的政策力度在加大有关,也与刑事政策的转向有关。

第二,"宽严相济"的刑事政策下,恢复性司法理念的兴起为环境犯罪追诉的"创新"创造了可能的条件。

如果说前一阶段政策的重心是经济发展的话,那么这一阶段的政策在继续推进经济发展的中心工作的同时兼顾环境保护,甚至尝试将环境保护融入经济发展。2004 年,胡锦涛同志即指出"在推进发展的过程中,要抓好资源的节约和综合利用,大力发展循环经济"①。党的

————————

① 胡锦涛.把科学发展观贯穿于发展全过程坚持深化改革优化结构提高效益[N].人民日报,2004-05-07.

十六届五中全会更是提出"建设资源节约型、环境友好型社会"。在这一阶段,"环境污染和破坏带来的国家治理问题也被视为一个技术问题,解决这个技术问题更好地为经济发展服务是领导人的基本认知,由此必须加强政府权力,以集中力量保障经济任务完成和改革顺利进行。通过对生产者直接管控以削减污染、提升治理有效性,最终保证一切置于国家可控范围之内"①。因此,本质上这一阶段的环境治理只是经济发展的一种工具,"控制"是这一阶段的关键词。

(三)由中央管制向现代化治理转型的新时期

2012年底,党的十八大胜利召开,开启了中国特色社会主义新时代。党的十八大提出了"经济建设、政治建设、文化建设、社会建设、生态文明建设五位一体"总体布局。党的十八届四中全会报告《中共中央关于全面推进依法治国若干重大问题的决定》,党的十九届四中全会报告《中共中央关于坚持和完善中国特色社会主义制度推进国家治理体系和治理能力现代化若干重大问题的决定》。这些党的重要文件,隐含着一条生态环境治理的逻辑主线。

第一,环境问题已经上升到了前所未有的政策高度。生态文明建设与经济建设站在同一个政策水平线上,这是中华人民共和国成立后的第一次。因此,环境保护不必再为经济发展让路,不必再担心会影响经济。

第二,环境治理方式不再是简单、粗暴的政府管制,而是依法治理。在全面依法治国战略布局下,法治是环境保护最可靠的保障。习近平总书记明确指出,"推动绿色发展,建设生态文明,重在建章立制,

①　臧晓霞,吕建华.国家治理逻辑演变下中国环境管制取向:由"控制"走向"激励"[J].公共行政评论,2017(5):105-128,218.

用最严格的制度、最严密的法治保护生态环境……健全自然资源资产管理体制,加强自然资源和生态环境监管,推进环境保护督察,落实生态环境损害赔偿制度,完善环境保护公众参与制度"①。

第三,环境治理已经纳入国家治理的制度体系之中,在生态环境治理体系和治理能力现代化的框架下体系化、制度化、系统化推进。党的十九届四中全会通过的《中共中央关于坚持和完善中国特色社会主义制度推进国家治理体系和治理能力现代化若干重大问题的决定》明确指出,推进生态环境治理能力现代化必须坚持及完善的制度体系,即"实行最严格的生态环境保护制度、全面建立资源高效利用制度、健全生态保护和修复制度、严明生态环境保护责任制度"四大制度构成的制度体系。

全面依法治国战略在总体上引领着整个国家的治理体系,刑事司法开始走向法治化。这一时期,虽然也出现了针对某一类犯罪的"专项斗争"或者"严厉打击",但已与以前的"严打"完全不是一回事了。比如 2018 年中共中央、国务院发出《关于开展扫黑除恶专项斗争的通知》,在全国范围开展扫黑除恶专项斗争。2018 年 1 月 23 日中央召开的全国扫黑除恶专项斗争电视电话会议就强调,要善用法治,提升质效,依法推进,对于黑恶犯罪案件的认定要把握好法律政策界限,既不能降格处理,也不能人为拔高。② "宽严相济"仍然是扫黑除恶专项斗争的指导性政策,该通知强调扫黑除恶既要坚持严厉打击各类黑恶势力违法犯罪,又要坚持严格依法办案,且"要严格贯彻宽严相济的刑事政策,对黑社会性质组织犯罪组织者、领导者、骨干成员及其'保护伞'要依法从严惩处,对犯罪情节较轻的其他参加人员要依法从轻、减轻

---

①　中共中央文献研究室.习近平关于社会主义生态文明建设论述摘编[M].北京:中央文献出版社,2017:110.

②　何荣功.避免黑恶犯罪的过度拔高认定:问题、路径与方法[J].法学,2019(6):3-16.

处罚"。这已经完全不同于"严打"的"从重从快"和"两个基本"。这充分说明,我们国家的刑事政策开始走向以"常态化刑事治理"为基础,辅以"专项刑事治理"的路径。

党的十八大后,在全面依法治国的战略部署下,司法改革以前所未有的力度和速度推进,一些重大的司法改革正在深刻影响着环境犯罪的追诉。其中最为直接的就是前文我们提到过的"认罪认罚从宽"。新时代也给我国的司法系统探索和尝试一些新的机制创造了较为宽松的环境。前文我们提到的"附条件不起诉"以及"认罪认罚从宽"在环境犯罪追诉中的应用,都需要我们的司法实践进行大胆的探索。

四、基于国家治理体系与治理能力现代化的生态环境治理

党的十八届三中全会明确提出,"全面深化改革的总目标是完善和发展中国特色社会主义制度,推进国家治理体系和治理能力现代化"。党的十九届四中全会报告《中共中央关于坚持和完善中国特色社会主义制度推进国家治理体系和治理能力现代化若干重大问题的决定》提出,坚持和完善生态文明制度体系,促进人与自然和谐共生。坚持和完善中国特色社会主义法治体系,提高党依法治国、依法执政能力。"各级党和国家机关以及领导干部要带头尊法学法守法用法,提高运用法治思维和法治方式深化改革、推动发展、化解矛盾、维护稳定、应对风险的能力。"

要实现国家治理体系和治理能力现代化,环境治理体系和治理能力现代化自然是题中应有之义。那么什么是环境治理体系和治理能力的现代化? 笔者认为,在中国特色社会主义制度之下,现代化的环

境治理体系首先,要坚持党的领导,贯彻党的环境治理各项路线、方针、政策和战略部署。其次,要坚持和完善生态文明建设的法律体系和执法司法制度,走法治化的发展路径。"运动式治理"是一种在武装革命和社会主义建设特殊时期所采取的一种特殊的治理方式,"运动式治理"在应对突发性事件、突然恶化的环境面前,有其必要性,能够发挥巨大的作用。但"运动式治理"依靠的是自上而下的行政命令,依托的是来自中央的严厉督察,并不能持久,且"高压容易高反弹",作为长期治理的手段效果是不好的。在"运动式治理"的高压之下,有时候甚至会出现对社会法治意识的伤害,会营造出"信访不信法"的氛围,会出现前文提到的选择性追诉的问题。因此,在极端恶化的生态环境已初步扭转之后,"运动式治理"一定要走向法治化的轨道。

环境治理体系和治理能力现代化还体现在生态环境治理的系统化。本书已述及,生态环境治理绝非立法、执法、司法某一个环节能够解决的,而是需要各个环节、各个部门、各个地方、各项政策、每一个公民的共同努力,形成"共享、共有、共治"的局面。本书所提到的环境犯罪的刑事司法手段,只是生态环境治理最后的环节,也是最不该采用的手段。笔者提到的所有问题的根源其实都不在制度本身,而是在制度之外。那么解决问题的方法也不能仅局限于制度本身的改革,还要考虑所有牵涉的因素。生态环境治理任重而道远,我们期望一个没有刑罚手段的治理体系。

参考文献

[1]柏杨."权利救济"与"内部监督"的复合——行政复议制度的功能 分析[J].行政法学研究,2007(1):82-90.

[2]曹俊.刑罚能否破解执法难题?[N].中国环境报,2010-05-20.

[3]曹永学.京津冀法院签署环境资源审判协作框架协议[N].河北法 制报,2016-09-23.

[4]曹正汉.中国上下分治的治理体制及其稳定机制[J].社会学研究, 2011(1):1-40,243.

[5]陈光中,江伟.诉讼法论丛(第3卷)[M].北京:法律出版社,1999.

[6]陈光中,马康.认罪认罚从宽制度若干重要问题探讨[J].法学, 2016(8):3-11.

[7]陈光中,张建伟.附条件不起诉:检察裁量权的新发展[J].人民检 察,2006(7):5-9.

[8]陈光中.证据法学[M].北京:法律出版社,2012.

[9]陈洪兵.环境犯罪主体处罚范围的厘定——以中立帮助行为理论 为视角[J].湖南大学学报(社会科学版),2017(6):146-154.

[10]陈嘉一,胡佳.环境污染刑事案件鉴定和检验的现实困境与对策 [J].西昌学院学报(社会科学版),2019(3):65-71.

[11]陈瑞华.程序性制裁理论[M].北京:中国法制出版社,2005.

[12]陈瑞华.非法证据排除规则的理论解读[J].证据科学,2010(5):552-568.

[13]陈瑞华.非法证据排除规则的中国模式[J].中国法学,2010(6):33-47.

[14]陈瑞华.刑事诉讼的前沿问题[M].北京:中国人民大学出版社,2000.

[15]陈卫东,郝银钟.侦、检一体化模式研究——兼论我国刑事司法体制改革的必要性[J].法学研究,1999(1):57-63.

[16]陈卫东,孟婕.重新审视律师在场权:一种消极主义面向的可能性——以侦查讯问期间为研究节点[J].法学论坛,2020(3):120-129.

[17]陈卫东."以审判为中心"与审前程序改革[J].法学,2016(12):120-125.

[18]陈卫东.认罪认罚从宽制度研究[J].中国法学,2016(2):48-64.

[19]陈卫东.刑事诉讼法治四十年:回顾与展望[J].政法论坛,2019(6):18-30.

[20]陈相利.23城将达到空气重污染"红警"标准[N].北京青年报,2016-12-16.

[21]陈兴良.刑法哲学[M].北京:中国政法大学出版社,1992.

[22]陈一云,王新清.证据学[M].北京:中国人民大学出版社,2015.

[23]陈屹立.严打政策的政治经济学分析[J].法制与社会发展,2012(2):87-95.

[24]从均广,陈小璇,沈晓霞.环境犯罪现状及侦查策略研究——以河北省为对象[J].河北公安警察职业学院学报,2016(2):13-16.

[25]崔骁勇,丁文军,柴团耀,等.国内外化学污染物环境与健康风险

排序比较研究[M].北京:科学出版社,2010.

[26]代晓涛.环境治理"责任清单"制度考——法治中国背景下的环境治理创新[J].湖北警官学院学报,2015(11):53-58.

[27]德国刑事诉讼法典[M].李昌珂,译.北京:中国政法大学出版社,1995.

[28]德雷斯勒,迈克尔斯.美国刑事诉讼法精解(第二卷.刑事审判)[M].魏晓娜,译.北京:北京大学出版社,2009.

[29]邓琦,王硕."环保监察"和"环保警察"将联合报案[N].新京报,2017-02-15.

[30]邓群策.两大法系关于环境犯罪立法之比较[J].湘潭大学社会科学学报,2002(4):29-31.

[31]邓文莉.环境犯罪的成因及其控制对策的经济分析[J].法学评论,2007(6):110-115.

[32]邓晓东.论生态恢复裁判方式的法制化:以赎刑制度的后现代改造为视角[J].福建师范大学学报(哲学社会科学版),2015(2):8-14,166.

[33]丁霖.论生态环境治理体系现代化与环境行政互动式执法[J].政治与法律,2020(5):105-115.

[34]丁相顺.日本检察审查会制度的理念、实施与改革[J].国家检察官学院学报,2005(3):154-160.

[35]窦海阳.环境损害事件的应对:侵权损害论的局限与环境损害论的建构[J].法制与社会发展,2019(2):136-154.

[36]杜磊.行政证据与刑事证据衔接规范研究——基于刑事诉讼法第52条第2款的分析[J].证据科学,2012(6):657-664.

[37]段丽茜.4月以来我省43人因环境犯罪被批捕[N].河北日报,2013-09-30.

[38]樊崇义.证据法学[M].北京:法律出版社,2012.

[39]方乐.司法参与公共治理的方式、风险与规避——以公共政策司法为例[J].浙江社会科学,2018(1):35-48.

[40]方印.人民法院环境司法能动论纲[J].甘肃政法学院学报,2015(4):79-95.

[41]冯志峰.中国运动式治理的定义及其特征[J].中共银川市委党校学报,2007(2):29-32.

[42]福尔,海因.欧盟为保护生态动刑:欧盟各国环境刑事执法报告[M].徐平,张浩,何茂桥,译.北京:中央编译出版社,2009.

[43]付立忠.环境刑法学[M].北京:中国方正出版社,2001.

[44]付薇.河北农村小作坊成污染爆表祸首:农民维生不愿淘汰[N].燕赵都市报,2014-01-08.

[45]高敬."数说"第一轮中央环保督察及"回头看"[N].新华每日电讯,2019-05-17.

[46]高铭暄,孙晓.论行政犯罪与行政违法行为的界分[J].江海学刊,2008(5):132-136.

[47]高铭暄.中华人民共和国刑法的孕育诞生和发展完善[M].北京:北京大学出版社,2012.

[48]高通.行政执法与刑事司法衔接中的证据转化——对刑事诉讼法(2012年)第52条第2款的分析[J].证据科学,2012(6):647-656.

[49]葛洪义.法理学[M].北京:中国政法大学出版社,2002.

[50]郭莉.环境犯罪中的因果关系与客观归责[J].广西大学学报(哲学社会科学版),2010(3):54-57.

[51]郭泰和.行政证据与刑事证据的程序衔接问题研究——《刑事诉讼法》(2012年)第52条第2款的思考[J].证据科学,2012(6):665-673.

[52]韩春梅.冲突与重构:公安部与地方公安机关职权配置[J].中国人民公安大学学报(社会科学版),2015(3):90-99.

[53]韩大元.地方人大监督检察机关的合理界限[J].国家检察官学院学报,2011(1):3-8.

[54]韩晓明.环保法庭"无案可审"现象再审视[J].法学论坛,2019(2):128-134.

[55]韩兆柱,翟文康.西方公共治理理论体系的构建及对我国的启示[J].河北大学学报(哲学社会科学版),2016(6):96-104.

[56]郝就笑,孙瑜晨.走向智慧型治理:环境治理模式的变迁研究[J].南京工业大学学报(社会科学版),2019(5):67-78,112.

[57]郝帅.让污染企业破产是终极目的吗?[N].中国企业报,2015-06-29.

[58]何秉松.刑法教科书[M].北京:中国法制出版社,1997.

[59]何家弘.我国司法鉴定制度改革的基本思路[J].人民检察,2007(5):5-10.

[60]贺丹丹.论单位环境犯罪刑事责任的实现——以紫金矿业水污染为例[J].中国环境管理干部学院学报,2016(5):17-20.

[61]贺思源.论我国环境执法机构的重构[J].学术界,2007(1):192-198.

[62]黑斯克因斯.环境犯罪侦查[J].宫万路,译.江苏公安专科学校学报,1997(5):115-120.

[63]侯艳芳.污染环境罪因果关系认定的体系化思考[J].当代法学,2020(4):116-125.

[64]胡建淼,章剑生.行政程序立法与行政程序法的基本原则[J].浙江社会科学,1997(6):63-69.

[65]胡锦涛.把科学发展观贯穿于发展全过程坚持深化改革优化结构

提高效益[N].人民日报,2004-05-07.

[66]黄琳.隐藏在行政解释背后的政策裁量:概念、定位与功能[J].河北法学,2020(1):80-94.

[67]黄茂钦,李楠.保护产业发展检察政策的法治进路[J].人民检察,2019(12):23-26.

[68]黄世斌.行政执法与刑事司法衔接中的证据转化问题初探——基于修正后的《刑事诉讼法》第52条第2款的思考[J].中国刑事法杂志,2012(5):92-97.

[69]黄秀蓉,钭晓东.论环境司法的"三审合一"模式[J].法制与社会发展,2016(4):103-117.

[70]贾宇.从"严打"到"宽严相济"[J].国家检察官学院学报,2008(2):150-159.

[71]江苏省高级人民法院司法改革办公室.能动司法制度构建初探[J].法律适用,2010(Z1):28-31.

[72]姜波.2018年起诉金融领域、污染环境犯罪3.8万余人[N].检察日报,2019-01-18.

[73]姜明安.论行政自由裁量权及其法律控制[J].法学研究,1993(1):44-50.

[74]姜明安.行政法与行政诉讼法[M].北京:北京大学出版社,高等教育出版社,1999.

[75]姜润辉.长株潭打响"雾霾阻击战"启动重污染天气应急响应[N].三湘都市报,2016-12-12.

[76]蒋兰香.试论我国环境刑事政策[J].中南林业科技大学学报(社会科学版),2008(3):20-24,31.

[77]焦艳鹏.论生态文明建设中刑法与环境法的协调[J].重庆大学学报(社会科学版),2016(3):136-141.

[78]焦艳鹏.生态文明视野下生态法益的刑事法律保护[J].法学评论,2013(3):90-97.

[79]焦艳鹏.我国环境污染刑事判决阙如的成因与反思——基于相关资料的统计分析[J].法学,2013(6):74-83.

[80]焦艳鹏.我国污染环境犯罪刑法惩治全景透视[J].环境保护,2019(6):41-50.

[81]靳婷.从英国石油公司墨西哥湾漏油事件看美国环境刑事责任的追究机制[J].中国检察官,2010(12):75-77.

[82]柯坚.环境法的生态实践理性原理[M].北京:中国社会科学出版社,2012.

[83]兰跃军.自诉转公诉问题思考[J].中国刑事法杂志,2008(6):3-12.

[84]李恩来.山东省公安厅切实加强食品药品环境犯罪侦查工作[J].机构与行政,2013(12):14-15.

[85]李国光.民商审判指导与参考[M].北京:人民法院出版社,2003.

[86]李靖,邓中豪,翟永冠.天津港"8·12"特大火灾爆炸事故系列案一审宣判[N].人民法院报,2016-11-10.

[87]李龙,朱程斌.建国70年以来党的政策和法的关系[J].甘肃政法学院学报,2019(4):1-10.

[88]李培刚.合成侦查探索与实践[J].湖北警官学院学报,2015(10):6-8.

[89]李松,黄洁,杨永浩.专业团队专案专办术业专攻[N].法制日报,2016-11-14.

[90]李涛.污染环境犯罪案件侦查的现实困境与路径选择[J].中国人民公安大学学报(社会科学版),2017(1):115-121.

[91]李晓玲.天津环保与公检法联合办案机制延伸至区一级严打环境

违法[N].民主与法制时报,2018-04-19.

[92]李珣,张武举.未成年人刑事案件附条件不起诉制度的理论和实践[J].重庆工商大学学报(社会科学版),2013(6):99-102.

[93]梁根林.刑事法网:扩张与限缩[M].北京:法律出版社,2005.

[94]梁平.基层治理的践行困境及法治路径[J].山东社会科学,2016(10):71-76.

[95]梁平.领导干部法治思维状况及其培育机制研究[J].河北法学,2016(12):79-99.

[96]梁平.实证视角下契合民意与法治的诉讼调解[J].法学杂志,2016(7):116-125.

[97]林立,王志荣.当前打击污染环境犯罪存在的难点及对策[N].人民公安报,2014-11-13.

[98]刘璐.试论行政程序中的非法证据排除规则[J].行政法学研究,2005(1):76-82.

[99]刘茂林.警察权的合宪性控制[J].法学,2017(3):65-76.

[100]刘仁文.刑法中的严格责任研究[J].比较法研究,2001(1):44-59.

[101]刘艳红.开放的犯罪构成要件理论研究[M].北京:中国政法大学出版社,2002.

[102]刘艳红.行政犯罪分类理论反思与重构[J].法律科学(西北政法大学学报),2008(4):112-120.

[103]刘莹,杨明.非传统安全视域下污染环境犯罪的惩治困境与对策[J].中国刑警学院学报,2018(4):12-18.

[104]刘兆明,赵爱华,张心声.食物链的污染对人体的危害[J].山东生物医学工程,2001(2):52-54.

[105]刘志强,白天亮.紧盯重点领域全面彻查隐患[N].经济参考报,

2013-12-30.

[106]龙宗智.初查所获证据的采信原则——以渎职侵权犯罪案件初查为中心[J].人民检察,2009(13):5-10.

[107]龙宗智.取证主体合法性若干问题[J].法学研究,2007(3):133-143.

[108]娄树旺.环境治理:政府责任履行与制约因素[J].中国行政管理,2016(3):48-53.

[109]卢俊宇.最高检:生态环境领域渎职犯罪呈现四大特点[N].民主与法制时报,2015-06-18.

[110]吕晓刚,李蓉.初查证据证据能力之辨[J].佛山科学技术学院学报(社会科学版),2014(4):46-50,93.

[111]吕忠梅,刘长兴.环境司法专门化与专业化创新发展:2017-2018年度观察[J].中国应用法学,2019(2):1-35.

[112]吕忠梅.环境法典编纂:实践需求与理论供给[J].甘肃社会科学,2020(1):1-7.

[113]吕宗恕.湘江治污,问责如何真刀真枪[J].南方周末,2014-11-20.

[114]罗书平,冯伟.公诉转自诉案件的适用范围及立案条件[J].人民司法(案例),2018(20):59-61.

[115]罗书臻.为了水更绿山更青——最高法三巡巡回区环境资源审判工作纪实[N].人民法院报,2018-04-19.

[116]马海舰.刑事侦查措施[M].北京:法律出版社,2006.

[117]马竞,曹天健.河北打击环境犯罪不再"嘴硬手软"[N].法制日报,2007-10-08.

[118]马克昌.中国刑事政策学[M].武汉:武汉大学出版社,1992.

[119]马忠红.公安机关现行侦查体制存在的问题评析[J].山东警察

学院学报,2016(4):12-17.

[120]马忠红.信息化时代侦查思维方式之变革[J].中国人民公安大学学报(社会科学版),2011(1):101-107.

[121]梅因.古代法[M].沈景一,译.北京:商务印书馆,1997.

[122]孟庆瑜.用法治助推生态环境协同治理[N].人民日报,2016-09-06.

[123]倪寿明.疫情的司法应对及其启示[J].人民司法,2020(7):1.

[124]潘静,李献中.京津冀环境的协同治理研究[J].河北法学,2017(7):131-138.

[125]裴煜.当前环境污染案件侦查难点及对策研究[J].湖北警官学院学报,2016(3):47-53.

[126]彭真.论新中国的政法工作[M].北京:中央文献出版社,1992.

[127]钱再见.现代公共政策学[M].南京:南京师范大学出版社,2007.

[128]切里佐夫.苏维埃刑事诉讼[M].中国人民大学刑法教研室,译.北京:中国人民大学出版社,1953.

[129]曲格平.梦想与期待:中国环境保护的过去与未来[M].北京:中国环境科学出版社,2000.

[130]任彦君.论生态文明进程中的环境犯罪控制[J].中国海洋大学学报(社会科学版),2008(4):86-90.

[131]邵军峰.关于中德危害环境犯罪立法的比较研究[J].河南社会科学,2005(5):50-51,77.

[132]施鹏鹏.为职权主义辩护[J].中国法学,2014(2):275-302.

[133]施瓦茨.行政法 [M].徐炳,译.北京:群众出版社,1986.

[134]石一辰,张楠,綦健.重大突发环境事件舆情应对策略分析——以常州外国语学校污染事件为例[J].中国报业,2017(22):12-14.

[135]斯黛丽,弗兰卡.美国刑事法院诉讼程序[M].陈卫东,徐美君,译.北京:中国人民大学出版社,2002.

[136]四川省人民检察院"两法"衔接课题组,郭彦.促进行政执法与刑事司法有效衔接须由全国人大常委会立法解决[J].中国检察官,2011(21):3-7.

[137]松尾浩也.刑事诉讼法(上)[M].丁相顺,译.北京:中国人民大学出版社,2005.

[138]宋亚辉.公共政策如何进入裁判过程——以最高人民法院的司法解释为例[J].法商研究,2009(6):111-121.

[139]苏璟雯.环境犯罪中传统因果关系理论的适用困境及解决路径[J].辽宁公安司法管理干部学院学报,2019(4):84-88.

[140]苏云,刘东,何娟,等.不起诉裁量权行使的影响因素与发展路径[J].人民检察,2019(8):63-66.

[141]孙海哲.污染环境犯罪现状及防治对策研究[J].湖南警察学院学报,2017(2):44-51.

[142]孙莉.人大监督不力的制度原因探析[J].四川理工学院学报(社会科学版),2009(3):22-25.

[143]汤葆青.论德国的人权司法保障——基于向联邦宪法法院提起的宪法诉愿[J].学术交流,2015(2):48-52.

[144]唐娜,王彬.结果导向的裁判思维——基于法官审判经验的实证研究[J].法律适用,2020(4):87-107.

[145]唐秋慧,霍文宇.论我国环境犯罪刑事责任的重构——以近年来我国三起水污染事故为例[J].西南石油大学学报(社会科学版),2014(2):74-79.

[146]唐双娥.我国污染型环境犯罪因果关系证明方法之综合运用[J].法学论坛,2012(5):43-49.

[147]藤木英雄.公害犯罪[M].丛选功,等译.北京:中国政法大学出版社,1992.

[148]童建华.英国违宪审查[M].北京:中国政法大学出版社,2011.

[149]托克维尔.论美国的民主(上卷)[M].董果良,译.北京:商务印书馆,2006.

[150]万毅."证据转化"规则批判[J].政治与法律,2011(1):130-140.

[151]万毅.取证主体合法性理论批判[J].江苏行政学院学报,2010(5):110-115.

[152]汪海燕.中国刑事审判制度发展七十年[J].政法论坛,2019(6):31-43.

[153]王彬.司法裁决中的后果论思维[J].法律科学(西北政法大学学报),2019(6):15-29.

[154]王刚.域外行政执法与刑事司法衔接[J].理论与现代化,2016(3):108-113.

[155]王宏卫.检察机关环境公益诉讼之适格证明及几个制度建议[J].环境资源法论丛,2013(1):124-140.

[156]王开广."环保警察"的两种执法模式[N].法制日报,2015-01-02.

[157]王敏.法律规范中的"必须"与"应当"辨析[J].法学,1996(8):33.

[158]王名扬.英国行政法[M].北京:中国政法大学出版社,1989.

[159]王起晨.2015年法院受理污染环境犯罪案件现"井喷"[N].法制日报,2016-09-09.

[160]王树茂.非法证据排除规则的司法适用辨析[J].政治与法律,2015(7):151-161.

[161]王树义,冯汝.我国环境刑事司法的困境及其对策[J].法学评

论,2014(3):122-129.

[162]王天林.论侦查行为的可诉性[J].政法论坛,2013(4):59-68.

[163]王蕴哲,翟子羽.环境犯罪的刑罚配置与完善[J].人民论坛,
　　　2013(5):122-123.

[164]王志远.环境犯罪视野下我国单位犯罪理念批判[J].当代法学,
　　　2010(5):74-79.

[165]韦德.行政法[M].楚建,译.北京:中国大百科全书出版
　　　社,1997.

[166]魏晓娜.完善认罪认罚从宽制度:中国语境下的关键词展开[J].
　　　法学研究,2016(4):79-98.

[167]魏永忠.改革开放以来公安机关机构改革及其启示[J].中国人
　　　民公安大学学报(社会科学版),2008(6):7-15.

[168]吴思远.对取证主体合法性理论的思考[J].黑龙江省政法管理
　　　干部学院学报,2013(5):113-116.

[169]吴桐.证供证模式下侦查环节错案的成因及防治[J].北京警察
　　　学院学报,2018(2):95-102.

[170]吴学安.建立健全良好的环境损害司法鉴定机制[N].人民法院
　　　报,2018-01-14.

[171]吴圆琴.国际上恢复性司法的新发展及对我国的启示[J].研究
　　　生法学,2016(2):105-119.

[172]西原春夫.日本刑事法的形成与特色——日本法学家论日本刑
　　　事法[M].李海东,等译.北京:法律出版社,东京:成文堂联合出
　　　版社,1997.

[173]习近平.加快建设社会主义法治国家[J].求是,2015(1):3-8.

[174]习近平.习近平谈治国理政(第二卷)[M].北京:外文出版
　　　社,2017.

[175]肖扬.中国司法:挑战与改革[J].人民司法,2005(1):4-6.

[176]徐飞行.职务犯罪实名举报问题研究[J].四川警察学院学报, 2014(1):129-137.

[177]徐国栋.民法基本原则解释——成文法局限性之克服[M].北 京:中国政法大学出版社,2001.

[178]徐日丹,贾阳.全面履行法律监督职能严惩破坏生态环境犯 罪——高检院发布15起生态环境领域犯罪典型案例[N].检察 日报,2014-06-13.

[179]徐日丹.查办破坏环境资源犯罪检察机关破冰前行[N].检察日 报,2014-05-08.

[180]盐野宏.行政法[M].杨建顺,译.北京:法律出版社,1999.

[181]杨春洗,向泽荣,刘生军.危害环境犯罪的理论与实务[M].北 京:高等教育出版社,1999.

[182]杨帆,李传珍."罚款"在我国环境行政处罚中的运用及绩效分析 [J].法学杂志,2014(8):44-53.

[183]杨华.环境法庭设立的应然性与实然性分析[J].江西社会科学, 2009(3):189-193.

[184]杨建学,张光君.重大环境污染事故罪的适用困境与理论回应 [J].人民检察,2011(19):20-23.

[185]杨文明.联合执法,靠机构更靠机制(绿色焦点·环保、公安联动 执法调研②)[N].人民日报,2014-02-15.

[186]杨志军.三观政治与合法性基础:一项关于运动式治理的四维框 架解释[J].浙江社会科学,2016(11):28-38,156-157.

[187]殷杰兰.论全球环境治理模式的困境与突破[J].国外社会科学, 2016(5):75-82.

[188]余柄光.宁夏明盛染化有限公司原厂被关停[N].新消息报,

2014-09-08.

[189]余凌云.警察权划分对条块体制的影响[J].中国法律评论,2018(3):38-46.

[190]余凌云.行政自由裁量论[M].北京:中国人民公安大学出版社,2005.

[191]俞可平.治理与善治[M].北京:社会科学文献出版社,2000.

[192]元明.行政执法与刑事司法衔接工作回顾与展望[J].人民检察,2007(5):48-50.

[193]袁春湘.2002年—2011年全国法院审理环境案件的情况分析[J].法制资讯,2012(12):19-23.

[194]臧晓霞,吕建华.国家治理逻辑演变下中国环境管制取向:由"控制"走向"激励"[J].公共行政评论,2017(5):105-128,218.

[195]曾盛红,樊佩佩.发展型政府条件下环境治理机制的构建及其局限[J].学海,2016(6):18-23.

[196]曾粤兴,周兆进.环境犯罪单位资格刑立法探析[J].科技与法律,2015(2):306-320.

[197]翟学伟."土政策"的功能分析——从普遍主义到特殊主义[J].社会学研究,1997(3):90-97.

[198]张彬,杨烨,钟源.十面"霾"伏发展之痛[N].经济参考报,2013-12-30.

[199]张建升,元明,杨书文,等.发挥检察职能作用保护生态环境[J].人民检察,2013(13):41-48.

[200]张瑞幸,郭洁.环境犯罪的立法及其演进[J].江苏石油化工学院学报(社会科学版),2002(2):8-12.

[201]张绍谦.论重大环境污染事故罪主观方面的两个基本问题[J].中州学刊,2009(3):106-109.

[202]张文显.习近平法治思想研究(中)——习近平法治思想的一般理论[J].法制与社会发展,2016(3):5-37.

[203]张新宝,庄超.扩张与强化:环境侵权责任的综合适用[J].中国社会科学,2014(3):125-141,207.

[204]张宇.环境污染物快速检测技术的国内外研究进展[J].环境监测管理与技术,2018(6):10-14.

[205]张智全.让修复性司法助力生态环境保护[N].人民法院报,2018-06-08.

[206]张忠民.环境司法专门化发展的实证检视:以环境审判机构和环境审判机制为中心[J].中国法学,2016(6):177-196.

[207]章剑.论警察国家——以纳粹德国和《1984》大洋国为样本[J].江苏警官学院学报,2013(6):64-72.

[208]章剑生.现代行政法基本理论[M].北京:法律出版社,2008.

[209]赵秉志,王秀梅,杜澎.环境犯罪比较研究[M].北京:法律出版社,2004.

[210]赵红艳.环境犯罪定罪分析与思考[M].北京:人民出版社,2013.

[211]赵理文.制度、体制、机制的区分及其对改革开放的方法论意义[J].中共中央党校学报,2009(5):17-21.

[212]赵星.环境犯罪的行政从属性之批判[J].法学评论,2012(5):129-133.

[213]赵星.论在环境犯罪防控中引入特殊侦查[J].法学论坛,2012(5):50-55.

[214]赵星.我国环境行政执法对刑事司法的消极影响与应对[J].政法论坛,2013(2):145-151.

[215]赵旭光,侯冀燕.论公诉转自诉制度的功能与实效[J].兰州学

刊,2005(4):131-134.

[216]赵旭光,李红枫.美国选择性起诉抗辩的证明困境及原因[J].证据科学,2012(5):545-556.

[217]赵旭光."运动式"环境治理的困境及法治转型[J].山东社会科学,2017(8):169-174.

[218]赵旭光.环境犯罪选择性追诉及其抗辩——兼谈刑事诉讼程序性审查机制的建立和完善[J].首都师范大学学报(社会科学版),2017(1):55-62.

[219]赵旭光.美国刑事诉讼中基于种族歧视的追诉[J].河北法学,2013(2):101-108.

[220]郑春燕.行政裁量中的政策考量——以"运动式"执法为例[J].法商研究,2008(2):62-67.

[221]中共中央文献研究室.习近平关于全面依法治国论述摘编[M].北京:中央文献出版社,2015.

[222]中国环境保护行政二十年编委会.中国环境保护行政二十年[M].北京:中国环境科学出版社,1994.

[223]周慧蕾.超越我国环境治理的"明希豪森困境"[J].法治研究,2016(5):95-103.

[224]周加海,喻海松.《关于办理环境污染刑事案件有关问题座谈会纪要》的理解与适用[J].人民司法,2019(16):27-33.

[225]周湘伟.职权法定与越权无效——略论行政执法权的行政法制约[J].湖南行政学院学报,2008(5):39-42.

[226]周宵鹏.环境污染刑案取证难大案少与环境现状不成正比[N].法制日报,2014-09-11.

[227]周雪光.权威体制与有效治理:当代中国国家治理的制度逻辑[J].开放时代,2011(10):67-85.

[228]周赟.作为立法用虚词的"必须"——主要以"应当"为参照[J].苏州大学学报(哲学社会科学版),2013(1):100-105.

[229]周兆进.环境行政执法与刑事司法衔接的法律省思[J].法学论坛,2020(1):135-142.

[230]周孜予.社会问责与地方政府环境治理探析[J].行政论坛,2015(2):93-95.

[231]朱采真.现代法学通论[M].上海:世界书局,1953.

[232]左卫民."热"与"冷":非法证据排除规则适用的实证研究[J].法商研究,2015(3):151-160.

[233]左卫民.刑事诉讼的中国图景[M].北京:生活·读书·新知三联书店,2010.

[234] Marcus Hillebrand, Stephan Pflugmacher, Axel Hahn. Toxicological risk assessment in CO_2 capture and storage technology [J]. International Journal of Greenhouse Gas Control,2016(3): 118-143.

[235] Robert W. Adler, Charles Lord. Environmental crimes: Raising the stakes[J]. George Washington Law Review, 1991(4):781-861.